KB144054

제2판

Principles of
Management

경영학원론

서여주 저

 (주)백산출판사

PREFACE

최근 몇 년간, 인공지능 기술의 발전은 우리가 사는 세계를 근본적으로 변화시켰습니다. 그 중심에는 챗GPT와 같은 생성형 AI가 있으며, 이는 비즈니스 환경에 엄청난 변화의 물결을 일으키고 있습니다. 이러한 변화는 기업가, 경영자, 그리고 학생들에게 새로운 도전과 기회를 제공합니다. 단순히 기술적 발전의 차원을 넘어서, 시장에서 경쟁하기 위해 새로운 전략을 모색해야 하는 필요성과 더욱 민감해진 소비자 행태와 이에 따른 비즈니스 전략에 대해 깊이 탐구해야 할 필요성을 불러일으켰습니다.

이러한 시대적 변화와 도전 속에서, 경영학의 기본 원칙과 이론은 여전히 중요하며, 이를 기반으로 혁신적인 사고와 전략을 개발하는 것이 필수적입니다.

이 책은 비즈니스 환경에서의 변화를 인지하고, 이에 대응하기 위해 경영학의 기본을 탄탄히 다지고자 하는 목적으로 기획되었습니다.

본서는 총 4부 11장으로 구성되어 있으며, 경영학의 핵심 개념과 원리를 체계적으로 다룹니다.

제1부는 '경영학의 이해'로, '경영과 경영학 그리고 경영자'의 개념을 소개하고, '경영학 이론의 발전과정'을 이해하며, 독자들이 경영학의 기초를 탄탄히 다질 수 있도록 합니다.

제2부는 '경영과 환경'으로 '전략 경영', 'ESG 경영', '국제경영'을 기본 개념부터 실제 비즈니스 사례에 이르기까지 다양한 주제를 다루며, 독자들이 이해하기 쉽도록 설명합니다.

제3부는 '경영과 사람'으로 '경영자와 리더십', '조직 구성원의 이해', '조직 구성원의 동기부여'를 심도 있게 탐구합니다.

마지막으로, 제4부는 '경영과 체계적 구조'로 '집단의 이해', '조직의 이해', '직업의 이해'를 다룹니다.

이 책은 경영학을 처음 접하는 학생들로부터, 현장의 경영자와 전문가에 이르기까지 많은 독자에게 유용한 지침서가 될 것입니다. 최신 기술 동향을 이해하고, 변화하는 시장 환경에서 경쟁 우위를 확보하는 데 필요한 지식과 전략을 제공함으로써, 독자들이 성공적인 경영자로 성장할 수 있는 기반을 마련해 줄 것입니다.

끝으로 언제나 이 책이 나오기까지 여러 분들이 도움을 주셨는데 우선 무리한 일정에도 기꺼이 출판을 허락해주신 (주)백산출판사 진욱상 대표님과 책을 만드느라 애써주신 편집부 및 마케팅부 임직원분들께도 진심을 담아 깊은 감사의 마음을 전해드립니다.

2024년 8월
단정한 시작을 위하여
서여주

CONTENTS

제2부   **경영과 환경**

제3부 경영과 사람

제3부

제4부 경영과 체계적 구조

경영학의 이해

제1장

경영과 경영학 그리고 경영자

학·습·목·표

1. 경영에 대해 설명할 수 있어야 한다.
2. 경영학에 역사에 대해 설명할 수 있어야 한다.
3. 기업의 유형과 기업의 관점에 대해 설명할 수 있어야 한다.

I 경영의 이해

경영이란 말은 우리 주변에서 흔히 듣기 때문에 친숙한 느낌이 든다. 하지만 경영이 무엇이냐고 물으면 제대로 대답하지 못하는 것이 사실이다.

미국경영학회의 정의에 따르면, "경영은 기업이 필요로 하는 제 자원을 계획활동, 조직활동, 통제활동을 통하여, 조직의 목적으로 효과적이고 효율적으로 달성하는 과정(Management is the process of achieving the gal of an organization, effectively and efficiently, through planning, organizing, leading, and controlling organizational resources)"이라고 한다.

여기에서 효율성(efficiency)과 효과성(effectiveness) 개념은 피터 퍼디낸드 드러커(Peter Ferdinand Drucker)의 정의로 확인할 수 있다. 효율성이란 조직의 목적을 달성하는 데 있어서 자원의 사용을 최소화하는 능력, 즉 '일을 올바르게 함(doing things right)'을 의미하고, 효과성이란 적절한 목표를 결정하는 능력 즉 '올바른 일을 함(doing the right things)'을 의미한다고 한다.

효율성의 개념은 '투입-산출'의 개념으로 설명될 수 있는데, 효율적인 경영이란 투입된 양(노동, 자본, 시간)보다 산출을 더 많이 끌어내는 경영을 말한다. 이는 역으로 효율적인 경영은 목표의 달성을 위해 필요한 자원의 비용을 최소화할 수 있는 경영을 말한다.

반면에, 효과성의 개념은 올바른 목표의 선택과 관련되는데, 소형차의 수요가 증가하고 있는 시장 여건에서 중형차를 생산한다는 의사결정을 한다면, 비록 최대의 효율성을 갖고 중형차를 생산한다고 하지만, 적절하지 못한 목표를 설정하였기 때문에 효과적인 경영이 될 수 없다.

이러한 효율성과 효과성의 개념이 새로운 시각에서 논의되고 있다. 효율성의 개념은 극대효용(maximum through-put)을 중시하는 선형경제구조 하에서 그 힘을 발휘할 수 있다. 그러나 현재의 '환경(Environment)·사회(Social)·지배구조(Governance)'의 약자인 ESG 경영 환경에서 'ESG 효율성'과 'ESG 효과성'의 개념이 필요하며, 이러한 개념이 수용되는 패러다임 경영으로 전환해야 할 것이다.

또한 우스갯소리로, 경영이라는 말로 사용되는 management를 man-age-ment로 풀어본 경우도 있다. 이는 사람이 나이가 들어 지혜로워지면서 내리는 의사결정이나 활동으로 해석할 수 있다. 또한 경영을 business라고도 하는데 이것의 어원은 busy라는 말이다. 이는 사람이 사회적 존재로서 생존하고 발전하기 위해 몹시 바쁘게 뛰는 것을 의미한다는 풀이도 찾아볼 수 있다(지호준 외, 2023).

이들을 종합해 보면, 경영이란 사회적 존재로서 생존하고 발전하기 위한 나름대로의 목적을 달성하려고 내리게 되는 최적의(optimal) 의사결정과정이라고 할 수 있다. 다시 말하면 모든 각 경제주체가 사회적 존재로서 생존하고 발전하기 위해 인적·물적자원, 자본 등을 계획·지휘·통제하는 연속적인 과정을 의미한다고 볼 수 있다.

이러한 경영의 개념은 좁은 의미로는 영리조직인 기업의 경영만을 의미하지만 넓은 의미로는 기업을 포함하여 가계나 국가, 학교, 종교단체 등 비영리 조직의 경영까지도 포함한다. 특히 글로벌화가 추진되면서 국가도 이제는 국가세입으로 정해진 세출활동만을 하는 데서 벗어나고 있다. 국경을 넘나드는 경제전쟁을 하고 있는 오늘날의 시점에서는 국가도 다른 국가와 경쟁하여 영리를 추구해야 하므로 경영의 원리가 적용될 수 있을 것이다.

과거에는 국가행정, 도시행정, 학교운영, 병원운영이라고 하던 것을 최근 들어서는 각각 국가경영, 도시경영, 학교경영, 병원경영이라고 하고 있다. 이는 경영의 개념을 이제까지의 좁은 의미로서가 아니라 넓은 의미로서 이해하고 활용하려는 뜻이다. 따라서 현대 경영은 영리조직뿐만 아니라 비영리조직(non-profit organization)을 포함한 모든 조직을 운영하는 기본원리라고 할 수 있다.

경영의 이해 과정을 통하여, 조직의 구성원들은 경영활동에 대하여 단기적이고 지엽적인 의사결정시스템에서 벗어나 효과적이고 효율적인 결과를 산출할 수 있는 귀중한 대안을 마련할 수 있는 것이다.

1. 경영을 보는 세 가지 관점

경영을 어떻게 보는가는 실제 경영활동이 이루어지는 과정 측면과 각 부문별 업무 측면, 그리고 의사결정이 이루어지는 측면에서 보는 관점으로 나누어진다.

1) 과정 측면에서 보는 관점

과정 측면에서 보는 관점은 기업의 목표를 효율적으로 달성하기 위하여 프로세스별로 경영활동을 나누는 것이다. 이러한 관점은 기업의 규모가 확대되고 업무가 복잡해질수록 더욱더 강조된다.

경영활동을 프로세스별로 보면 우선 계획을 세우고(planning), 그 계획을 달성할 조직을 구성(organizing)하여, 목표에 따라 계획이 잘 실행되도록 종업원들을 지휘(leading)하고, 그 계획에 따라 실행이 이루어졌는지를 평가하는 통제활동(controlling)으로 나누어진다.

- **계획 활동(planning)**: 기업의 경영목표를 세우방안을 찾는 활동. 달성하기 위한 가장 좋은 방안을 찾는 활동
- **조직화 활동(organizing)**: 수립된 계획을 성공적으로 달성하기 위하여 어떠한 형태로 조직을 구성할 것인가를 결정하고 인적 및 물적자원, 자본, 정보, 지식 등을 배분하고 조정하는 활동
- **지휘 활동(leading)**: 기업의 목표를 달성하기 위하여 요구되는 업무를 잘 수행하도록 종업원들의 동기를 유발하고 이끄는 활동
- **통제 활동(controlling)**: 종업원이 수행하는 업무가 제대로 추진되고 있는가를 확인하고 문제가 있을 때 수정하는 활동

2) 업무 측면에서 보는 관점

경영활동을 업무의 성격별로 구분하는 것이 업무 측면에서 보는 관점이다. 인사, 마케팅, 생산, 재무 등 경영학에서 가르치고 있는 전공분야는 업무 측면에 의하여 구분된 것이다. 일반적으로 기업에서 부서를 만드는 경우에도 이러한 업무 측면으로 구분하는 경우가 많다.

- **인사 활동**: 기업에서 사람과 관련된 모든 활동으로, 종업원들을 채용하여 교육훈련 활동을 통해 적재적소에 배치하는 인적자원 관리활동과 원만한 노사관계를 유지하도록 하는 노사관계 관리활동
- **마케팅 활동**: 고객의 욕구와 기업의 목표를 만족시키기 위해 제품과 서비스를 판매하는 활동

- **생산 활동**: 필요한 모든 자원을 활용하여 고객이 원하는 제품이나 서비스를 창출하는 활동
- **재무 활동**: 기업의 목표를 달성하기 위해 필요한 자본을 합리적으로 조달하고 효과적으로 운용하는 활동

3) 의사결정 측면에서 보는 관점

앞에서 언급한 다양한 경영활동을 의사결정이 이루어지는 측면에서도 볼수 있다. 이는 크게 전략적 의사결정, 관리적 의사결정, 기능적 의사결정으로 구분된다.

- **전략적 의사결정**: 기업의 장기목표 및 자원배분과 관련되어 기업 전체에 영향을 미치는 활동(최고경영층에서 이루어지는 활동)
- **관리적 의사결정**: 기업의 목표를 달성하기 위한 자원의 획득 및 효율적인 사용과 관련된 활동(중간경영층에서 이루어지는 활동)
- **기능적 의사결정**: 특정업무의 효율적이고 효과적인 수행과 관련된 활동(일선경영층에서 이루어지는 활동)

이러한 경영활동을 종합해보면 기업의 목표를 달성하기 위한 계획을 세우고 이를 수행할 조직을 구성하고 지휘하며 통제하는 활동이 인사 활동, 마케팅 활동, 생산 활동 재무 활동 등 각각의 부문별로 이루어진다. 이때 각각의 경영 활동 과정상에서 개발로 필요한 의사결정이 이루어지게 된다. 따라서 경영 활동은 어느 한 부분을 따로 떼어 보기보다는 전체적인 측면에서 보아야 할 것이다.

2. 경영에 필요한 자원

과거 산업사회에서는 경영활동이 이루어지기 위한 자원으로 토지, 노동(사람), 자본이 요구되었으며, 이러한 자원을 효율적으로 관리하는 방법을 중심으로 경영학이 발전되어 왔다. 그러나 현대사회에서는 정보화가 급격히 진전되고 국경을 초월한 치열한 경쟁이 펼쳐지면서 새로운 경영자원들이 필요하게 되었다. 이에 따라 오늘날에는 사람, 자본, 정보, 전략 등이 중요한 경영자원으로 등장하게 되었다.

1) 경영에는 사람이 필요하다

'인사(人事)가 만사(萬事)'라고 하듯이 다른 사람의 마음을 읽고, 그를 움직일 수 있다면 천하를 얻을 수 있을 것이다. 이는 모든 일이 사람에 의해서 이루어지고 사람을 어떻게 다루느냐에 따라서 기업의 성패가 좌우된다는 것이다.

2) 경영에는 자본이 필요하다

기업의 경영활동에서 자본(capital)이란 우리가 일상적으로 말하는 돈을 의미한다. 자본은 기업을 창업하고 운영하는 데 필요한 자금으로서, 자체적으로 마련할 수도 있으며 주식, 채권을 발행하여 투자자로부터 제공받을 수도 있다. 이렇게 마련된 자본으로 생산설비를 갖추거나 사무실을 확보하거나 종업원을 채용한다.

경영자는 이러한 자본을 기초로 이윤이 창출되도록 경영활동을 하여야 지속적으로 기업이 존재할 수 있다. 따라서 기업의 경영활동에서 자본은 생존을 결정하는 중요한 자원이라고 할 수 있다.

3) 경영에는 정보가 필요하다

산업사회에서 정보사회로 접어든 오늘날 정보(information)의 중요성에 대해서는 아무리 강조해도 지나침이 없을 것이다. 기업의 경쟁력은 정보력에 의해서 좌우된다고 할 만큼 정보의 중요성이 강조되고 있다. 이처럼 정보는 기업에서 인적자원이나 자본의 중요성 못지않게 중요한 자산이며, 정보사회가 진전될수록 그 중요성은 더욱 높아질 것이다.

현대사회에서는 '어제가 옛날'이라는 말이 실감날 정도로 낡은 정보를 버리지 않으면 정보홍수에 빠지게 되고 결국 새로운 정보를 얻을 수 있는 능력까지 상실하게 된다. 즉, 정보의 가치는 양보다는 질에 있고 묵은 것보다는 새로운 것에 있다고 할 수 있다.

경쟁기업보다 앞서가기 위해서는 경쟁기업이 챙기지 못한 새로운 정보를 흡수해야 한다. 따라서 외부환경에 대한 정보를 신속 · 정확하게 파악하고 이를 전략적으로 사용할 수 있어야 치열한 경쟁환경에서 유리한 위치를 차지할 수 있다. 또한 경쟁우위(competitive advantage) 정보를 구비하기 위해서는 단순하게 동종업계의 정보만 필요한 것이 아니라 자사의 생산제품을 대체할 수 있는 것이 무엇인지에 대한 정보도 함께 고려해야 한다.

4) 경영에는 전략이 필요하다

전략(strategy)이란 기업이 목표를 달성하기 위하여 미래에 수행하여야 할 방향을 정하는 것이다. 즉, 기업이 어떤 방향으로 나아가야 할지 또 기업목표를 실현시키기 위한 방법이 무엇인지 결정하는 것을 말한다. 따라서 전략이 없는 기업은 나침반 없이 항해하는 배와 같다고 할 수 있다.

전략은 최고경영자의 의지가 담긴 포괄적인 계획이나 비전(vision)이라고 이해할 수도 있다. 거창하게 계획을 수립하는 것만이 전략은 아니므로 나름대로 자신의 기업에 적합한 전략을 수립할 수 있어야 한다. 공룡이 환경에 적응하지 못하여 멸종했듯이, 이제는 기업도 규모만 공룡처럼 커진 상태로 기업환경의 변화를 감지하지 못하여 변화와 혁신전략을 제대로 수립하지 못한다면 결코 성공할 수 없다.

우수한 인적자원 및 자본뿐만 아니라 급변하는 환경에 대한 정보까지 갖추었다 하더라도 이를 효과적으로 운용할 수 있는 경영 전략이 없다면 목표를 달성할 수가 없다. 결국 경영활동은 경영목표를 달성하기 위하여 기업에서 이용 가능한 모든 자원을 어떻게 활용하는 것이 살아남을 수 있는 방법인가에 대한 전략을 수립하여 이를 실행에 옮기는 연속적인 작업이라고도 볼 수 있다.

이와 같이 경영목표를 달성하기 위한 경영활동에는 사람, 자본, 정보 전략이 있어야만 한다.

Ⅱ 경영학의 개념과 역사

1. 경영학의 개념

경영학(經營學, business administration/management)이란 기업에서 발생하는 실제적 문제들을 다루는 학문으로 기업의 효율성, 수익성, 개선책을 추구하고 이를 실천하는 실용학문이다. 성과 향상이라는 궁극적이고 실용적인 목적을 토대로 경영학은 호텔경영, 외식경영, 디자인경영, 관광경영, 산업경영, 기술경영, 혁신경영, 예술경영, 문화경영 등 다양한 분야에 접목되어 발전하고 있다. 각기 다른 명칭과 분야에도 불구하고, 경영문제를 체계적이고 과학적으로 검토하여 보다 효과적인 경영 관련 의사결정을 내린다는 공통점이 있다.

경영학에서는 최신 사례 분석과 진단, 환경 변화에 따른 새로운 전략 수립, 유연한 대처를 통한 기업의 지속적 성장과 생존, 이를 주도할 수 있는 경영자양성에 대한 문제를 끊임없이 연구하는 학문이 바로 경영학이다. 기업의 이윤 창출, 더 정확하게 말해서 지속 가능한 경영을 어떻게 할 것인가 그 방법론에 초점을 두는 경영학의 실용적 측면은 사람으로 하여금 '경영학은 학문이 아니다' 혹은 '돈을 벌기 위한 학문이다'라는 오해를 불러일으키기도 한다. 그러나 경영학적 지식은 이윤을 추구하는 사기업뿐 아니라 공기업 및 비영리단체의 목표 달성에도 기여할 수 있는 학문이다.

1) 경영학의 기원

중세 유럽에서는 가내수공업 형태가 주를 이루었고, 도시 상인과 수공업자들의 조합인 길드(guild)라는 조직이 있었다. 길드 내에서 상인들과 수공업자들은 친목을 도모하고 정보를 교환함과 동시에 상품 가격 및 생산량을 통제했다.

1700년대 영국에서는 면으로 된 옷감이 큰 인기를 끌었다. 1769년 제임스 와트(James Watt)가 기존의 증기기관을 혁신적으로 개량하여 면직물을 대량 생산하기 시작하면서 생산성을 기적적으로 끌어올렸고, 이것이 바로 산업혁명의 시발점이 되었다.

승기기관의 출현 이후, 각종 기계가 발명되고 산업발전에 큰 영향을 미치게 되었다. 기술발전이 전 유럽으로 퍼져나가면서 공업이 빠르게 성장하고 경제생활에 혁명적인 변화가 일기 시작했다. 산업혁명은 혁명 이전 소수의 장인들만이 소규모 가내수공업 산업혁명 수준으로 생산하던 방식을 공장 시스템으로 전환하면서 산업사회를 만들었고, 경영에 과학적인 접근방법을 도입하는 중요한 계기가 되었다. 결국 산업혁명을 시발점으로 기업이 부각되고, 효율성을 극대화하고자 하는 다양한 경영이론들이 본격적으로 개발되고 적용되기 시작하였다.

산업혁명의 성공 후 20세기에 접어들어 대량생산 체제로 들어간 산업은 더욱 발전하였고, 경쟁이 치열해지기 시작했다. 이러한 경쟁에서 살아남기 위해 각 기업들은 수익성, 효율성, 성과 향상을 추구하게 되었고, 실제 기업 경영에 도움이 되는 학문인 경영학이 주목을 끌기 시작했다.

2) 한국 경영학의 기원

한국의 경영학은 1876년 조선과 일본 양국의 강화도조약에서 시작되었다. 일본과 조일 수호조규를 체결한 이후 조선은 부산 지역을 개항하였고, 이후 1895년 갑오개혁을 통해 개화당은 보수 세력을 몰아내고 내정개혁을 단행하였는데, 이때부터 유학생들이 일본에 본격적으로 파견되기 시작하였다. 그들은 귀국하여 전문학교에서 경제학과 상업교육을 담당하며 '은행회사 상점 관리법', '상업경영론' 등 경영학의 전신인 상업학론, 은행론, 외국무역이론을 주로 가르쳤다. 광복과 더불어 대학에 경제학, 상업학 등의 전공이 개설되었으나 이들 전공에서 경영학의 비중은 극히 일부에 불과했다. 1953년 6.25전쟁 휴전 이후에야 미국의 경영관리기술 원조의 일환으로 경영관리기법 등이 한국에 도입되었고, 1954년부터 독일과 미국을 중심으로 교수들과 유학생들이 파견되면서 선진 경영학 이론이 본격적으로 한국에 들어오기 시작했다. 특히 미국에서 박사 학위과정을 마치고 귀국하는 학자들이 점차 늘어나자, 미국 경영학이 우리나라 경영학계에서 주도적인 역할을 하게 되었다.

공인회계사 시험에 경영학이 응시 과목으로 채택되면서 공인회계사 제도의 확립은 경영학 연구에 큰 영향을 주었다. 1956년 12월 22일 한국경영학회 창립총회가 개최되었고, 1957년 8월 한국생산성본부(KPC)가 민법에 따라 재단법인으로 설립되면서 본격적으로 국내 경영학이 발전하였다.

2. 기업의 이해

1) 기업의 발전

기업(corporation)은 고대 아시리아 상인, 중세 이탈리아 프라토 상인, 교황의 대리인 메디치가문, 식민지 관리의 동인도회사(Easet India Company), 유한책임의 주식회사, 미국식 대기업, 다국적 기업, 연구개발 및 기술 중심의 벤처기업 등으로 발전하여 왔다. 세계 최장수 기업으로 서기 578년에 설립된 일본의 '공고구미(金剛組)'라는 건설사를 꼽고 있다. 공고구미는 백제의 목수 유중광이 일본에 정착하며 오사카에 사천왕사라는 절을 지으면서 설립되었다. 이 회사는 절과 성을 건축하고 유지보수에 특화된 건설업체로 우수한 기술력도 유명하였지만, 결국 2006년에 파산하고 현재는 브랜드만 남은 상태이다.

12세기 이탈리아에서 가족들이 공동출자하여 무한책임을 지는 콤파니아(Compania)를 설립하였다. 그리고 복식부기가 1340년경에 등장하였고 북부 프라토의 상인들은 모든 것을 기록으로 남겼다.

유럽에서 가장 오래된 기업은 1288년에 설립된 스웨덴 광산 회사인 '스토라(Stora)'로 1347년 왕실의 위딕업무를 수행하였다. 스토라는 구리제품 생산에서 출발하여 1894년 화학산업으로 확장하였으며, 1898년 엔소(Enso)와 합병하였다. 스토라엔소(Stora Enso)는 현재도 세계 10대 제지기업이다.

세계 최초의 주식회사는 북동항로를 개척할 목적으로 1555년 영국에 설립된 머스커비(Muscovy)이다. 1500년대 유럽의 상선은 높은 이윤배분을 약속하고 기금을 모았는데 리스크가 높고 투자자금의 장기 고정화의 문제점이 있었다. 주식회사는 투자자가 투자비율에 따라 이윤을 배당받는 만큼, 그에 비례하여 리스크를 공유한다.

네덜란드의 동인도회사는 1599년 설립되어 자유무역권을 보장받아서 세계적 기업으로 성장하였다. 주식회사는 점차 유한책임의 유한상장회사(public limited company)로 발전하였다.

우리나라에서 근대적 의미의 기업이 태동한 것은 1894년 갑오경장 이후로 '두산'을 꼽고 있다. 개화기 면직물 거상인 박승직은 1896년 8월, 33세에 서울 배오개에 상점을 열고 날로 번창해 전국에 지점을 냈고 1925년 주식회사로 전환했다. 장남 박두병은 1937년부터 박승직 상점 전무이사로 취임해 경영을 시작했고 1946년 두산상회로 상호를 바꿔 오늘날의 두산그룹의 모태가 됐다.

1897년에 설립된 '동화약품'과 '우리은행'은 1899년 고종의 내탕금(황실자금)을 기초로 설립된 대한천일은행으로 거슬러 올라간다. 그 외 성창기업지주 (설립 1916년), 경방(설립 1919년), 삼양사(설립 1924년) 등이 있다.

2) 기업의 형태

(1) 기업형태의 의의

기업을 경영하면서 기본적으로 검토해야 할 사항은 '기업이 어떤 형태를 취할 것인가?' 하는 문제다.

기업의 형태란 곧 기업의 종류로서 생산경제에 활용되는 생산수단의 소유와 경영, 지배의 구조적 관계를 나타낸 것이다. 즉 출자와 이에 따른 책임부담의 관계를 구분한 것이 기업의 형태이다. 따라서 기업형태를 선택하는 데 있어서 우선 경영하려는 기업의 업종, 규모, 시장 등의 상황을 고려하여 가장 유리한 기업의 형태를 선택해야 한다.

(2) 기업의 분류

① 규모에 의한 분류

기업은 규모의 크기에 따라 대기업, 중기업, 소기업 및 영세기업으로 구분되며, 여기서 규모의 크기는 매출액, 종업원 수, 자본금에 따라 기준을 정한다.

② 업종에 의한 분류

기업의 업종에 따라 광업, 건설업, 서비스업, 공업, 상업, 금융업, 통신업 등으로 구분할 수 있다.

③ 소유와 책임에 의한 분류

기업형태는 출자와 이에 따른 책임부담이 민간인인지 아니면 국가 또는 지방자치단체인지, 혹은 양자인지에 따라 사기업, 공기업, 공사공동기업의 세 가지로 구분되며, 다시 사기업은 출자와 책임부담이 개인인지 여부에 따라 개인기업과 공동기업으로 구분되고, 공동기업은 공동출자가 소수출자인지 혹은 다수출자인지에 따라 소수공동기업과 다수공동기업으로 구분된다.

(3) 사기업

사기업(private enterprise)이란 '민간인이 자본을 출자하여 경영하는 개별경제'를 말하며, 사기업은 다시 개인기업과 공동기업으로 나누어진다.

① 개인기업

개인기업이란 한 개인에 의해 출자, 소유, 경영되는 기업형태이다. 따라서 경영상의 책임과 권한은 물론 경영에 따른 손익도 개인에게 귀속되는 무한책임사원제도이다.

② 소수공동기업

2인 이상의 출자자에 의해 설립되는 기업형태인 공동기업은 개인기업의 단점과 한계를 극복하기 위해 등장한 것으로, 출자자의 수에 따라 소수공동기업과 다수공동기업으로 구분된다.

가. 합명회사

합명회사는 2인 이상의 출자자가 공동으로 출자, 경영, 그리고 공동손익계산을 하는 기업형태로, 회사의 채무에 대하여 출자자 전체가 연대무한책임을 진다. 합명회사는 회사 운영에 관한 의사결정뿐만 아니라 출자자의 지분양도에도 모든 출자자의 동의가 필요하다.

나. 합자회사

합자회사는 무한책임사원이라는 위험성을 극복하고 더 많은 출자자를 모집하기 위하여 출자와 경영을 담당하는 무한책임사원과 자기의 출자범위 내에서 책임을 지고 경영에는 관여하지 않는 유한책임사원으로 구성된다. 합자회사의 유한책임사원은 직접 경영에 참여할 수 없을 뿐만 아니라 전 사원의 동의 없이는 자기자본을 인출할 수 없다.

다. 유한회사

유한회사는 합명회사와 주식회사의 장점을 갖춘 기업형태로, 출자자 전원이 출자액에 대하여만 책임을 지는 전원 유한책임사원으로 구성된다.

라. 익명조합

익명조합은 업무를 직접 담당하는 무한책임의 영업자와 익명의 출자자인 익명조합원으로 구성된 상법상의 조합이다. 익명조합원은 실제 경영에는 참여하지 않으며 이익분배에만 참여하는 목적으로 출자하는 유한책임자이다.

③ 다수공동기업

소수공동기업은 개인기업에 비해 유리한 점은 많지만, 자본조달의 어려움과 출자자와 경영자가 분리되지 않는다는 문제점으로 인해 경영이 비능률적이다. 이러한 제약요인을 극복하기 위해 나타난 기업형태가 다수공동기업(자본적 공동기업)이다.

가. 주식회사

▨ 주식회사의 의의

기업이 대규모화됨에 따라 대규모 자본이 필요하며 기업가 자신의 자본만으로는 이 문제를 해결할 수 없다. 따라서 보다 광범위하게 자본을 조달하는 제도가 주식회사 제도이다.

오늘날 기업 대부분이 주식회사 제도를 채택하는 것은 다수의 출자자로부터 손쉽게 대규모 자본을 조달할 수 있기 때문이다. 주식회사는 주주의 출자를 바탕으로 설립된 자본단체이기 때문에 자본적 결합이 중요하다. 즉 주식회사는 대규모 기업운영에 드는 자본의 조달과 경영의 합리화를 꾀하기 위하여 설립된 자본적 공동기업이다.

주식회사의 소유권자는 주주(stockholders)로서 이들이 주식회사의 주인인 셈이다.

▨ 주식회사의 특징

• 출자자의 유한책임: 주주의 책임은 출자액의 한도 내이며, 그 이상의 채무를 부담할 필요가 없다. 따라서 출자자는 안심하고 기업에 출자할 수 있으며 이것이 주주의 유한책임이다.

• 자본의 증권화: 자본의 증권화란 출자의 단위를 균일한 주식으로 세분하여 출자를 수월하게 하고 이를 주식시장에서 매매가 가능하도록 함으로써 소유권의 이전을 용이하게 한다. 자본의 증권화를 통해 주식회사의 소유권은 수많은 소규모 단위로 분할되기 때문에 회사는 자본조달이 더욱 쉬워진다.

• 출자와 경영의 분리: 주식회사 제도의 발달에 따라 출자자 수가 증가하고, 그들이 모두 기업 경영활동에 참여하는 것은 불가능하다. 따라서 출자라는 기능을 담당하는 주체와 경영이라는 기능을 담당하는 주체가 분리되어 출현하게 된다. '출자와 경영의 분리' 또는 '자본과 경영의 분리'라고

도 불리는 이 현상으로 기업의 경영은 전문경영자의 손에 넘어가고 주주는 경영 일선에서 물러나 이익배당에만 관심을 두게 되었다.

▨ **주식회사의 기관**

• 주주총회: 회사의 기본조직과 경영에 관한 중요사항에 관하여 주주들이 의사를 표시하여 처리하는 최고 의사결정 기관이다.

• 이사회: 주주총회로부터 업무집행에 관한 일체 권한을 위임받은 수탁인들로서 경영에 관련된 의사를 결정하기 위하여 이사 전원으로 구성된 주식회사의 필요 상설기관이다.

• 감사: 감사는 주주총회에서 선임되며, 회사의 회계감사 및 업무감사를 주요 임무로 하는 주식회사의 필요 상설기관이다.

나. 협동조합

협동조합은 경제적 약자인 생산자와 소비자 등이 상호부조와 정신적 협동에 따라 대자본의 압력을 방어하고 중간이익을 배제함으로써 경제적 지위를 향상하고자 조직된 기업형태이다. 따라서 그 직접적인 설립목적은 영리가 아닌 조합원의 경제적 지위 향상과 복지에 있다.

(4) 공기업

① **공기업의 의의**

공기업이란 국가나 지방자치단체 및 공공단체가 공익을 목적으로 출자하고 직·간접으로 경영상의 책임을 지는 기업형태이다. 따라서 공공의 이익증진을 목적으로 한다는 점에서 기업 목적 자체를 영리에 두는 일반 사기업과는 다르다.

② 공기업의 설립목적

▨ 공공사업 목적

일반정책상의 목적으로 국민의 일반적인 복지향상을 목적으로 각종 서비스를 저렴하게 제공하기 위함이며, 여기에는 전신, 전화, 우편, 철도, 전기, 수도, 도로, 항만 등이 해당한다.

▨ 사회정책 목적

근로자의 생활안정, 실업자 구제, 사회복지 등 사회정책적 과제를 수행하기 위한 구호병원, 양로원, 주택사업 등이 해당한다.

▨ 경제정책 목적

여기에는 여러 가지 세부목적이 존재하는데, 첫째, 민간기업이 감당하기 어렵고 거액의 자본이 필요한 사업을 국가가 담당하는 것이다. 이는 주로 기간산업의 목적으로 이루어지는 것으로 과거 포항제철이나 충주 비료공장, 대한광업진흥공사 등의 사례가 있다. 둘째, 국토개발을 목적으로 하는 영산강 유역 개발공사 등을 꼽을 수 있다. 셋째, 민간기업의 독점을 예방하기 위한 목적으로 운영하는 한국도로공사 등이 있다.

▨ 재정정책 목적

국가나 지방자치단체의 재정수입을 충당하기 위하여 설립되는 경우로 우리나라는 과거 담배인삼공사에서 담배, 홍삼 제품을 독점 판매한 바 있다.

▨ 공사공동기업

공사공동기업은 공기업 운영의 주체인 국가 또는 지방자치단체가 민간인 사기업과 공동으로 출자하여 운영되는 기업형태로서 공사합동기업이라고도 한다.

따라서 경영자는 정부에서 일부를 임명하고 일부는 민간인 또는 민간출자자로부터 선임하여 기업을 운영한다. 공사공동기업은 공기업의 장점인 대규모 자본조달의 용이성과 사기업의 장점인 경영능률 향상을 결합한 것이다.

3. 기업경영과 경영자

경영이란 경영자가 조직의 목표을 설정하고, 그 목표를 달성하기 위하여 전략을 수립하고, 그 전략을 효과적으로 실행하기 위하여 기업을 관리하고 운영하는 동태적 과정(dynamic process)을 말한다.

경영은 전략, 관리, 운영으로 이루어진다.

〈표 1〉 **전략, 관리, 운영**

전략	장기적인 목표 달성을 위한 포괄적인 계획 예 미션 설정, 목표 설정, SWOT 분석, 경쟁 전략
관리	자원을 효과적으로 배분하고 조직을 운영하는 과정 예 계획 수립, 조직 구성, 리더십, 통제 및 평가
운영	일상적인 활동과 프로세스를 관리하여 제품이나 서비스를 생산하는 과정 예 생산 관리, 품질 관리, 공급망 관리, 효율성 최적화

- 최고 경영자층(TMT: Top Management Team)은 기업의 목표를 설정하고, 이를 달성하기 위해 외부환경과 내부능력을 분석하여 전략적 의사결정을 하게 된다. 전략이란 상황에 따른 결정으로 일회적이므로 정형화하기가 힘들다.
- 최고 경영자층에서 일단 의사결정이 내려지면, 중간 경영자들은 최소한의 자원으로 최대한의 수익을 달성할 수 있도록 효율성과 효과성을 추구하게 된다. 최고 경영자층에서 결정된 전략을 집행하는 데 있어 투입되는 자원을 최소화하고, 주어진 자원을 활용하여 최대한의 효과를 달성해야 하며, 이 두 가지를 동시에 달성할 수 있는 효율성을 이루어내야 한다.
- 하부 경영자와 근로자들은 사전에 정해진 방식과 체계에 따라 관리적 활동을 수행하는 운영을 담당한다. 운영 단계에서는 반복적이고 일상적인 의사결정을 하게 된다.

그러나 오늘날의 기업은 급변하는 기술과 다양한 시장수요의 요구에 실시간으로 대응해야 하는 과제를 안고 있다. 이와 같은 역동적인 기업환경에서는 기존의 기업 내 계층수준별 역할 분담의 관점보다는 최고경영자에서 하부경영자와 근로자에 이르기까지 기업의 모든 구성원이 전략적 사고과 신속한 의사결정 능력을 보유해야 한다는 관점이 힘을 얻고 있다.

그림 1 전략, 관리, 운영

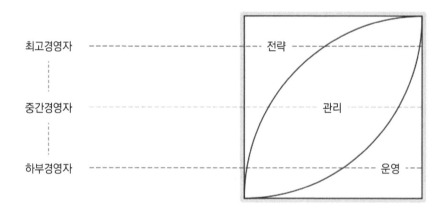

4. 기업의 관점

1) 미시적 관점

미시적 관점에서 바라보는 기업은 크게 세 가지로 나뉜다. 생산 지향 시스템으로서의 기업, 고객 지향 시스템으로서의 기업, 인간 지향 시스템으로서의 기업이다.

(1) 생산 지향 시스템으로서의 기업

밀튼 프리드먼(Milton Friedman)은 기업의 사회적 책임이 수익의 극대화에 있다고 주장했다. 프리드먼이 정의하는 생산 지향 시스템으로서의 기업은 근로자들의 노동과 기업의 자본, 물자, 기술 등을 투입하고 이 요소들을 결합하여 제품과 서비스를 만들어 내는 곳이다.

(2) 고객 지향 시스템으로서의 기업

피터 드러커(Peter Drucker)는 기업의 역할이 고객을 창출하는 것이라고 주장하며, 기업의 투입과 산출이라는 단순한 공식에서 벗어나 고객의 존재와 가치를 강조했다. 그가 주장하는 고객 지향 시스템으로서의 기업에서는 제품과 서비스가 재화로 이어지고 고객으로부터의 자금이 기업의 제품 및 서비스 생산에 대한 재투입으로 이어지는 순환적 관계를 가진다.

(3) 인간 지향 시스템으로서의 기업

앨빈 토플러(Alvin Toffler)는 기업의 목적을 인간의 능력을 개발하는 것이라고 정의했다. 토플러가 말하는 인간 지향 시스템으로서의 기업은 단순히 노동력과 자본을 투입해서 제품 및 서비스를 산출하고 이를 통해 이익을 추구하는 조직이 아니라 사람들이 모인 조직으로 기업활동을 통해 인재를 양성하고 인재개발을 촉진하는 사회조직으로서의 기업을 말한다.

2) 거시적 관점

기업을 바라보고 평가하는 데는 두 가지 거시적 관점이 존재하는데, 하나는 기업을 긍정적 사회 시스템으로 보는 관점이며, 다른 하나는 부정적 사회 시스템으로 보는 관점이다.

(1) 긍정적 사회 시스템(Positive Social System)으로서의 기업

윌리엄 워서(William Werther)와 데이빗 챈들러(David Chandler)는 기업이란

사회 내의 제한된 자원을 가장 효율적으로 배분, 활용하여 그 가치를 극대화함으로써 사회의 경제수준 향상에 기여하는 사회조직이 되어야만 의미 있는 가치를 지니게 되고 사회에서 긍정적으로 평가될 수 있다.

기업의 사회적 책임은 외부의 압력이나 요구에 의해 할 수 없이 실행하는 활동이 아니라, 기업이 자발적으로

• 기업과 관련된 이해관계자들과 소비자들의 윤리적 기준에 부응하고,
• 사회적 기대에 적합한 사회 공동의 이익 창출에 유익한 활동을 계획하며,
• 사회적인 책임을 반영하여,
• 궁극적으로 사회적 선(善)과 공공의 이익에 공헌하는 것이다.

(2) 부정적 사회 시스템(Negative Social System)으로서의 기업

부정적 시각에서 볼 때, 기업은 주주가치 극대화를 추구함으로써 창출한 이윤을 사회에 환원하지 않고 기업 안에 축적하면서 주주들의 사익을 추구하고, 권력을 형성하며, 이를 바탕으로 또 다른 사회집단을 지배하는 성향을 보이기도 한다. 근로자를 착취하고 제품 생산과정에서 환경오염을 유발하기도 하며, 성성 유착의 형태로 정부를 부패시키기도 하고, 기업을 통해 축적한 부와 힘으로 다른 사회 구성원을 짓밟기도 한다. 따라서 이윤 극대화를 통해 부를 축적한 기업이 궁극적으로는 사회에 악영향을 미치고, 사회 자체를 와해할 수 있다는 우려 또한 존재한다.

▬ 연습문제 ▬

01. 경영학의 기원을 간단히 요약해보자.

02. 미시적 관점에서의 기업을 세 가지 형태로 제시해보자.

03. 거시적 관점에서 보는 기업은 무엇을 말하는가?

04. 경영의 정의는 무엇인가?

05. 운영의 효율성과 효과성의 차이에 대해서 간략히 논하라.

제 2 장 **경영학 이론의 발전과정**

1. 경영학 이론이 어떻게 발전되어 왔는지 그 역사에 대해서 설명할 수 있어야 한다.
2. 경영을 대표하는 주요 이론에 대해서 설명할 수 있어야 한다.
3. 현대 경영이 어떻게 발전되어 왔는지 설명할 수 있어야 한다.

Ⅰ 초기의 경영

1. Cheop

이집트의 도시 기자에 있는 키옵(Cheop)왕의 피라미드가 BC. 2551−BC. 2528 사이에 세워졌다. 사방 230m 정사각형 넓이에 146m의 높이로 수천만 명의 사람을 고용하여 완성한 거대한 프로젝트다. 지금까지 약 90개의 피라미드가 나일강 변에서 발견되었다. 피라미드 하나를 짓기 위해서는 20년이라는 시간과 십만 명 이상의 인부가 필요했다. 반드시 누군가가 할 일을 정하고, 사람들과 채석된 돌을 프로젝트 실행을 위하여 조직화하고, 인부들을 지휘하고, 계획한 대로 진행되는지를 통제해야 했을 것이다. 이 모든 것을 수행했던 사람이 경영자다.

2. Adam Smith

아담 스미스(Adam Smith, 1723-1790)의 《국부론(The Wealth of Nation)》은 사실상 세계 최초의 경제학 기본서로 1776년에 출판되었으며 국가의 부는 분업, 생산성, 자유시장 등에 이루어진다고 주장하였다. 그는 특히 분업의 경제적 이점을 설명했다. 그는 옷핀공장에서 기능공 10명이 하루 240개를 만들었는데 비효율적으로 보여, 각자 일을 나누어 전문화하도록 하였으며 이를 통하여 하루 48,000개를 만들었다. 분업을 이용하여 개인 생산성은 최대로 증가할 수 있었다. 국부론 이후 업무 분화는 조직에서 업무를 달성하는 데 가장 많이 사용하는 방법이 되었다.

3. Robert Owen

영국의 기업가인 로버트 오웬(Rovert Owen, 1771-1858)은 인적자원의 중요성을 보급한 선구자적인 역할을 한 사람이다. 그는 특히 스코틀랜드의 New Lanark에서 면화공장을 경영하던 시기에 종업원의 작업, 생활환경에 관심을 두었다. 그 당시 면화공장에는 어린아이들이 400-500명 정도 고용되어 1시간 30분의 식사시간을 포함해 하루에 13시간씩 일을 하였다. Owen은 New Lanark 지역의 교육시스템과 도로, 주택, 위생 등을 정비하여 종업원들의 생활환경을 개선하려 노력했다. 그 당시에 Owen의 행동은 혁명적인 것으로 받아들여졌고, 그의 아이디어는 나중에 논의될 인간관계이론의 기초가 되었다.

4. Charles Babbage

영국의 수학자인 찰스 배비지(Charles Babbage, 1792-1871)는 근대 컴퓨터의 아버지로 알려져 있다. 그는 작업을 다양한 직무로 분할하는 '작업 전문화'

의 아이디어에 관심을 갖게 되었다. 그는 육체적 작업뿐만 아니라 정신적 작업도 전문화되어야 함을 인식했다. 이러한 시각에서 그는 회계사와 같은 특정 업무를 담당하는 전문가가 등장할 것을 예측했다.

Babbage는 또한 유용한 제안에 대한 보상으로 보너스를 주는 제도와 공장의 수익에 따라 임금을 올려주는 이익분배제도를 고안하여 오늘날 인센티브 제도의 시초가 되었다.

5. Henry R. Towne

기업의 사장이자 기술자였던 헨리 R. 타운(Henry R. Towne, 1844-1927)는 1886년에 The American Society of Mechanical Engineers에 발표된 〈The Engineer as an Economist〉라는 논문에서 엔지니어링과 동등하게 독립된 분야로서 경영학에 대한 체계적인 연구의 필요성을 주장하였다. 그는 비록 훌륭한 공학적 기술과 경영학적 기술이 한 개인에게 동시에 겸비되는 경우는 드물지만, 이 두 가지 기술은 모두 조직을 효율적으로 운영하는 데 필요한 것임을 지적하였다.

6. 산업혁명

산업혁명(Industrial Revolution)은 아널드 J. 토인비(Arnold J. Toynbee)가 《18세기 영국 산업혁명 강의》에서 처음으로 사용하였으며 산업혁명의 시대에 회사가 처음으로 탄생하였기 때문에 경영에 더욱 중요한 역할을 끼쳤다.

1차 산업혁명은 제임스 와트의 증기기관 발명을 계기로 가축과 사람으로부터 기계로의 노동력 전환을 가져왔다. 농업사회에서 공업사회로 변화하면서 공장에서 일하는 수많은 생산 관련 직업들 그리고 기업들이 탄생했다. 1차 산업혁명으로부터 100년 정도 후인 1870년대에 2차 산업혁명의 물결이 일어났다.

1879년 토머스 에디슨(Thomas A. Edison)이 백열전구를 발명하면서 그동안 석탄을 사용해 기계를 돌리던 방식에서 전기에너지를 활용하는 보다 효율적 생산시스템으로 획기적인 발전을 이루게 되었다. 에디슨은 특허 1,093개를 등록한 발명가이자 사업가로 20세기의 혁신을 주도하였다. 무엇보다 그는 전기를 생산하는 발전소를 건설하고 모든 가정에서 저렴하게 전기를 사용할 수 있는 백열전구를 발명하였다. 그리고 세계 최대의 종합 전기 제조판매업체인 GE사(General Electric Co.)를 세웠다.

그런데 에디슨 직류 시스템(DC)은 장거리 송전 시 전력손실이 발생하였기 때문에 이를 간파한 니콜라 테슬라(Nikola Tesla)가 교류 시스템을 발표하면서 전류전쟁이 발생하였다. 교류(AC)는 흐르는 방향과 크기가 시간의 흐름에 따라 주기적으로 변하는 전류다. 테슬라의 웨스팅하우스사는 오늘날 흔히 볼 수 있는 발전소에서 전기를 교류로 변압기에 송전한 후 이용하는 고압 송전 방식으로 전력손실을 최소화하였다.

교류전기가 고압으로 위험하기 때문에 교류전기로 고압 송전하고, 최종 소비자는 안전한 직류로 전환하여 사용하고 있다. 에디슨의 GE와 웨스팅하우스는 상호 특허를 교환하여 사용하였다. 전류전쟁이 영사기, 백열전구, 축음기(이하 에디슨)와 무선 전신기, 라디오, 네온사인, 형광등(이하 테슬라) 등의 수많은 혁신적인 창조를 이뤄냈다. 그리고 전기가 생산의 기계화와 대량생산을 견인하면서 20세기 기업의 발전과 경영학 발전의 토대를 만들었다.

19세기 말, 기술과 기계화가 급속히 진전되었지만 종업원의 생산성은 낮은 수준에 머물렀다. 이에 따라 실무자들과 학자들은 공장 내의 능률을 증진하기 위하여 경영관리를 보다 집중적으로 연구하였다.

먼저, 산업혁명의 역사적 전개는 [그림 2]에 정리된 것과 같다.

그림 2 기술적 혁신과 산업혁명의 시계열

1차	2차	3차	4차
증기기관의 발명으로, 기계적인 장치에서 제품을 생산	전기기관의 발명으로 대량생산이 가능해지고 노동력을 절약	정보통신 기술의 발달로 생산라인이 자동화되고, 사람은 생산라인의 점검 및 컨트롤을 수행	AI, 빅데이터, 로봇 등을 통한 기술의 융합으로 사람·사물·공간이 초연결화 및 초지능화
1780년대	1870년대	1970년대	2010년대

출처: 미래창조과학부, 한국과학기술기획평가원, 「이슈분석: 4차 산업혁명과 일자리의 미래」, 2016. 3. 28., 1쪽.

증기기관이 발명되며 1780년대에 1차 산업혁명이 시작되었다. 이로 인해 사람의 수작업 대신 기계를 이용해 제품을 생산하는 길이 열렸다. 나아가 증기기관차는 지역과 지역을 연결하는 수단이 되었다. 발전기와 전동기가 발명되면서 1870년대에는 2차 산업혁명이 일어났다. 석탄 산지로부터 멀리 떨어진 곳에도 전기에너지를 공급받아 공장을 가동할 수 있게 되고, 분업과 기계화에 기초한 대량생산 시스템이 확산되었다. 이에 따라 사람들은 더욱 질 좋고 지렴해진 재화를 풍부하게 공급받을 수 있게 되었다. 이 시기에는 자동차, 유선전화, 텔레비전이 도입되며 국가 내의 연결성을 높일 수 있었다. 3차 산업혁명은 1970년대부터 반도체, 컴퓨터, 인터넷 등 정보통신기술(ICT)이 도입되면서 일어났다. 이를 이용하여 노동집약적 작업이 이루어지던 생산 시스템이 자동화될 수 있었다. 또한, 인터넷, 이동통신 등을 통해 세계가 하나로 연결되는 기반이 마련되었다. 2010년대 들어 여러 기기가 지능화되고, 만물이 집약적으로 연결되는 새로운 문명사적 변화가 나타나기 시작했다. 특히 사물인터넷(IoT), 빅데이터(Big Data), 클라우드 컴퓨팅(Cloud Computing), 모바일(Mobile), 인공지능(AI) 등 지능정보기술이 다른 분야와 융합하며 변화의 속도가 더욱 빨라지고 있다. 또한, 인터넷이 등장하며 형성된 가상 공간이 실제 공간과 결합하며, 사람−사물−공간이 고도로 연결되고 단순한 정보 축적을 넘어 지능화가 이루어지기 시작했다. 지난 2016년 1월 다보스 포럼(WEF; World Economic Forum)에서 논의된 '4차 산업혁명'이 의미하는 것이 바로 이것이다. WEF는 〈The Future of Jobs〉 보고서를 통해 제4차 산업혁명이 근미래에 도래할 것이고, 변화의 물결이 생각보다 가까이 다가와 광범위한 측면에서 전망하였다. 또한 제4차 산업혁명을 '디지털 혁명(제3차 산업혁명)에 기반하여 물리적 공간, 디지털 공간 및 생물학적 공간의 경계가 희석되는 기술융합의 시대'라고 정의하면서, 사이버물리 시스템(CPS; Cyber−Physical System)에 기반한 제4차 산업혁명은 전 세계의 산업구조 및 시장경제 모델에 커다란 영향을 미칠 것으로 예상하였다. 이는 기존에는 분리되어 있던 물리적 · 가상적 · 생물학적 영역들이 융합되면서 새로운 역사가 만들어지고 있는 것이다.

▌▌ 고전적 경영학

고전적 경영학이란 작업과 조직을 더욱 효율적으로 관리하는 방법에 대한 연구를 강조하는 경영학에서의 관점을 말한다. 고전적 경영학에는 과학적 경영, 관료적 경영, 관리적 경영의 세 가지 접근방식이 있다.

1. 과학적 경영

1) Frederick Winslow Taylor

프레더릭 윈즐로 테일러(Frederick W. Taylor, 1856−1915)는 '과학적 경영의 아버지'로 알려져 있다. 필라델피아의 부유한 가정에서 태어난 그는 Midvale

Steel사로 옮기기 전까지 지방 기업의 견습공과 기술자로 일했다.

그는 작업자와 과업의 관계를 체계적으로 연구했다. 그의 과학적 관리의 원리(Principles of Scientific Management)는 작업의 내용을 하나의 과업으로 설정하고 각각의 과업을 수행하는 방식과 절차를 규격화 및 표준화하여 생산성을 증대하려고 시도하였다. 작업의 시간과 동작을 분석하여 직무를 표준화하고 표준목표를 기준으로 초과 달성한 경우와 미달한 경우에 차별적인 임률을 적용하는 차별적인 성과급 제도로 작업능률을 향상하였다. 과학적 관리의 주요 내용은 결과에 의한 보상제도, 효율적인 작업방식에 의한 과업설계, 작업 수행능력 있는 종업원의 주의 깊은 선발, 능력을 최대한 발휘할 수 있도록 종업원들을 훈련, 종업원들이 최대한 능력을 발휘할 수 있도록 하는 감독자 훈련 등이다. 경험적 관찰에 의해 보다 능률적인 작업방법의 개발에 과학적 방법이 이용될 수 있다는 것을 제시하였다.

과학적 관리는 조직적 태업의 원인이 될 수 있는 종래의 인습적 관리(drifting Management)를 대신하여 미리 설정된 과업 중심의 관리이다. 과학적 관리법의 4대 관리원칙은 참된 과학을 발전시킬 것과 지식을 관리자에게로 집중할 것, 노동자의 과학적인 선발과 점진적 발전을 도모할 것, 노동자를 과학적으로 교육하고 발전시킬 것, 관리자와 노동자 간의 친밀한 협동을 도모할 것 등이다. 이러한 원칙은 노동시간당 생산성을 증가하고 고임금과 저노무비라는 관리목표를 달성하려는 것이다. 개인이 달성해야 할 일정한 과업이 명확하게 결정되지 않으면 능률은 올라가지 않는다는 것이다.

과업관리가 종래의 경험이나 직관에 의존하던 추세관리에서 체계적이며 합리적인 과학적 관리로 변경되었다. 실제로 300% 이상의 놀라운 생산성 증대가 이루어질 만큼 능률증진의 문제를 해결하는 데 공헌하였다. 그러나 이러한 과업관리는 노동자를 경영자의 명령이나 과업의 할당에 의해 단순히 작업을 수행하는 하나의 생산 도구, 즉 기계(Machine)로만 보고 있어 인간적인 측면을 무시한다.

2) Gilbreth 부부(The Gilbrethes)

과학적 경영의 또 다른 주요 주창자는 프랭크 길브레스(Frank Gilbreth, 1868-1924)와 릴리안 길브레스(Lillian Gilbreth, 1878-1972) 부부다. Frank는 MIT대학에 입학 허가를 받았지만, 그 당시는 전문가가 대접받는 시대였기 때문에 벽돌공이 되기로 결심하였다. 그는 벽돌공 훈련에 참가하는 동안에 경험이 많은 노동자로부터 전해 내려오는 많은 비능률적인 것들을 발견했다.

그러한 상황을 개선하기 위해 그는 효율적인 벽돌을 쌓는 과정에 동작연구(motion study)를 사용할 것을 제안했다. 여러 가지 아이디어를 바탕으로 Frank는 벽돌을 쌓는 데 필요한 동작을 줄일 수 있었으며, 노동자들은 그의 연구를 이용함으로써 추가적인 육체적 노력 없이도 하루에 쌓는 벽돌 수를 1,000개에서 2,700개로 늘렸다.

그러는 동안 Frank는 자신과 함께 일을 하기 시작한 Lillian Moller와 결혼하여, 부부 공동으로 불필요한 동작을 제거하는 데 중점을 두면서 업무 피로를 줄이는 방법을 개발하는 데까지 관심영역을 확대해 갔다.

그들의 연구 중 가장 큰 업적은 Therblig[1]이라 불리는 17가지 기본동작을 개발한 것이다.

3) Henry L. Gantt

Taylor의 가장 가까운 동료 중의 하나였던 헨리 간트(Henry Gantt, 1861-1919)는 Midvale Steel과 Bethlehem Steel사 등에서 함께 일을 했다. Gantt는 이후에 독자적으로 컨설턴트가 되었고 스스로 몇 가지 업적을 쌓았다. 그중 가장 널리 알려진 것이 Gantt 도표인데 이는 오늘날에도 계획 수립, 일정 수립, 통제 등에 사용되고 있다. 그는 또한 배당된 시간 내에 기준치에 도달하였

---

[1] Therblig는 그들의 성 Gilbreth를 거꾸로 한 단어다.

을 때 단지 종업원에게만 특별수당을 주는 것이 아니라 감독자에게도 수당을 주는 독특한 인센티브 시스템을 개발하였다.

2. 관료적 경영

고전적인 경영이론의 또 다른 영역은 관료적 경영(bureaucratic management) 이다. 이는 소유주나 경영자가 독단적이고 일시적인 기분에 의해서 운영하기보다는 합리적인 태도로 조직을 운영해나갈 것을 강조하는 경영이론이다. 관료적 경영 접근은 저명한 독일의 사회학자인 막스 베버(Max Weber, 1864-1920)의 연구에 바탕을 둔다.

Weber는 경영학, 사회학, 경제학, 철학 등과 같은 많은 영역에 공적을 남겼는데, 경영학 분야에서의 그의 가장 큰 공적은 관료제 조직을 더욱 효율적으로 운영할 수 있는 아이디어를 제시한 것이다. 그는 아이디어를 공식화하는 데 연고자 등용과 집단의식과 같은 그 당시의 일반적인 규범에 대응하였다. 그 당시는 귀족 출신의 사람에게만 프러시아 군대에서 간부가 되거나 정부나 기업체에서 상급 지위에 오르는 것이 허가되었다. 그는 전문 지식을 지닌 사람보다 자신이 아는 사람들을 기본으로 조직을 운영하는 연고자 등용을 원칙으로 하는 것이 조직의 효율성을 방해한다고 생각했다.

Weber는 이상적 관료주의의 특성을 〈표 2〉와 같이 체계화했다. 그러나 그는 자신의 이상적인 관료주의가 실제로는 존재하지 않음을 인정했다. 사실상 그는 자신의 아이디어가 경영자들의 지침으로 이용되기를 원한 것은 아니었다. 그의 의도는 조직들을 이해하는 데 출발점으로서 사용될 수 있는 아이디어를 개발하는 것이었다. 그러나 그의 연구가 1940년대 후반에 영어로 번역되었을 때 많은 미국의 경영학자들은 그의 아이디어를 조직을 더욱 효율적으로 경영할 수있는 지침으로 사용하였다.

〈표 2〉 Weber의 이상적 관료조직의 원칙

분업과 전문화	직무는 잘 정의되어 구분되고 또한 전문화되어야 한다.
비개인성	규정, 절차, 제재는 누구에게나 공평하게 적용되어야 한다.
잘 정의된 권한체계	명확하게 잘 정의된 권한체계를 갖춘 조직이어야 한다.
장점에 기초한 경력진급	선발과 승진은 구성원의 자질과 업무성과에 기초해야 한다.
공식적인 규칙과 절차	문서화된 규칙과 절차를 통하여 획일성을 확보하고 구성원들에게서 바라는 행동을 기술한다.

3. 관리적 경영

과학적 경영의 주창자들은 종업원들이 업무를 더욱 효율적으로 할 수 있도록 적용할 수 있는 이론들을 개발하는 데 노력하고 Weber는 관료주의의 개념을 정립하는 데 노력하는 동안 또 다른 고전적 경영학의 지류가 고안되었는데, 그것이 바로 관리적 경영(administrative management) 접근방식이다.

1) Henri Fayol

프랑스 태생 앙리 파욜(Henri Fayol, 1841-1925)은 Coal-and-Iron Combine의 견습생으로 있다가 1888년에 최고경영자의 위치에 올랐다. 그는 재정적 어려움을 겪던 회사를 건실한 회사로 만들었고, 이 회사는 오늘날까지 광업과 야금(金) 업체인 Le Creusot-Loire의 계열사로 남아있다.

Fayol은 경영활동을 [그림 3]과 같이 분류했다. 이 중 '경영활동'의 범주에서 계획, 조직, 지휘, 조정, 통제라는 5가지 주요 기능을 소개했다.

그림 3 Fayol의 기업활동분류

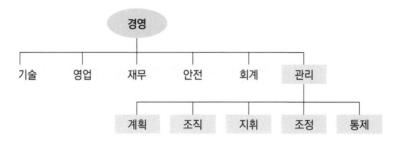

Fayol은 또한 Coal−and−Iron 회사를 운영하면서 유용하다고 깨달은 〈표 3〉과 같은 원칙들을 체계화했다. 〈표 3〉은 비록 오늘날 비즈니스계의 몇 가지 상황에서는 그의 원칙에 예외가 있다는 것이 발견되었지만 그의 원칙은 오늘날에도 널리 활용되고 있다.

〈표 3〉 Fayol의 경영 일반 원칙

작업의 분할	작업의 전문화는 효율성을 가져온다.
권한	권한은 명령을 할 수 있는 권리이며, 복종을 요구하는 힘이다. 이에는 지위에서 나오는 공적인 권한과 인품에서 나오는 사적인 권한이 있다.
규율	규율은 조직을 원활히 하기 위해서 반드시 필요하다.
명령의 일원화	구성원은 오직 한 사람의 상사로부터 명령을 받아야 한다.
보상	보상은 공평하게 보상되어야 한다.
지휘의 일원화	같은 목적을 가진 활동은 하나의 계획, 하나의 사람이 담당하도록 조직되어야 한다.
질서	인적, 물적자원은 항상 적절한 곳에 있어야 한다.
주도적 역할	경영자는 부하들을 격려하고 충분히 실력을 발휘하도록 주도적 역할을 해야 한다.
공정성	부하들을 친절하고 공정하게 대해야 한다.
안정성	높은 이직률을 방지해야 한다.
단결심	단결은 힘이 있기 때문에 팀워크가 매우 중요하다.

조직이익의 우선	조직 전체의 이익은 개인의 이익보다 우선한다.
집중화	집중화 정도는 상황에 따라 변화한다.
권한의 계층체인	권한 경로는 위로부터 하부로 확장되고, 경로에 따라서 의사소통이 정의되어야 한다.

2) 대량 생산과 포드 시스템

포드 시스템(Ford system)은 제품의 표준화(Standardization), 부분품의 단순화(Simplification), 작업의 전문화(Specialization)를 기초로 컨베이어 시스템에 의한 이동조립법으로 작업의 동시 관리(management by synchronization)로 생산능률을 극대화하였다. 포드는 도축장의 모노레일에서 컨베이어 벨트 시스템의 아이디어를 얻고서 자동차 제조에 적용하였다. 컨베이어 시스템은 제조시간을 단축하여 대량생산으로 판매가격을 크게 낮추었다.

표준화는 제품의 규격, 치수, 원재료 등을 일정한 규격으로 통일하고 필요한 기준을 정함으로써 대량생산을 가능하게 하고 생산 및 유통에 소요되는 비용을 절감한다. 표준화의 대상은 규격이나, 형(type), 종류, 품질과 같은 물리적인 요소, 작업방법이나 작업조건 등과 같은 방법적인 요소, 경리나 회계 또는 판매 등과 같은 관리적인 요소 등도 포함한다.

단순화는 제품과 부분품의 낭비를 막기 위하여 불필요한 제품 종류, 품목, 크기 등의 품종을 줄인다. 일종의 품목의 표준화로서 생산수단뿐만 아니라 방법도 단순화할 수 있다. 단순화가 이루어지면 생산과 관련된 각종 비용이 절감되고 작업자의 숙련도가 향상되며 생산기간이 단축된다.

전문화는 특정제품을 전문적으로 생산하는 의미로 사용되기도 하고 다시 특정 제품생산에서 분업을 통해 생산성 향상을 추구한다. 전문화가 이루어지면 숙련도가 높아지고 생산성이 향상된다. 원가절감 목적으로 분업이라는 전문화 방식에 의해 대량생산을 추구하는 경우에 단순화와 표준화가 먼저 이루어져야 한다.

포드 자동차는 1908년에 혁명적인 T-MODEL을 그 당시로선 파격적인 가격인 825달러에 출시하였다. 1923년에 200만대를 생산하였고 1925년에 판매가격을 260달러까지 낮췄다. T형 포드는 1927년 단종될 때까지 1,500만 대가 판매되었다. 그리고 포드는 1910년대 중반부터 1920년대 중반까지 시장점유율 40-50%로 자동차 시장을 독점하였다. 오늘날에도 자동차 생산에 컨베이어 시스템이 여전히 적용되고 있을 만큼 대단한 혁신이었다.

이뿐만 아니었다. 1914년 당시 노동시간은 하루 9시간이었고 임금은 일당 2달러 34센트였다. 헨리는 단조로운 작업 때문에 숙련된 작업자가 회사를 떠나지 않도록 1915년 노동자 임금을 일당 5달러로 배 이상 올려 주어 생산의욕을 크게 돋우었고 노동자의 복지향상에 기여했다. 이 조치는 당시 전 세계의 산업계를 떠들썩하게 만든 임금혁명이었다. 또한 미국의 중산층을 형성하는 데에도 기여하였다. 헨리의 파격적인 임금인상으로 근 일 년간 포드의 정문 앞은 주야로 입사 희망 노동자들로 인산인해를 이루어 경찰까지 동원해 정리할 정도였다. 이러한 혁신적인 결과로 1913년 말 포드 자동차는 미국 내 자동차의 50 퍼센트를 생산했고, 1918년에는 미국 전체 자동차의 절반이 포드 모델 T일 정도로 큰 성공을 거두었다.

경쟁자였던 제너럴 모터스(GM)는 윌리엄 듀런트(William C. Durant)가 1908년에 뷰익의 지주회사로 설립되었고, 그해 말 올즈모빌을 흡수합병하였다. 1909년에 캐딜락, 엘모어, 폰티악 등을 흡수합병하였다. 그러나 채권단은 신차 판매의 부진으로 듀런트를 해고하였다. 그렇지만 윌리엄 듀런트는 쉐보레 자동차 회사를 설립하여 GM의 지분을 매입하였다. 그 뒤 윌리엄 듀런트는 제너럴 모터스의 경영권을 되찾았지만 신차 판매의 부진으로 경영에서 물러났다. 그의 후계자인 알프레드 슬로언은 단일 브랜드의 포드자동차에 맞서서 다양한 브랜드로 맞섰다. 세계대전 후 제너럴 모터스가 세계 시장을 석권하였다.

고전적 경영이론은 경제학 연구의 과학적 기반을 형성하였다. 시간, 동작

분석, 작업단순화, 직무설계, 임금 인센티브 시스템, 일정계획, 작업환경의 중요성 등에 대한 개념은 현대기업에서도 사용하고 있다. 그러나 안정적이고 단순한 조직을 대상으로 기계의 집합, 개인의 기계 부품화, 작업자의 능률을 기계적 관점에서 취급하면서 조직의 외부 환경을 무시하였다.

Ⅲ 행동학적 경영학

고전적 경영 이론가들은 노동자들을 생산의 도구로 보았으며, 생산차원에서 더욱 능률적으로 활용하기 위한 경영수단을 찾는 데만 관심을 가졌었다. 이와는 대조적으로 행동학적 경영학은 조직 내에서 인간의 행동에 영향을 미치는 다양한 요소들을 이해하려는 노력의 중요성을 강조하는 접근방식이다.

1. 초기의 행동과학

경영학에 대한 관심이 증가하면서 다른 학문분야 출신의 사람들은 공학을 중시하는 과학적 경영 접근에 대한 대안을 제시했다.

1) Hugo Münsterberg

독일 태생의 휴고 뮌스터버그(Hugo Munsterberg, 1863-1916)는 심리학 박사이자 의학 박사였다. 그는 1892년에 하버드에 심리연구소를 설립했고, 1913년에 《Psychology and Industrial Efficienct》라는 책을 발간하였다. 이 책을 통하여 심리학자들이 세 가지 방법으로 기업을 도울 수 있다고 주장했는데, 첫 번째 방법은 과학적 경영과 매우 밀접한 것으로 심리학자들은 직무를 연구하여 특정 직무에 가장 적합한 사람을 찾아냄으로써 도움을 준다는 것이고, 두 번째 방법은 종업원들이 어떤 심리적 조건에서 가장 최선을 다해 작업을 할 수 있는가에 대한 평가를 통서 도움을 주는 것이고, 세 번째 방법은 종업원이 경영자의 관심에 보조를 맞추어 행동하게끔 하는 전략을 개발하여 도움을 주는 것이다. 그의 아이디어는 업무수행에 있어 인간의 행동을 연결하는 '산업심리학'이란 분야의 태동을 이끌었다.

2) Mary Parker Follett

메리 파커 폴릿(Mary Parker Follett, 1868-1933)은 보스턴에서 태어나 정치학을 공부했다. 그녀는 고용과 작업장 문제에 대해 관심을 지닌 사회운동가였다. 그녀는 조직 구성원들은 그들이 속한 집단의 영향을 받으며, 이 집단은 조직 구성원들의 행동을 통제할 수 있는 능력을 지니고 있다고 생각했다. 이는 오늘날 미국 기업에서 관심을 가지는 자체경영팀(self-managing team)의 개념과 유사하다. 예로서 미국 자동차 회사 GM의 새로운 Saturn 공장을 들 수 있는데 여기서는 대부분의 업무가 전통적인 보스가 없는 자체경영팀에 의해 이루어시고 있다.

Follett의 선견 있는 또 다른 아이디어는 조직은 군림권력(Power-over)보다는 동반권력(power with)의 원칙하에서 운영되어야 하며, 권력은 계급적 압력에 의한 강제적 개념이기보다는 종업원과 경영자가 함께 일하는 협력적 개념이어야 한다는 것이다.

비록 그녀의 시각이 Barnard의 권력승인이론에 영향을 미쳤을지는 몰라도 Barnard가 하부로부터의 긍정적 반응을 강조한 반면에 Follett은 권력의 분할을 주장했다.

2. 호손 실험

호손 실험(Hawthorne studies)은 1920년대 후반에서 1930대 초반까지 Western Electric사의 Hawthorne 공장에서 수행된 연구로서 인간관계론적 관점과 행동학적 접근법을 이끄는 결과를 가져왔다.

GE(General Electric)사는 전구 판매량을 가능한 한 많이 늘리길 원했고, '국가연구위원회(national research council)'에서 실행된 조명의 밝기와 생산성 간의 관계에 대한 연구를 지원하였다. 이 실험은 AT&T의 장비생산 업체인 Western Electric사의 Hawthorne 작업장에서 실행되었으며 세 단계에 걸쳐 수행되었다.

호손 연구의 최초 실험인 조명 실험(1924-1927)은 주변의 여러 물리적 환경이 근로자에게 미치는 영향을 규명하고자 하였다. 조명의 밝기에 따른 생산성의 변화를 실험하였지만 비교대상과 생산성의 차이가 나지 않았다.

두 번째, 계전기 조립 실험(1927-1929)은 계전기 조립에 종사하는 여공들을 6명의 소집단으로 나누고 6명 중 2명을 일단 따로 뽑은 뒤 그 2명이 같이 일할 4명을 뽑은 후, 감시원 1명을 배치하였다. 실험 중에 휴식 시간, 간식 제공, 임금 지급의 방법, 작업시간의 단축 등 여러 조건을 바꿔봤지만, 뚜렷한 생산성의 변화를 찾지 못했다.

세 번째, 면접 실험(1928-1930)은 약 2년에 걸쳐 종업원 21,126명을 면접하면서 종업원의 불평 및 불만을 조사하였다. 이 실험에서 물리적 환경보다 불만이나 감정 등의 요인이 생산량과 어느 정도 관계가 있다는 결론을 얻었다. 그리고 배전기 권선 관찰 실험(1931-1932)은 배선작업을 하는 남성 노동자 14명을 관찰하여 2개의 비공식 조직을 찾았다. 노동자 각자의 근로의욕이나 비공식적으로 합의된 규범이 작업능률과 상관관계가 크다는 것을 발견했다.

연구책임자 조지 엘턴 메이오(George Elton Mayo, 1880-1949)가 근로자의 감정과 태도, 근로자 간 의사소통, 작업자 그룹 등이 생산성에 영향을 미친다는 사실을 발견하였다. 그 결과 첫째, 인간은 단순히 돈만을 위해서 일하는 경제인이 아니라 감정을 지니고 남과 어울리려고 한다. 인간의 심리적 사회적 욕구의 충족을 통해서 동기부여가 이루어지고 성과가 높아지는 것이다. 둘째, 작업장은 하나의 사회적 활동영역으로 기계적 인간의 집합체가 아니라 인간관계가 이루어지는 장소이다. 비공식집단과 집단역학의 중요성도 이해하게 되었다.

호손 실험은 조직의 경영 및 관리에서 인간의 심리적 작용과 비공식적 조직 관계(사적 인간관계), 비물질적 요인과 인간의 감정적, 정서적 요인을 처음 인지한 실험이었다. 기업에 조직의 능률을 지향하는 공식조직과 감정의 논리에 따른 비공식조직이 존재하기 때문에 관리자는 양자를 조화시켜야 한다. 생산력의 증가는 임금만이 아닌 종업원의 사기와 부하에 대한 감독태도, 그리고 인간관계 등의 개선에 있다는 결론을 얻었다. 호손 실험 이후의 인간관계론은 기업 경영에 적지 않은 영향을 미쳤다.

본질적으로 호손 실험은 인간에 대한 이해와 존중을 가능하게 한 획기적인 전기를 마련함으로써 인간중심적인 경영이론의 토대가 되는 데 공헌하였다. 그렇지만 과학적인 타당성을 결여한 채 집단의 중요성에 너무 치우치면서 전체 조직과의 맥락을 소홀하게 취급하였다. 비공식조직을 지나치게 강조할 경우 공식조직을 경시할 수 있다.

3. 인간관계

호손 실험의 결과는 조직에서 인간행위의 사회적 의미를 일깨워 주었다. 이후 경영자들은 종업원들이 그들의 직무에 보다 만족할 수 있도록 어떻게 그리고 무엇을 할 것인가에 대해 관심을 갖게 되었다.

1) Abraham Maslow

미국 출신의 심리학 박사 에이브러햄 매슬로(Abraham Maslow, 1908-1970)는 인간 본성에 대해서 3가지 가정하에서 동기부여이론을 개발하였다. 그 첫 번째는 인간은 결코 만족할 수 없는 욕구를 지니고 있다는 것이다. 두 번째는 인간의 행동은 주어진 어느 시점에서 만족하지 못한 욕구를 채우는 것을 목표로 한다는 점이다. 그리고 마지막 세 번째는 욕구는 기본욕구에서부터 상위욕구로의 예측 가능한 계층구조로 되어 있다는 것이다. Maslow가 주창한 인간 욕구는 5계층으로 구성되는데 가장 낮은 층으로부터 순서대로 보면 생리적 욕구, 안전의 욕구, 소속과 애정의 욕구, 존중의 욕구, 자기실현의 욕구로 구성된다.

그림 4 Maslow 욕구 5단계

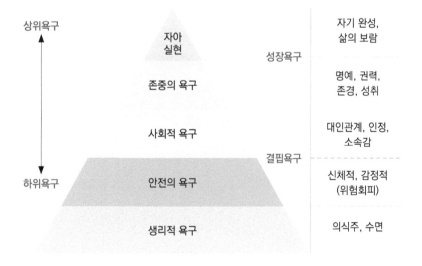

1단계 생리적 욕구(physiological needs)는 숨을 쉬고, 물을 마시며, 음식을 먹고, 성적 욕구를 충족하며, 잠을 자고, 배설하는 등 생존 관련 의·식·주 등과 같은 인간의 생존에 필요한 본능적인 욕구이다. 인간의 가장 기본적인

욕구이므로 다른 어느 욕구보다도 우선적으로 충족되어야 한다.

2단계 안전의 욕구(safety needs)는 불확실한 것보다는 확실한 것, 낯선 것보다는 익숙한 것 등을 선호하는 수준의 욕구이다. 신체적인 보호, 직업의 안정 등에 대한 욕구를 말한다.

3단계 소속과 애정의 욕구(needs for belongingness and love)는 가족 관계와 교우 관계 등을 포함한 사회적 관계를 맺고 유지하려는 욕구다. 다시 말하면 사회적 상호작용을 통해 원활한 인간관계를 유지하고자 하는 수준의 욕구로, 사랑받고 싶어 하는 욕구와 소속의 욕구가 결핍되면 스트레스, 외로움, 우울증 등에 취약해진다는 것이다.

4단계 존중의 욕구(esteem needs)는 자신이 무언가에 기여하고 있다고 느낄 뿐만 아니라 다른 사람으로부터도 인정을 받을 때 자기 존중의 욕구가 충족된다고 한다. 매슬로는 이러한 자기 존중의 욕구가 충족되지 않거나 욕구에 불균형이 생기면 사람들은 열등감, 나약함, 무력감과 같은 심리적 불안에 시달린다고 하였다.

5단계 자아실현의 욕구(self-actualization needs)는 각 개인의 타고난 능력 혹은 성장 잠재력을 실행하려는 욕구이다. 이 욕구는 성장을 향한 긍정적 동기의 발현이라는 점에서 바람직하고 성숙된 동기이다.

이러한 욕구 5단계설은 임금의 중요성만을 강조한 기존의 과학적 경영 견해와는 아주 상충하는 개념이다.

2) Douglas McGregor

미국 Harvard 대학에서 박사학위를 받고 MIT 대학에서 산업경영학 교수로서 대부분을 보낸 더글러스 맥그리거(Douglas McGregor, 1906-1964)는 대부분의 조직들이 인간의 본성에 대해 잘못된 생각을 갖고 있다고 주장한다. 그는 인간의 본성을 부정적으로 보는 X이론과 이의 반대의견으로서 긍정적으로 보는 Y이론이 있다고 설정했다. 인간이란 원래 게으르고, 지시를 받거나, 금전적 유인이 있어야 열심히 노력한다고 믿는, 즉 X이론 선봉자인 경영자는 통제기능을 강조하는 조직을 만들게 되고, 이와 반대로, 인간은 스스로 주어진 여건이 되면 조직에 적극적으로 공헌한다고 믿는, 즉 Y이론 선봉자인 경영자는 협력 분위기의 조직을 만들게 된다고 지적한다. McGregor가 주창한 인간본성의 X이론과 Y이론의 가정은 〈표 4〉와 같다.

〈표 4〉 X이론과 Y이론의 가정

X이론 가정	인간은 일하기 싫어하고 가능한 한 피하려고 한다. 조직목적을 위해서는 강제로 통제하고 명령하고 처벌해야 한다. 인간은 책임지기 싫어하고, 조직의 요구에 무관심하다.
Y이론 가정	인간은 일을 즐기고, 조건 여하에 따라서는 자기만족의 근원이 된다. 강제나 처벌이 없어도 인간은 자기 관리를 한다. 인간이 가장 중요시하는 보상은 경제적 보상과 지위보상이 아니라 자기실현 욕구다. 모든 사람이 다 문제해결을 위한 창조성을 갖고 있다. 책임을 회피하거나 안정에만 집착하는 것은 인간의 내재적 성질이 아니다.

Maslow, McGregor 이외에도 여러 학자들이 조직 구성원의 합리적인 경제적 속성을 주장한 고전파 학자들에 대체안이 있다는 것을 보여주려고 노력했다. 그들은 보다 복잡한 조직 구성원들의 견해를 해석하기 위해서는 소위 행동학적 접근방식(behavioral science approach)의 필요성을 주장했다. 여기에서 행동학적 접근방식이란 경영자를 위해 실천적 안내지침으로 사용될 수 있는 조직 내의 인간행위에 관한 이론을 개발하는 과정에서 과학적인 연구를 강조하는 접근방식이다. 행동학적 접근방식의 궁극적인 목표는 경영자들이 여러 상황을 평가하고, 적절한 조치를 결정하는 데 지침으로 사용할 수 있는 이론을 개발하는 것이다.

Ⅳ 행태과학론

　행태과학론(behavioral science theory)이란 인간의 행동을 과학적으로 연구하기 위한 학문으로 사회적 현상을 연구하는 데 개인이나 집단의 행동에 초점을 두는 연구방법을 말한다. 인간관계론이 지나치게 심리적이며 감정적 방향으로 전개되자 이러한 한계를 보완하려는 노력의 일환으로 체스터 버나드(Chester Barnard), 허버트 사이먼(Herbert Simon) 등에 의해 제안된 이론이다. 조직 속에서 사람들이 어떻게 행동하는가(the way people behave in the organization)를 연구하여 조직 내에서의 인간에 대한 견해, 인간 행위를 분석적, 체계적으로 기술하려는 이론화 운동으로 전개되었다.

　인간행동에 대한 체계적이고 분석적 접근방법을 통하여 행태과학론은 이전의 조직적 측면과 구성원의 측면, 혹은 기계적 측면과 인간적 측면 중 한쪽 측면만을 강조한 과학적 관리법과 인간관계론 사이에서 균형점을 찾아줌으로써 조직과 구성원 모두에게 합리적인 길을 찾게 해주는 데 공헌하였다. 또한, 인간의 성격 연구를 통하여 조직 구성원들의 감수성, 심리적 안정 등과 같은 정서적 측면에 대한 통찰로 조직과 구성원 간 발생하는 긴장과 갈등을 효율적으로 관리하는 데 기여하였다.

1) Chester Barnard

　체스터 바너드(Chester Barnard, 1886-1961)는 메사추세츠에서 태어나 하버드 대학을 다녔으나 중퇴하였다. Barnard는 효율적인 경영에 관한 자신의 견해를 담은 《The Functions of the Executive》라는 책을 1938년에 발간하였다.

　Barnard의 연구 중 가장 많이 알려진 것이 '권력승인이론(acceptance theory of authority)'이다. 이 이론의 핵심은 권력은 권력을 지닌 사람에 달려 있는 것이 아니라 명령을 받는 사람들의 승인에 의해 좌우되며 상부에서 내려오는 명령이나 지시의 수용 여부를 결정하는 것은 종업원들이라는 것이다.

Barnard는 노동자들이 만일 지시의 전달 내용을 이해하고, 지시의 목적을 조직의 목적과 일치하는 것으로 생각하고, 자신의 행동이 자신의 요구뿐만 아니라, 다른 노동자들의 요구와도 일치한다고 느끼며, 자신의 정신적·육체적 능력이 따를 수 있는 것으로 생각한다면 경영자의 지시를 기꺼이 수용하려고 한다고 주장하였다.

2) Herbert Simon

허버트 사이먼(Herbert Simon, 1916-2001)은 특히 의사결정론을 최초로 정립했는데, 의사결정론의 핵심 내용인즉, 조직의 의사결정자들은 완벽한 객관적 합리성을 충족하는 결정이 아니라 제한된 합리성(bounded rationality) 내에서 적당히 만족할 만한 수준이면 결정을 내린다는 것이다. 왜냐하면 실제 현실에서는 여러 제약들이 복합적으로 작용하면서 완벽한 합리성의 상황을 기대하기 어렵기 때문이다. 따라서 기업경영과 관련되는 문제들, 예를 들어 수요 예측, 재고 관리, 생산량 조정, 작업 일정의 문제들을 해결하기 위해서는 관련 변수를 계량화해서 자료를 입력하고 계산 결과를 바탕으로 의사결정을 하는 것이 가장 합리적이다.

그러나 행태과학론에서는 대부분의 조직 내의 결정들이 계량적이고 과학적 접근을 따르기보다는 인간행동적 특성에 좌우되는 것에 초점을 두고 있다. 따라서 조직이론과 관련해서는 계량적이고 경영과학적인 의사결정보다 실제의 인간행동을 바탕으로 한 개인과 집단의 의사결정이 주요 연구주제가 되었다.

Ⅴ 계량적 경영학

제2차 세계대전을 통하여 계량적 방법이 많이 개발되었다. 전후 이러한 방법론은 비즈니스 조직체에 보다 활발히 보급되었고 따라서 수학, 통계학, 컴퓨터 등을 이용한 계량적 접근방식이 보다 폭넓게 확산하였다.

계량적 견해는 크게 세 분야로 발전하였는데, 이는 다음과 같다.

1) 경영과학

경영과학(management science)은 복잡한 수학적 모델이나 통계적 방법을 사용하여 기업의 의사결정을 유용하게 하려는 목적에서 파생된 접근방식이다. 이는 일명 운영과학(operations research)이라고도 불린다.

2) 운영경영

운영경영(operations management)이란 주로 제품과 서비스의 생산과 배분을 경영하는 기능으로서, 과거에는 생산관리라 불렸다. 이에는 재고경영, 직업 일정 스케줄, 생산계획, 품질관리, 시설배치와 디자인 등이 포함되어 있으며, 계량적인 접근방식이 많이 이용되기 때문에 계량적 견해의 한 부문으로 자리잡고 있다.

3) 경영정보시스템

약칭 MIS라 불리는 경영정보시스템(Management Information System)은 경영자의 편의를 위한 컴퓨터 중심 정보시스템을 디자인하고 실행하는 기능과 관련이 있고, 컴퓨터라는 도구를 중심으로 이루어지기 때문에 계량적인 접근방식을 많이 이용한다.

Ⅵ 현대적 경영학

고전적 경영이론, 행동학적 경영이론, 그리고 계량적 경영이론이 경영이론의 발전에 크게 공헌한 것은 사실이지만, 경영의 주위 환경여건이 변화되면서 최근에 와서는 다른 새로운 이론들이 크게 영향을 미치고 있다. 이들 신이론들은 경영에 대한 신선한 사고 혁신을 가져왔기 때문에 경영학계에서는 현대적 경영학으로 평가하고 있다.

1) 시스템 이론

우리가 신체의 건강을 생각할 때, 심장 등과 같이 신체 일부 기관의 건강상태를 체크할 수 있다. 이 경우 아무리 심장의 건강상태가 양호하다 하더라도, 이를 근거로 우리 신체의 건강이 양호하다고 무조건적으로 판단할 수는 없다. 신체의 건강은 신체 각 부분을 단편적으로 볼 것이 아니라 이들 각 부분들의 상호 관련성 속에서 몸 전체의 상태로서 파악되어야 한다. 이러한 개념이 바로 시스템 이론(system theory)이다.

일반적으로 생산관리자는 낮은 비용과 효율성 극대화를 위하여 가능한 한 표준화된 제품의 연속생산을 선호한다. 반면에 마케팅 경영자는 소비자의 만족 극대화를 위하여 다양한 제품을 생산하기 바란다. 이 경우 생산관리자가 자신의 효율성만을 생각한 나머지 마케팅 관리자와 협의 없이 일방적으로 생산운영을 한다면, 생산 부문에서는 성공할지 몰라도 기업조직 전체의 업무성과에는 오히려 역행할 수도 있다. 이러한 관점에서 경영 각 부문의 문제를 다루기보다는 경영 각 부문의 상호의존성을 염두해 두면서 기업이라는 조직 전체의 목표극대화를 생각하는 것이 현대 경영학의 시스템적 접근방식이다. 시스템 이론이 경영이론 개발에 크게 공헌한 부분은 개방 시스템(open system) 개념과 피드백(feed-back) 개념이다. 개방 시스템 개념이란 기업이란 조직체가 외부 환경과 끊임없는 관계를 맺고 상호작용한다는 개념이며, 피드백 개념이란 투입으로 들어온 인적 및 물적자원을 변환공정을 거쳐서 최종 산출물을 산출한 후, 이 산출물이 외부환경에 영향을 미쳐 기업의 투입자원으로 되돌아온다는 개념이다.

2) 상황이론(Contingency theory)

Taylor나 Fayol 같은 고전 경영이론가들은 여러 상황에서 운영되는 기업에서 경영자에게 '가장 최적인 방법'을 식별하려는 노력을 하였다. 그러나 문제가 그리 간단한 것은 아니다. 몇몇 연구자들은 고전적 견해이든, 행동학적 견해이든, 계량적 견해이든 간에 획일적으로 모든 상황에 그대로 적용될 수 있는 것은 아니라는 것을 발견했다.

이에 따라서 등장한 경영이론이 바로 상황이론(contingency theory)이다. 따라서 상황이론은 모든 상황에 적용되는 보편적 원리(universal principle)를 찾기보다는 상황의 특색에 의존하여 취해야 할 상황적 원리(contingency principle)를 찾는다.

이 이론에 따르면, 경영자의 주요 과업은 시간에 따라 변하는 경영상황에 따라서 어떤 경영기법이 조직 목표달성에 최적인가를 결정하는 것이 된다. 예컨대 생산성 증대를 위해 조직 구성원을 격려할 필요가 있을 때, 고전적 경영학자는 새로운 작업 단순화 계획을 제안할 것이고, 행동학적 경영학자는 심리적인 동기부여 분위기를 제안할 것이다. 그러나 이 상황이론 접근방식에 훈련된 경영자라면 그는 "어떤 방법이 지금 이 순간, 이 작업장에서 최적일까?"를 생각할 것이다.

만약 조직 구성원들이 주로 미숙련공이고, 교육훈련 및 자원 측면에서 제한이 있을 경우에는 그는 고전적 경영학자의 견해를 택할 것이다. 그러나 만약 조직 구성원이 숙련공들이라면 그는 행동학적 경영학자의 견해가 오히려 유효적이라는 결론을 내릴 것이다.

3) Z-이론

1970년대와 1980년대 일본기업들의 세계무대에서의 성공은 일본식 경영 접근방식(Japanese management approach)에 대한 관심을 불러일으켰다. 이에 따라서 미국 경영 이론에서 이의 도입을 적극 검토하게 되었다.

미국 경영 접근방식과 일본 경영 접근방식의 혼합을 접목하려는 시도에서 나온 접근방식으로 윌리엄 오우치(William Ouchi, 1943-)가 개발한 Z-이론이 있다. 이는 미국 사회의 규범과 가치, 그리고 문화를 유지하면서, 미국식 경영의 유용성을 증가시키고자 하는 의도에서 미국과 일본의 경영 접근방식을 혼합하여 수정한 경영개념이다.

〈표 5〉 Z-이론의 특성

사례유형A(미국)	유형Z(수정된 미국)	유형B(일본)
단기고용	장기고용	종신고용
개인적 의사결정	합의적 의사결정	합의적 의사결정
개인적 책임	개인적 책임	집단적 책임
신속한 평가와 승진	느린 평가와 승진	느린 평가와 승진
공식적인 통제	비공식적 통제와 공식적 측정	비공식적인 통제
전문화된 경력 경로	적절히 전문화된 경력 경로	비전문화된 경력 경로
세분화된 관심	가족을 포함한 전체적인 관심	전체적인 관심

GM, Ford, HP, Intel과 같은 많은 미국기업들이 Z-이론을 경영 아이디어로서 채택하여 성공을 보았다. 이들 기업들은 특히 근로자의 의사결정과정 참여, 공동책임의 부여와 격려 그리고 비공식적인 통제개념을 적극 수용하였다.

4) Chaos 이론

경영이론의 주류는 조직의 성공이 질서정연한 안정적 평형에서 이루어지며, 예측이 항상 가능한 우주관을 전제로 한다. 즉, 조직의 성공은 절서정연한 미래의 예측에 달려 있기 때문에 경영자의 역할은 예측 가능한 미래의 환경 변화에 전략적 계획 등을 맞춰 조직을 조정해 나가는 것이라고 보는 견해를 기본으로 경영이론이 형성되었다.

따라서 이러한 경영이론에서는 경영자들은 지속적으로 안정적인 조직성과 또는 경영성과를 보일 경우에만 우수한 것으로 평가받기 때문에 기존 경영이론에서는 조직구조, 통제 형태, 문화, 정책 유형 및 리더십 등에서 안정성으로 갈 수 있는, 특질을 경영의 제일 중요한 요소로서 취급한다.

톰 피터스(Tom Peters)와 로버트 워터맨(Robert Waterman)은 1982년 그의 저서 《In Search of Excellent》에서 지속적으로 이윤을 많이 내고 혁신적인 제품과 기술발전을 안정적으로 보여준 보잉 항공사, 듀퐁, 코닥, IBM 등을 우량기업으로 단정하고, 이들 기업에서 나타나는 경영의 공통된 특징을 규명하고, 초일류 기업이 되기 위해서는 다른 조직도 이러한 특질을 갖추어야 한다고 하였다. 그러나 몇 년이 채 지나시 않아서 초일류 기업으로 선정된 기업의 3분의 2가 초일류 기업으로 간주되지 않았다. 그러나 이런 동향도 잠시뿐, 1980년대 이후 일부 기업들은 다시 초일류 기업으로 컴백한다. 이런 비즈니스 불안정성의 동향과 특징을 어떻게 이론적으로 설명할 것인가?

Chaos 이론은 이러한 불안정성을 수용하는 복잡성 과학의 한 분류로서 지금까지의 경영이론이 선형관계와 일방적 인과관계에 중심이 있는 것과는 대조적으로, 불안정성을 시스템 자체가 인정하는 비선형관계와 상호 인과적 순환고리에 중심을 둔다.

예컨대, 리더십 유형과 생산성 관계를 살펴볼 때 기존 경영이론에서는 리더십 유형에 따른 생산성 정도는 반드시 일률적으로 비례하는 것은 아니지만 선형관계로 가정하고 인과관계도 일방적인 것으로 생각하지만, Chaos 경영이론에서는 비선형적인 관계를 가지며, 상호 인과적 순환고리로 생각한다.

따라서 기존 경영이론에서는 리더십 유형의 미세한 변화는 생산성에 큰 영향을 미치지 않으나, Chaos 이론에서는 리더십 유형의 미세한 차이가 걷잡을 수 없이 증폭되어 생산성에 엄청난 영향을 미치게 될 수도 있다.

Ⅶ 기술발전과 새로운 경영학 트렌드

1990년대 이후 3차 산업혁명은 기업들에게 새로운 도전 과제를 안겨주었다. 3차 산업혁명은 컴퓨터와 인터넷의 등장에서 시작했다. 컴퓨터와 인터넷은 정보화 혁명을 불러일으켰고, 이에 따라 사람들의 직업과 생활에 많은 변화가 생겼다. 3차 산업혁명에 기여한 인물은 마이크로소프트(Microsoft)사의 빌 게이츠(Bill Gates)로 그는 윈도(Windows)와 인터넷 익스플로러(internet explorer)를 개발하여 삶의 방식과 질을 완전히 바꾸어 놓았다.

3차 산업혁명 도래로 인한 기술 발전으로 오늘날의 기업들에는 가상팀(virtual team)이 생겨나고, 기업 내 업무 효율성을 제고할 수 있는 업무재설계(BPR: Business Process Reengineering) 및 전사적 자원관리(ERP: Enterprise Resource Planning)와 같은 새로운 경영도구들이 경영의 필수적인 요소가 되었다.

1. 업무재설계

1990년대 일본의 신생 기업들에 위협을 받던 미국 기업들은 다양한 노력에도 불구하고 만족스러운 성과를 얻지 못했다. 정보기술에도 투자했지만 컴퓨터로 단순히 기존 작업을 대체하는 수준이었기 때문에 성과는 미미했다.

일본기업들의 위협 속에서 자국의 기업 생존을 위해 매사추세츠공과대학교(MIT, Massachusetts Institute of Technology)의 마이클 해머(Michael Hammer)와 경영 컨설턴트 제임스 챔피(James Champy)는 1993년《기업을 리엔지니어링하다: 기업혁명 선언(Reengineering the corporation: A manifesto for business revolution)》이라는 저서를 통해 업무재설계를 처음 소개했다.

업무재설계(BPR: Business Process Reengineering)의 핵심은 기존의 구태의연한 업무규칙과 방식을 과감하게 개선하는 것으로 기존 프로세스를 컴퓨터화, 자동화하는 것이 아니라 처음부터 새로운 프로세스를 만드는 것이다. 기업의 활동과 업무 흐름을 최초 단계부터 재분석하여 이를 최적화하는 것으로, 반복적이고 불필요한 과정들을 제거하기 위해 업무상의 여러 단계를 통합하고 단순화하여 재설계하는 경영혁신 기법이다. 즉, 비용, 품질, 서비스, 속도와 같은 핵심적 부분에서 극적인 성과를 이루기 위해 기업의 업무 프로세스를 근본적으로 재설계하는 것이다. 업무재설계의 범위는 모든 부분에 걸쳐 개혁하는 것이 아니라 중요한 핵심(core) 프로세스를 선택하여 그것들을 중점적으로 개혁해 나가는 것이다. 당시, 일본 기업의 발전에 고전하던 미국 기업들이 이 경영기법을 도입해 일본 기업보다 크게 뒤처져 있던 생산성을 끌어올리는 성과를 거두자 유럽·아시아 등 전 세계 주요 기업들이 이를 적용하면서 업무재설계는 기업혁신의 주요 이론으로 인정받게 되었다.

2. 전사적 자원관리

전사적 자원관리(ERP: Enterprise Resource Planning)는 제조업체의 핵심이라고 할 수 있는 생산 부문의 효율적인 관리를 위한 시스템인 자재 소요량 계획(MRP: Material Requirement Planning)에서 비롯되었다. 전사적 자원관리는 기업 내 생산, 물류, 재무. 회계, 영업, 구매, 재고 등 경영 전반에 걸친 활동 프로세스들을 통합적으로 연계, 관리해 주며, 기업에서 발생하는 정보들을 서로 공유하고 새로운 정보의 생성과 빠른 의사결정을 도와주는 전사적 자원관리시스템 또는 전사적 통합시스템으로 생산(제조) 업무뿐만 아니라 재무와 회계, 고객, 상품, 공급사슬, 기업 서비스, 인적자원 등 순수 관리 업무와 경영지원 등 다방면의 기능을 포함하고 있다.

- 제조 관리에서는 연구개발, 작업 센터 관리, 일정 계획, 자재 흐름과 생산과 관련되는 정보의 흐름을 최적화하는 데 필요한 기능을 제공하고
- 고객 · 상품 관리에서는 고객의 주문, 가격 결정, 고객 현장 서비스, 서비스 품질관리 등의 업무에 필요한 기능을 제공하며,
- 재무관리 측면에서는 원가 통제, 재무 분석, 비용 관리와 예산 수립 업무 지원 등의 기능을 제공하고,
- 회계 관리 측면에서는 수익, 비용과 관련되는 의사결정에 필요한 정보를 제공한다.
- 공급망 관리는 자재 예측, 구매, 유통, 재고, 협업 등의 업무에 필요한 정보 흐름을 최적화하는 데 필요한 기능을 제공하고,
- 기업 서비스 측면에서는 부동산과 시설 관리, 환경과 법, 건강과 안전 관련 사항들, 수수료 관리 등의 기능을 제공하며,
- 인적자원 관리 측면에서는 기업의 경영 자원인 조직 구성원에 대한 인사 계획. 인적정보 관리, 급여, 교육훈련 등 모든 인적자원관리 업무를 지원한다.

3. 4차 산업혁명의 주요 특징

2016년, 세계경제포럼 회장 클라우스 슈바프(Klaus Schwab)는 다보스포럼 기조연설에서 독일의 '산업 4.0'에 의해 탄생한 자동화 기술의 확산이 제조업뿐만 아니라 경제 전반의 생산과 사회 구조의 변동을 가져온 현상을 4차 산업

혁명으로 지칭하였다. Schwab는 4차 산업혁명을 "3차 산업혁명을 기반으로 디지털, 바이오와 물리학 사이의 모든 경계를 허무는 융합 기술 혁명"으로 정의하고 정치·경제·사회의 새로운 패러다임으로 제시하였다.

인공지능, 빅데이터 등 4차 산업혁명의 핵심 기술들은 정보를 자동으로 데이터화하고 분석하여 현실과 가상의 세계를 하나로 연결한 O2O(On-line-To-Offline) 체계를 구축하였다.

4차 산업혁명은 자동으로 처리된 오프라인과 온라인상의 정보를 바탕으로 개인별 맞춤형 생산을 촉진한다는 점에서 정보를 수동적으로 온라인에 입력해야 했던 3차 산업혁명과 구별된다.

4차 산업혁명은 '초연결성', '초지능화', '융합화'에 기반하여 '모든 것이 상호 연결되고 보다 지능화된 사회로 변화'한다는 특징이 있다. 4차 산업혁명은 인류가 전혀 경험하지 못할 만큼 빠른 속도로 기술이 획기적으로 진보하고 전 산업 분야의 혁신적인 개편을 불러일으킬 것이다.

〈표 6〉 **초연결성, 초지능화, 융합화**

초연결성	ICT를 기반으로 하는 사물 인터넷(IoT) 및 만물 인터넷(IoE; Internet of Everything)의 진화를 통해 인간-인간, 인간-사물, 사물-사물을 대상으로 한 초연결성이 기하급수적으로 확대
초지능화	인공지능(AI)과 빅데이터의 결합·연계를 통해 기술과 산업 구조의 초지능화가 강화
융합화	'초연결성', '초지능화'에 기반하여 기술 간, 산업 간, 사물-인간 간의 경계가 사라지는 '대융합'의 시대 전망

4. 4차 산업혁명의 핵심기술

1) 3대 핵심 기술 영역

디지털, 바이오, 물리학은 4차 산업혁명을 촉진한 핵심 기술 영역이다. 과거에 증기기관의 발명이 철도라는 근대적인 교통수단의 시발점이 되었듯이, 디지털, 바이오, 물리학의 발전은 가상 환경과 물리 환경을 통합한 가상 물리 시스템(Cyber-Physical System)을 구축하는 계기로 작용하고 있다.

2) 5대 주요 기술

사물 인터넷(IoT), 로봇 공학, 3D 프린팅, 빅데이터, 인공지능(AI) 등이 4차 산업혁명에서 변화를 이끄는 5대 주요 기술로 꼽힌다.

기술	내용
사물 인터넷 (IoT; Internet of Things)	사물에 센서를 부착, 네트워크 등을 통한 실시간 데이터 통신 기술 예 IoT + 인공지능(AI) + 빅데이터 + 로봇 공학 = 스마트 공장
로봇 공학 (Robotics)	로봇 공학에 생물학적 구조를 적용, 적응성 및 유연성을 향상시키는 기술 예 로봇 공학 + 생명과학 = 병원 자동화 로봇
3D 프린팅 (Additive manufacturing)	3D 설계도나 모델링 데이터를 바탕으로, 원료를 쌓아 물체를 만드는 제조 기술 예 3D 프린팅 + 바이오 기술 = 인공 장기
빅데이터 (Big Data)	대량의 데이터로부터 가치를 추출하고 결과를 분석하는 기술 예 빅데이터 + 인공지능 + 의학 정보 = 개인 맞춤 의료
인공지능 (AI)	사고 · 학습 등 인간의 지능 활동을 모방한 컴퓨터 기술 예 인공지능 + 사물 인터넷 + 자동차 = 무인 자율 주행 자동차

기술의 진화는 일상생활과 사회 활동을 영위하고 있는 공간을 더욱 확장하고 지능화할 것이다. 가상 · 증강현실, 보다 편리하게 기기를 활용할 수 있도록 돕는 인터페이스와 사용자 경험(User Experience, UX) 기술 등의 발전으로 현실 세계의 물리적 공간과 가상 세계의 디지털 공간의 경계가 흐려지고 있다.

인공지능, 빅데이터, 사물 인터넷을 핵심으로 하는 가상 세계와 현실 세계 간의 연결은 우리의 삶과 산업 현장에 많은 영향을 줄 것이다. 현실 세계의 정보에 음성·제스처·인식 등의 인터페이스가 결합하면, 더욱 다양한 지식과 정보를 효과적으로 처리할 수 있게 된다. 자율 주행 자동차, 드론, 로봇 등은 눈으로 볼 수 있는 하드웨어와 빅데이터, 알고리즘 등의 소프트웨어가 결합되어 물리적으로 구현된 예다.

3) 가상팀

가상팀(virtual team)은 정보화 혁명 이후 인터넷이 보편화된 환경에서 물리적으로 떨어져 있는 팀원들이 직접 대면할 필요 없이 정보통신, 인터넷을 이용하여 운영하는 팀을 말한다. 예를 들어 한국, 미국, 중국, 독일, 이탈리아에 있는 팀원들은 스카이프를 통해 화상회의를 진행한다. 직접 만나지 않아도 되기 때문에 시간과 비용 절감의 효과가 있으며, 사회적 압력이나 지위 불평등에 따른 차별에서 어느 정도 자유롭다. 전 세계적으로 기업활동을 전개하는 다국적 기업과 다양한 문화권의 소비자를 위해 제품을 기획, 개발하는 연구개발 프로젝트에 흔히 활용되는 조직구성 빙식이기도 하다.

신종 코로나바이러스 감염증(코로나19)이 전 세계로 파고들면서 사회적 거리 두기 차원에서 시작된 재택근무가 일상의 한 장면으로 자리 잡았다. 세계 각지에서 재택근무를 일시적으로라도 도입한 기업이 늘어나면서 혜택을 본 정보기술(IT) 기업 중 하나가 2011년 미국 실리콘밸리에서 태어나 지난해 나스닥에 상장한 화상회의 플랫폼 줌(Zoom)이다. 줌은 구글 플레이스토어와 애플 앱스토어 등에서 가장 많이 내려받은 애플리케이션(앱) 순위에서 상위권을 차지하고 있을 정도로 그 수요가 폭발적으로 늘어났다. 다만, 코로나 팬데믹이 끝나면서 재택근무를 사무실 근무로 전환하거나 병행하는 '하이브리드(hybrid·혼합) 근무'를 채택하는 기업이 늘고 있다. 재택근무 확산의 최대 수

혜자였던 화상회의 서비스기업 '줌(zoom)'마저 오프라인 출근으로 전환했다 (2023.08.08.).

5. 4차 산업혁명에서 '생산과 소비의 혁명'

1) 생산과 소비의 혁명의 의미

'생산과 소비의 혁명'이 미래 사회에 미칠 영향력은 2015년 미래준비위원회가 발표한 〈10년 후 대한민국, 미래이슈 보고서〉의 '제조 혁명' 이슈에서 살펴볼 수 있다. 이 보고서는 전문가 설문조사, 학술 자료, 포털 사이트 뉴스 키워드 등의 입체적 분석을 통해 미래 이슈가 다른 미래 이슈들이나 핵심기술들과 어떻게 영향을 주고받을 것인지 분석하였다.

미래 이슈와 핵심기술 간 연관관계를 분석한 결과, '제조 혁명' 이슈는 [그림 6]에서 볼 수 있듯이 미래 이슈들 중 핵심기술들과 가장 높은 관련성을 갖는 것으로 나타났다. '제조 혁명' 이슈는 핵심기술들 중 3D 프린터와 연관관계가 가장 높았으며, 이 외에 인공지능, 사물인터넷, 가상현실 등과도 연관을 보였다.

이러한 핵심기술들에 의해 이루어지는 '제조 혁명'은 생산과 소비 전반을 변화시킬 수 있다. 지능정보기술로 세상의 연결성이 높아지고 사물이 지능화되면서, 제조를 비롯한 생산 활동이 소비와 밀접하게 결합할 것이기 때문이다. 예를 들어, 미쉐린 등의 타이어 기업은 센서를 부착한 타이어를 물류 회사에 판매하고, 타이어 비용과 유류 비용을 최적화하는 서비스를 제공할 수 있다. 이용 과정에서 생성되는 센서 데이터는 소비자 의견과 함께 분석되어 다시 제품의 생산과 결합된다. 이렇듯 '제조 혁명'은 향후 제품과 서비스를 생산하고 소비하는 방식을 바꿔 놓을 것이다. 이러한 관점에서 '제조 혁명' 이슈는 자연스럽게 '생산과 소비의 혁명' 이슈로 확장될 수 있다.

그림 5 '제조혁명'이슈와 핵심기술과의 연관관계

출처: 미래준비위원회, 『10년 후 대한민국, 미래이슈 보고서』, 지식공감, 2015, p.64

　'생산과 소비의 혁명'이란 이러한 초연결 플랫폼이 기술 · 경제 · 사회 전반에 확산하면서 생산과 소비의 전 과정이 지능화되고, 또한 서로 긴밀하게 상호작용하게 되는 혁명적 변화를 가리킨다([그림 6] 참조).

그림 6 '생산과 소비의 혁명' 의미

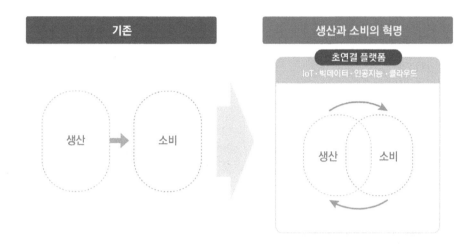

제품과 서비스를 생산하고 소비하는 경제 활동은, 생산자가 가치를 만들어내어 소비자에게 전달하는 가치사슬(value chain)의 관점에서 살펴볼 필요가 있다. 가치사슬이란 고객에게 가치를 주는 기업 활동, 기업 활동을 가능하게 하는 생산과정, 기업 활동을 통하여 소비자의 욕구가 충족되는 과정 전체를 의미한다. 가치사슬에서 기업의 활동이 가치를 가질 수 있도록, 기업은 소비자가 원하는 가치를 반영한 제품과 서비스를 신속하게 제공하려고 노력한다. 따라서 기업은 상호 협력하는 공급자와 정보를 공유하고 지속적으로 소비자의 정보를 파악한다. 그런데 앞서 언급한 사물인터넷, 빅데이터, 인공지능이 형성하는 초연결 플랫폼을 통해 소비와 생산을 직접 연결하고, 생산과 소비의 프로세스들 간에도 거의 실시간으로 정보를 공유할 수 있게 되었다. 즉, 판매 현장에서 나타나는 소비자의 요구가 실시간으로 기획이나 디자인, 제조 단계에 반영될 수 있게 된 것이다. 다시 말해, 소비와 생산이 결합되는 것이다.

[그림 7]을 보자. 기존에는 생산 공정이 순차적으로 관리되므로 소비자의 요구가 생산에 반영되려면 상당한 시간이 필요했다. 즉, 소비자가 원하는 가치를 만족시키는 것에 제한이 있을 수밖에 없었다([그림 7] 왼쪽). 그러나 초연

결 플랫폼을 이용하여 소비자의 요구가 생산에 실시간으로 반영될 수 있게 됨에 따라 소비자 만족과 생산성이 획기적으로 향상될 것이다([그림 7] 오른쪽). 이러한 현상은 초연결이라는 변화가 만들어 낸 생산과 소비의 혁명이라고 할 수 있다.

그림 7 생산과 소비 프로세스의 변화

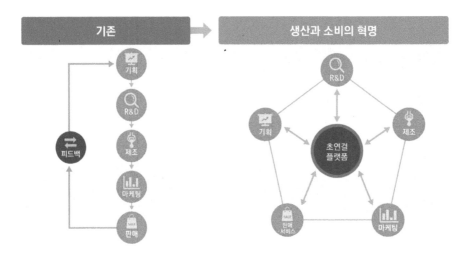

2) 생산과 소비의 혁명의 가치사슬 변화

이러한 변화는 가치사슬 자체의 성격에도 변화를 가져온다. 2000년대에는 ICT의 발전과 지식경제의 확산으로, 가치사슬의 부가가치에서 제조 부문의 비중이 상대적으로 낮아지며 스마일 커브의 모양을 띠게 되었다([그림 8] 참조). 이에 따라 다국적 기업들이 제조 시설을 인건비가 저렴한 아시아 국가 등으로 이전하고 모기업은 R&D와 서비스에 집중하게 되었다. 가치사슬의 국제적 분담이 이루어진 것이다. 우리나라의 대기업들도 제조 시설을 중국, 동남아시아로 이전하고, 국내에서는 핵심 R&D, 판매, 서비스를 수행했다.

그러나 4차 산업혁명으로 가치사슬과 부가가치에 변화가 일어나며 스마일 커브의 형태가 바뀌고 있다. 가치사슬 프로세스 내에 지능정보기술이 적용되고 정보가 공유됨에 따라(화살표 ①), 가치사슬 전체의 부가가치가 상승하면서 제조 부분의 비중이 다시 높아지게 된다(화살표 ②). 이에 따라, 선진국들은 한동안 홀대하던 제조 부문을 재조명하게 되었다. 최근 선진국의 기업들이 제조 시설을 본국으로 되돌리는 리쇼어링(reshoring) 현상도 이러한 맥락에서 이해할 수 있다.

그림 8 **가치사슬의 변화**

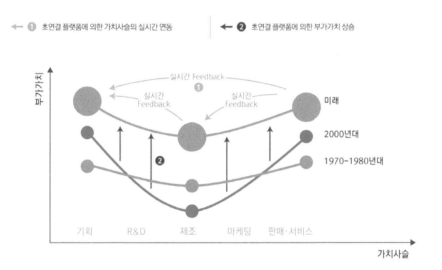

이러한 '생산과 소비의 혁명'에 대해 다음과 같이 예측하고 있다(미래창조과학부 미래준비위원회 외, 2017). 첫째, 새로운 산업혁명은 2040년경까지 계속될 것이고, 그 속성들이 상호작용하면서 21세기 말까지 광범위하게 영향을 미칠 것이다. 둘째, 맞춤형 생산의 기회가 더욱 많아질 것이며, 기업들은 대량 맞춤화(mass customization)나 대량 개인화(mass personalization)를 통해 고객들에게 더욱 넓은 선택의 폭을 제공할 것이다. 셋째, 제품 · 서비스의 생산이 글로벌 가치사슬에 걸쳐 확산되고, 고비용 국가, 저비용 국가마다 역할을 맡으며 사업 기회를 찾아갈 것이다. 넷째, 특정 그룹 고객을 대상으로 하는 틈새시장 (niche market)이 세계적으로 성장할 가능성이 커지면서, 기업들은 특정 영역에 전문화할 기회를 더 많이 얻게 될 것이다. 다섯째, 생산자는 더욱 높아진 환경 의식으로 인해 지속가능성(sustainability)을 추구할 것이며 물질의 재활용이 일반화될 것이다.

이러한 변화는 경제 · 사회 전체를 단기간에 바꾸어 놓는다는 점에서 혁명적이라고 할 수 있다. 그리고 현재 일어나는 생산과 소비의 대전환은 우리에게 위기와 기회를 함께 몰고 올 것이다.

▌━ 연습문제 ━━━━━━━━━━━━━━━━━━━━━━━━━━━━

01. 경영학의 기원을 간단히 요약해보자.

02. 미시적 관점에서의 기업을 세 가지 형태로 제시해보자.

03. 거시적 관점에서 보는 기업은 무엇을 말하는가?

04. 경영의 정의는 무엇인가?

05. 운영의 효율성과 효과성의 차이에 대해서 간략히 논하라.

경영과 환경

제3장 **전략 경영**

학 · 습 · 목 · 표

1. 전략 경영이란 무엇인지, 어떻게 발전되어 왔는지 설명할 수 있어야 한다.
2. 경영 전략이 시대적으로 어떻게 발전되어 왔는지 체계적으로 설명할 수 있어야 한다.
3. 경영 전략을 대표하는 주요 이론에 대해서 설명할 수 있어야 한다.

▌ 전략적 경영과정

1. 전략의 의미

전략이라는 개념은 넓게는 경영과 동의어로, 좁게는 최고경영자의 고차적인 경영 정도로 인식되고 있다. 그러나 이와 같은 용어정리는 학술적인 접근법이라기보다는 경영 일선에서 편의적으로 기업의 목표와 그 달성방안에 이름 붙였기 때문에 나타나는 현상이다. 이는 또한 전략이나 전략적 경영이라는 개념 자체가 학술적인 접근에서뿐만 아니라 컨설팅 기업 등에서 기업분석을 행하는 과정에서 많이 이용되었기 때문이기도 하다.

전략이라는 용어는 원래 군사병법에 근원을 두고 있다. 영어에서 전략이라는 의미를 지니는 Strategy는 그리스어 Strategos에서 나온 것이다. 이 말은 군대를 의미하는 Stratos와 이끈다(lead)는 의미를 가진 '-ag'가 합쳐진 용어이다. 따라서 말 그대로 군대를 승리하도록 이끄는 방법이 전략이다.

전략이라고 하면 흔히 《손자병법》을 연상하게 되고 《손자병법》 하면 "지피지기 백전백승(知彼知己 百戰百勝)"이 떠오른다. 이는 상대를 알고 나를 알면 반드시 이기게 된다는 뜻이다. 즉, 상대편의 강점과 약점을 잘 알고 자신의 능력과 한계를 충분히 알면 자신의 능력을 활용하여 상대방의 약점을 공략하는 전략으로 승리를 거두게 된다는 것이다.

손자의 이러한 군사전략은 경영활동에도 그대로 적용될 수 있을 것이다. 전략이라 함은 기업이 지속적으로 발전하기 위해 누구와, 언제, 어디서, 무엇을 위해서 경쟁을 할 것인가에 대한 기업의 게임플랜(game plan)이다. 이러한 전략은 조직이 미래에 수행해 나가야 할 경영활동의 전반적인 방향을 설정하는 것을 의미한다.

웹스터 사전에 의하면 전략이란 크게 세 가지 뜻으로 해석된다. 첫째, 전쟁 내지는 평화 시에 채택된 정책(목표)을 달성하기 위해 정치적, 경제적, 심리적, 군사적 힘을 사용하는 과학이나 기술이다. 둘째, 목표를 달성하기 위한 계획이다. 셋째, 궁극적으로 성공하기 위해 중요한 경영기능을 계획, 실행, 통제하고, 더 나아가서 이들을 총체적으로 균형화하는 것이다. 이렇듯 전략의 사전적 의미도 몇 갈래로 나뉘지만 이를 종합적으로 살펴보면 전략은 목표설정을 포함한 계획, 자원의 배분, 환경과의 상호작용, 경쟁이라는 속성이 있고 (1) 묵시적으로 상대방을 이기기 위해 (2) 자신의 가용한 모든 능력을 (3) 실행·통제하는 일련의 행위를 의미함을 알 수 있다. 즉, 전략을 기업의 관점에서 보면, 경쟁, 자원배분, 계획의 세 가지 개념을 포괄하는 용어다.

여기서 우리가 전략의 정의를 세 번째 정의에 큰 비중을 두면, 전략적 경영은 기업의 각 기능인 생산, 재무, 조직, 정보 등을 기업의 목표 추구에 유효적절하게 조정하여 이들 간의 마찰과 갈등을 전사적 차원에서 해결하고 균형을 유지함으로써 기업의 목표를 달성하는 것이라고 정의할 수 있다.

1) 전략적 경영과정

전략적 경영과정이란 경영자가 주어진 이용가능한 환경과 내부 조건하에서 전략적 목표달성을 최적화하는 규율화된 방식으로서 이는 크게 전략수립(strategic formulation) 단계와 전략실행(strategic implementation) 단계로 구분된다. 전략계획 단계는 임무와 전략목표 식별, 경쟁분석 실행, 세부전략 개발, 환경요소 및 조직요소 평가로 구성된 단계로서 전략실행보다 선행하는 단계이며, 전략실행 단계는 전략적 계획을 실행하고 이 계획들의 실행방법을 통제하는 것을 유지하는 것으로 구성된다. 아무리 전략적 계획이 잘 되었다 할지라도 효과적으로 전략적 실행이 되지 못하면 어떤 것도 달성하지 못하기 때문에 전략 경영에서 전략적 계획과 전략적 실행의 연계성은 매우 중요하다.

2) 수준별 전략 경영

전략적 경영은 어떠한 수준(단계)에서 분석할 것인가에 따라서 기능별 전략, 사업부 전략, 그리고 기업전략으로 구분될 수 있다.

(1) 기업 선략(Corporate level strategy)

주로 최고경영층에 의해 이루어지는 전략으로서 기업이 나아갈 방향을 다룬다. 각 사업에 대한 목표와 기대는 무엇이며, 각 목표달성을 위해 자원을 어떻게 배분할 것인가를 결정한다. 즉, 기업이 경쟁하는 시장과 산업의 범위를 결정하고 궁극적 목표를 결정한다. 3M의 최고경영자는 기술혁신에 바탕을 둔 소규모 사업을 기업전략으로 잘 전개하여 조직성과를 높였다고 평가받고 있다.

(2) 사업부 전략(Business unit strategy)

조직의 각 사업에 대해서 시장에서 경쟁하는 구체적 방법을 다루는 전략이다. 시장에서 어떻게 경쟁을 할 것인가? 어떤 제품·서비스를 생산할 것인가? 어떤 고객을 주 대상으로 할 것인가? 등을 결정한다.

　기업들은 대부분 많은 사업부를 거느리고 있어, 최고경영층은 사업부의 다양화에 따른 복잡하고 변화되는 활동을 조직하고 관리하는 데 어려움을 겪는다. 따라서 보다 중요한 사업부는 별도로 관리할 필요가 있다. 이 경우 별도 관리되는 사업부를 SBU(Strategy Business Units)라 부른다. 전략이 기업 전략과 사업부 전략으로 구분되는 것은 기업이 다각화 기업이라는 것을 전제로 한 것이다. 만일 단일 품목만을 취급하는 기업이면 사업부 전략과 기업 전략이 본질적으로 같기 때문에 전략을 구분할 필요가 없다.

(3) 기능별 전략(Functional level strategy)

　사업부 전략을 수행하기 위해 필요한 기능적 분야 – 마케팅, R&D. 재무, 회계, 생산 등의 경영에 관계된 전략이다. 기능별 전략은 경쟁우위 결정에서 사용되는 기능별 능력(functional competence)을 반영하기 때문에 매우 중요시 된다.

2. 전략 경영의 시대적 발전

　군사학의 영역에 있던 전략이라는 개념이 기업의 영역으로 확대되어 경영학의 중요한 일부분이 된 것은 1950년대와 1960년대 미국에서 사업 다각화와 대량생산으로 인해 거대해진 기업을 어떻게 효율적으로 통합하고 운영해야 하는지에 대한 현실적인 문제에 직면하게 된 직후부터이다.

　전략 경영의 시대적 발전과정은 다음과 같다.

〈표 1〉 전략 경영의 발전과정

구분	1911년 이후 장기전략계획	1960년대 말 경영 전략	1970년대 말 산업구조론	1980년대 말 자원준거관점
시대 특징	조직규모 비대화 및 복잡성 증가	환경의 불확실성 증가	장기전략계획 실행의 외부환경관점 전략의 어려움	외부환경관점 전략의 한계
주요 내용	기업의 기능적 활동을 통합하고 의사결정 정책 수립	환경과 연결하여 전략을 수정	산업구조분석을 통하여 전략을 수립 경쟁요인 분석으로 환경예측	전략수립의 근거를 기업내부 자원으로 변환
한계	미래 환경의 위협을 예측하지 못함	전략수준이 명확하지 않음	전략실행을 위한 자원이 무한하며, 쉽게 획득할 수 있다고 가정	환경변화에 따라 자원의 가치가 달라짐

출처: 최진남, 성선영(2023), 스마트 경영학, p.83.

전략 경영 시대가 도래하기 전에는 기업 전체의 통합과 운영을 지칭하기 위하여 전략 경영이라는 다소 공격적인 용어보다는 경영정책(business policy)이라는 용어가 사용되었나. 이 시기의 주요 관심사는 기업의 세부기능, 즉 생산, 물류, 인사 및 조직, 마케팅, 재무, 목표관리 등의 기능별 활동을 총괄하는 수준의 통제 · 조정활동에 초점이 맞추어졌고, 기업의 전체적 전략 계획보다는 세부기능 중심의 중장기에 걸친 효율적 예산 편성과 집행이 최대 관심사였다.

이와 같이 세분화된 기능별 분야를 통합적으로 관리하기 위한 조직적 접근방법이 기업의 장기전략계획이다. 1960년대 중반까지 미국 대부분의 기업들은 본사 내의 세부기능들을 총괄하는 기획조정실을 통해 다각화된 사업과 세부기능들을 총괄하는 장기전략계획을 수립하였다. 이와 유사하게, 한국의 대기업집단, 소위 재벌 기업들도 회장비서실 혹은 종합기획실에서 그룹 전체의 기획총괄업무를 담당하였다.

1960년대 중반 이후 기업들은 사업 다각화가 기업 성장의 최선의 방법이라고 생각했고, 다각화 전략에 초점을 맞추어 시장의 성장성과 매력도 등 외부 환경에 대한 분석을 바탕으로 전략을 수립하는 것이 중요함을 인식하게 되었다. 특히나 1970년대 오일 쇼크 등 환경변화가 심화되고 예측 불가능한 경제 상황의 영향으로 경제기복이 심해짐에 따라 장기전략계획적 접근 방법의 유용성이 떨어지게 되었다. 전략은 장기적으로 수립해야 하고 비교적 변화가 없는 기업 전체의 큰 그림이라고 생각했지만 시대 변화가 빠르고 예측이 불가능해지자 시시각각 변하는 외부 환경과 경기 상황에 보다 민첩하게 대응하는 능력이 필요해졌다. 따라서 경영자들은 전략적 분석과 사고를 가능케 하는 경영 전략에 더 큰 매력을 느끼게 되었고, 기업의 경영 전략은 환경 분석적이고 실천적 접근 방법으로 변화되었다.

순발력이 떨어지는 단순한 미래의 비전이나 장기적 성장전략보다는 구체적인 사업구조와 환경적응성, 그리고 경쟁우위를 창출하고 유지할 수 있는 유연성 있는 경쟁 전략에 대한 분석 능력 향상 등에 초점이 맞추어졌다. 이러한 요구에 부응하여 개발된 BCG(Boston Consulting Group's Growth-share) 매트릭스, SWOT(Strength, Weakness, Opportunity, Threat) 분석 등의 전략결정 기법이 중요한 도구로 활용되었다.

▌ 전략결정 기법

1. SWOT 분석

SWOT 분석은 기업의 내부상황을 분석하여 기업 고유의 강점(strength)과 약점(weakness)을 찾고, 외부 환경에서의 기회(opportunity)와 위협(threat)

요소를 분석하는 기법이다. SO(Strength Opportunity), ST(Strength Threat), WO(Weakness Opportunity), WT(Weakness Threat)의 네 가지 환경분석 결과에 기반한 전략 수립을 통해 조직의 방향성을 제시하는 데 도움을 주었다.

일반적으로 많이 실시하고 있는 SWOT 분석은 〈표 2〉와 같은 형태를 갖고 있다. 이러한 틀에 따라서 자사의 강점이면서 동시에 기회요인에 해당하는 전략(①)이면 SO 전략이고 자사의 약점을 극복하면서 기회요인을 활용하는 전략(②)이면 WO 전략이다.

〈표 2〉 일반적인 SWOT 분석

구분	S(강점)	W(약점)
O(기회)	① 공격적 전략: 강점을 가지고 기회를 살리는 전략	② 방향전환 전략: 약점을 보완하여 기회를 살리는 전략
T(위협)	③ 다양화 전략: 강점을 가지고 위협을 최소화하는 전략	④ 방어적 전략: 약점을 보완하면서 위협을 최소화하는 전략

주: ① SO 전략: 시장의 기회를 활용하기 위해 강점을 활용하는 전략을 선택
　② ST 전략: 시장의 위험을 회피하기 위해 강점을 사용하는 전략을 선택
　③ WO 전략: 약점을 극복함으로써 시장의 기회를 활용하는 전략을 선택
　④ WT 전략: 시장의 위협을 회피하고 약점을 최소화하는 진략을 선댁

2. 포트폴리오 모델(Portfolio model)

여러 사업부를 갖고 있거나 하나의 사업부서라도 여러 제품을 취급하고 있는 조직에서는 이들에 조직의 자원을 기업차원에서 어떻게 배분해 주는 것이 유리한가를 결정하는 것은 매우 중요한 의사결정이다. 어떤 형태의 사업부를 어떤 비중으로 유지해야 하는가를 결정해 주는 모델이 바로 포트폴리오다. 이에는 두 가지 모델이 가장 자주 언급된다.

1) BCG 매트릭스(Boston Consulting Group Matrix)

미국의 경영자문회사 BCG가 개발한 모형으로서 사업부를 시장 성장률을 세로축, 상대적 시장 점유율을 가로축으로 하여 만든 4가지 방 [그림 1]과 연계하여 기업전략 방향을 설정하는 모델이다.

그림 1 BCG 매트릭스

- **젖소(cash cow)**: 여기에 속하는 사업부들은 성장률은 비교적 느리지만 시장 점유율이 큰 이점이 있다. 성장속도가 느리기 때문에 새로운 투자를 위한 자금수요는 크지 않고 판매량은 경쟁기업들보다 좋으므로 이익을 많이 낼 수 있다.
- **별(star)**: 성장률과 점유율이 모두 높아 별처럼 희망을 주는 사업부다.
- **개(dog)**: 성장률도 낮고 시장 점유율도 낮은 사업부다.
- **미지수(question mark)**: 시장 성장률은 높지만 아직 선두주자의 위치를 차지하지 못한 사업부다.

2) GE 비즈니스 스크린(GE business screen)

미국의 경영자문회사 Mckinsey & Company의 도움하에 GE사가 개발한 모델로서 앞의 BCG매트릭스와 그 원리는 같다. 다만 [그림 2]에서와 같이 GE는 기업의 장기산업 매력 정도를 세로축으로 하고, 비즈니스 경쟁력을 가로축으로 하여 9개 방으로 구분하여 사업부의 위치를 결정한다.

그림 2 GE 비즈니스 스크린

비즈니스 강점

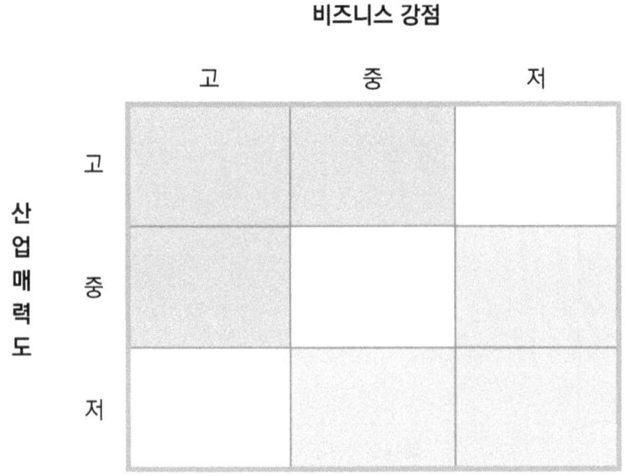

위의 그림에서 볼 수 있는 것처럼 Business Screen Matrix는 BCG Portfolio Matrix와 많이 닮아 있다. 매트릭스의 양축은 '비즈니스 강점'과 '산업 매력도'를 나타내며, 노란색 부분은 전반적으로 매력도가 높은 사업 부문을, 회색 부분은 전반적으로 매력도 낮은 사업 부문을 나타낸다. 따라서 그 중간적 위치인 흰색 부분은 중립적인 매력도를 갖는 사업 부문을 나타낸다고 할 수 있다.

가로축인 '비즈니스 강점'의 고려 요소로는 SBU의 규모, 포지셔닝, 시장 점유율, 브랜드 강점, 인적 자원, R&D 능력, 품질, 마케팅 등이 있으며, 세로축인 '산업 매력도'의 고려 요소로는 절대적 시장 규모, 시장 잠재력, 성장률, 경쟁 구조, 재무, 경제, 기술, 사회, 정치 등이 있다. 각 요소들은 정성적 또는 정량적 변수들이며, 이들의 결합을 통해 매트릭스 위에서 각 SBU의 위치가 결정된다.

각각의 사업 부문(SBU)을 '비즈니스 강점'과 '산업 매력도' 측면에서 평가해 나가면 매트릭스상에서 적절한 위치를 찾아낼 수 있게 된다. 3×3으로 표현되는 매트릭스의 9개 셀들은 각각의 전략을 내포하고 있으며 그 세부적인 전략과 내용은 다음과 같다.

그림 3 Strategies On Matrix

	비즈니스 강점		
산업매력도	고	중	저
고	프리미엄	선택적	보호/재집중
중	도전	프라임	구조조정
저	기회 관망	기회 관망	수확 또는 퇴출

• **프리미엄**: 성장을 위해 최대한 투자하며, 세계적인 다각화를 이끌어 낼 필요가 있다. 또한 완만한 단기 수익을 수용하는 전략도 필요하다.

• **선택적**: 성장을 위해 선택된 부문에 집중 투자하며, 강점을 적용할 새로운 부문을 찾는 전략이 필요하다.

• **보호/재집중**: 수익을 위해 선택적으로 투자하고, 매력적인 부문에 재집중하며, 수확 또는 퇴출시점을 파악해야 한다.

• **도전**: 성장을 위한 투자가 필요하며, 취약점을 회피하고 약점을 보완하는 전략이 필요하다.

• **프라임**: 시장 세분화와 취약점에 대한 상황 계획을 수립해야 한다.

• **구조조정**: 불필요한 투입을 중지하고 매력도가 높은 부문으로 이행할 필요가 있다.

- **기회 관망(고)**: 수익을 위해 선택적 투자를 하고, 시장을 유지하며, 전문화를 추구할 필요가 있다. 또한 인수를 통한 강점 극대화 기회를 모색하는 전략을 구사해야 한다.
- **기회 관망(중)**: 현금흐름을 보존하거나 촉진하고, 판매 기회를 극대화하는 전략을 구사해야 한다.
- **수확 또는 퇴출**: 시장에서 퇴출하거나 생산라인을 축소하고, 현재 가치를 극대화하기 위한 시점을 결정해야 한다.

3. 산업구조론 시대

1970년대 오일 쇼크 이후 산업 환경의 중요성이 대두되었고, 기업이 어떤 산업에 속해 있는가, 어떤 사업을 하고 있는가가 결국은 기업의 경쟁우위를 결정하는 중요한 요소로 등장하였다. 이에 1970년대 후반과 1980년대에는 장기전략 계획이 힘을 잃고, 그 대안으로 산업구조론이 등장하였다. 산업구조론의 산업구조 분석기법은 기업이 처해 있는 외부환경을 이해하는 데 어떤 식의 전략적 사고를 어떻게 적용해야 하는가에 초점을 두었다. 이에 따라 산업의 구조적 특징을 이해하고 산업 내에서 적절한 위치를 점하는 것이 기업이 경쟁우위를 가질 수 있는 전략의 근간이 된다고 주장하였다. 이에 따라, 기업전략 관점에서 경영자에게 보다 현실적이면서도 유용한 산업구조에 대한 분석의 틀을 제공하고자 하는 시도가 이루어졌다. 대표적으로 하버드대 경영대학 교수인 마이클 포터(Michael Porter)는 1980년《경쟁전략(Competitive strategy)》이라는 저서를 통해 산업구조분석모형인 파이브 포시스 모델(five-forces model)을 선보였다. 이 모델에 의하면, 각 산업의 경쟁 정도는 우연히 결정되는 것이 아니라 산업 경쟁을 유발하는 주요 요인들이 있으며, 이러한 근본적인 산업의 구조와 경쟁자들 간 상호 대응방식에 의해 경쟁구도와 사업 및 전략의 타당성이 결정된다.

1) 포터의 Five Forces Model

산업의 매력도는 경쟁(competition)에 달려 있는데 경쟁이 치열한 정도에 따라 산업의 수익성이 결정된다. 경쟁이 치열하다는 것은 수익성 하락을 뜻하므로, 수익성을 올리기 위해서는 경쟁을 줄여야 하는 것이 관건인데, 이러한 경쟁을 결정하는 요인들이 무엇인지를 설명하는 것이 바로 이 모델이다.

그림 4 산업경쟁구조 결정요인

특정 산업의 수익성 및 매력도는 산업의 구조적 특성에 의해 영향을 받고, 이는 (1) 신규 진입자의 위협, (2) 산업 내 경쟁, (3) 대체제의 위협, (4) 공급자의 교섭력, (5) 구매자의 교섭력이라는 다섯 가지 요소에 의해서 결정된다.

(1) 신규 진입자의 위협(Threat of New Entrants)

수익성이 높은 산업일수록 그리고 유망한 산업일수록 많은 기업들이 그 산업에 참여하고자 한다. 이미 소수의 특정 기업들이 그 산업에서 초과 이익을 누리고 있더라도 다수의 신규 기업들이 한정된 시장에 진출하여 경쟁을 벌인다면 기존 기업의 수익성도 저하될 수밖에 없다. 따라서 새로운 경쟁기업의 진출 가능성을 낮추는 것, 즉 신규 진입장벽을 높이는 것이 경쟁 강도를 좌우하는 핵심적인 요소가 될 것이다. 신규 진입장벽에 영향을 주는 요인에는 규모의 경제, 제품 차별화, 자본, 브랜드 파워, 고객이 다른 브랜드로 바꾸려고 할 때 발생하는 전환비용(switching costs), 유통경로에의 접근, 원가 우위, 정부 정책 등이 있다.

(2) 산업 내 경쟁

산업 내 경쟁(rivalry)이라 함은 특정 산업에서 발생하는 기존 기업 간 경쟁을 말한다. 기존 기업 간의 전쟁은 가격경쟁으로부터 시작하여 신제품 출시, 광고, 대고객 서비스 등 다양한 분야에서 다양한 형태로 진행된다. 특히 가격에 의한 경쟁이 주를 이룰 경우 산업 내 기업들은 수익성에 큰 타격을 받게 된다. 기존 기업 간 경쟁 강도에 영향을 미치는 요인들로는 산업의 성장률, 고정비용, 설비 등의 효율성, 제품 차별성 등이 있다.

(3) 대체제의 위협(Threat of Substitutes)

특정 산업의 제품을 대체할 수 있는 대체 제품은 그 산업제품의 가치를 떨어뜨리고 적정가격을 책정하는 데 제약조건으로 작용한다. 예를 들어, 석유를 연료로 하는 내연기관 자동차를 전기자동차가 대체할 것으로 보이며, 화력발전을 통한 전기에너지는 풍력, 태양광, 수력발전으로 대체될 수도 있다. 또한 인터넷의 발달로 오프라인 거래는 감소하고 온라인 거래, 모바일 거래가 증가하고 있다. 대체 제품의 위협이 있을 때 기업이 선택할 수 있는 전략은 제품을 새로운 방식으로 차별화하거나 원가를 절감하는 것이다. 대체제 위협의 강도를 결정하는 요인으로는 대체제의 선택 범위와 가격, 대체제에 대한 구매자의 선호도, 구매자가 대체제로 전환할 때 드는 비용 등이 있다.

(4) 공급자의 교섭력(Bargaining Power of Suppliers)

공급자의 교섭력이라 함은 공급자가 구매자에 대해 행사할 수 있는 힘으로 공급자는 가격 인상을 통하여 수익성 향상을 기할 수 있다. 그러나 공급자의 교섭력이 강한 경우 기업은 상당히 불리한 위치에 놓이게 된다. 석유수출국기구(OPEC)가 회원국의 담합을 바탕으로 원유가격을 인상하는 것은 공급자의 교섭력을 보여주는 대표적인 예이다. 또한, 한 기업이 원자재 조달을 특정 공급자에게만 의존하는 경우 공급자의 교섭력은 상당히 강해지고, 공급기업이 원자재 조달을 거부하는 경우 기업의 존립까지 위태로울 수 있다.

(5) 구매자의 교섭력(Bargaining Power of Buyers)

구매자 역시 가격인하, 고품질, 양질의 서비스 등을 요구하며 공급자에게 압력을 행사할 수 있다. 구매자는 제품의 구매비중, 대량구매 능력, 동종 공급업체와 거래할 수 있는 능력 등이 있을 때 교섭력이 강화된다. 또한, 제품 자체가 별 차별성이 없이 표준화된 제품이라서 어느 곳에서든 구매가 가능한 경우, 다른 공급업체로 바꿔도 교체 비용이 없는 경우 구매자의 교섭력은 강해진다.

2) 포터의 본원적 전략 또는 사업부 전략

사업부 전략은 특정 산업이나 제품 그리고 세분시장에서 어떻게 경쟁할 것인가에 초점이 가해진다. 따라서 사업부 전략은 사업부의 경쟁전략이라는 관점에서 논의되며 전략적 측면이 중요시된다. 또 기능별 전략은 연구개발, 생산, 마케팅, 재무, 인사조직 등의 하위기능에 관한 부문별 운영 전략이며 부분별로 자원의 생산성을 극대화하고 주어진 목표를 달성하는 데 초점이 맞춰진다. 기업이 진출한 시장에서 어떻게 경쟁하는가 하는 구체적인 방법을 결정하는 것으로 기업전략에 종속된 하위 전략이다.

경쟁우위의 원천이 되는 경쟁전략으로 미국 하버드대학교 경영대학원 마이클 유진 포터(Michael E. Porter) 교수의 본원적 경쟁전략이 있다. 전사적 전략으로 구분하기도 하지만 중소기업에서는 기업의 크기가 작아 사업별 전략으로도 본다.

모든 고객을 만족시키려 해서는 어떤 기업이라도 산업 평균치 이상의 수익을 올리기 어렵다. 따라서 자사에 경쟁우위를 가져다줄 경쟁전략을 골라야 하는데, 세 가지 전략이 있다. 비용우위(원가우위) 전략, 차별화 전략, 집중화 전략이 그것이다. 각 전략에 맞는 조직의 역량과 문화가 다르다는 것을 명확하게 인식해야 하며 큰 방향에서는 한 가지의 전략을 명확히 설정하되, 어느 하나의 전략에만 매달리는 것은 위험하다.

(1) 원가우위 전략

원가우위 전략(cost leadership strategy)은 시장이나 산업에서 가장 낮은 원가로 제품을 생산하는 사업 수준의 경쟁전략이다. 따라서 원가절감을 통해 경쟁사보다 낮은 원가로 산업(사업)에서 우위를 확보하는 데 초점을 맞춘다.

원가우위 전략을 쓰려면 생산 판매에서 원가를 비교적 낮게 들이는 몇몇 기업 중 하나가 되는 정도로는 충분치 않고 반드시 시장 내 최저수준 원가로 생산할 수 있어야 한다. 원가는 가장 낮게, 그러나 생산제품이나 서비스의 품질은 경쟁자의 것과 유사하거나 적어도 소비자들이 받아들일 수 있는 수준이어야 한다.

그림 5 포터의 본원적 전략

구분		경쟁우위	
		저원가	차별화
경쟁 영역	넓은 영역	원가우위 전략 (Cost Leadership)	차별화 전략 (Differentiation)
	좁은 영역	원가 집중화 (Cost Focus)	차별화 집중화 (Differentiation Focus)

(2) 차별화 전략

차별화 전략(differentiation strategy)은 소비자들이 널리 인정해주는 독특한 기업 특성을 내세워 경쟁하는 경쟁전략을 말한다. 차별화 전략을 펴려면 고품질, 탁월한 서비스, 혁신적 디자인, 기술력, 브랜드 이미지 등 무엇으로든 해당 산업에서 다른 경쟁기업들과 차별화하면 된다. 단, 차별화에 드는 비용을 감당하고도 남을 만큼 제품이나 서비스의 판매가격 면에서 프리미엄을 인정받을 수 있어야 한다. 이를테면 높은 가격이라도 고객이 즐겁게 살 수 있도록 제품과 서비스에 가치를 제공하면 되는 것이다.

그렇다고 해서 반드시 제품·서비스의 판매가격을 높여야만 하는 것은 아니다. 차별화를 추구하면서 판매가를 낮추는 원가우위 전략을 쓸 수도 있다. 버거킹, 맥도널드 같은 햄버거 체인은 값싼 규격품 햄버거를 판매하는 원가우위 전략을 쓰면서도 경쟁사들과의 확실한 차별화를 이루어낸 사례다.

(3) 집중화 전략

집중화 전략(focus strategy)은 특정 세분시장만 집중 공략하는 전략기업이 사업을 전개하는 과정에서 산업 전반에 걸쳐 경쟁하지 않고 고객이나 제품, 서비스 등의 측면에서 독자적 특성이 있는 특정 세분시장만을 상대로 원가우위나 차별화를 꾀하는 사업 수준의 경쟁전략이다. 비록 전체 시장에서 차별화나 원가우위를 누릴 능력을 갖지 못한 기업일지라도 세분시장을 집중 공략한다면 수익을 낼 수 있다고 보고 구사하는 경쟁전략의 하나다. 기업이 시장에서 사업의 우위를 차지하기 위해 경쟁에 적극 나서는 사업 수준의 경영 전략을 경쟁전략이라고 하는데, 경쟁전략 중에는 원가우위 전략이나 차별화 전략처럼 산업이나 시장 전반을 상대로 전개하는 전략이 있는가 하면 집중화 전략처럼 특정 세분시장만 골라 원가우위나 차별화를 꾀하는 전략도 있다.

집중화 전략이 성공하려면 우선 명확한 세분시장이 존재해야 하지만, 전체

시장을 상대하는 기업도 쉽사리 세분시장을 공략할 수 있다면 집중전략을 펴는 기업이 경쟁우위를 확보하기 어려워질 수 있다.

3) 기능별 전략

기능별 전략(functional strategy)이란 사업전략을 실행하기 쉽도록 각 기능조직단위로 실행할 전략을 규정하고 구체화하는 것이다. 개별 사업부 내에 있는 인사, 연구개발, 재무관리, 생산 및 마케팅 등의 기능별 조직에서 제품기획, 영업활동, 자금조달 등 세부적인 수행방법을 결정한다.

4. 자원준거관점 시대

1990년대 중반 이후 기업 간 경쟁은 심화되었고 일본, 중국, 한국 등 아시아권 국가의 기업들이 독특한 자체 역량을 발휘하며 세계 경제에서 두각을 나타내기 시작했다. 이에 따라 전략을 형성하는 데 있어 기업의 외부적 환경요인과 더불어 기업 내부 역량에 대한 관심이 고조되기 시작하였다. 산업구조론의 환경분석은 기업의 수익성을 예측하고 특정 산업의 매력도와 성장가능성을 평가하는 데에는 유용했지만, 동일한 산업에 속한 기업들 간 발생하는 성과 차이 혹은 성과가 좋은 기업의 경쟁우위의 원천을 설명하기에는 한계가 있었다. 즉, 동일한 산업에 속해있는 기업들의 평균 수익성을 설명할 수는 있으나, 개별 기업 수익성의 차이를 설명하지 못하는 한계에 봉착한 것이다.

자원준거관점(RBV: Resource-Based View)은 동일 산업에 속하는 기업이라 할지라도 이질적 전략자원을 보유하고 있고, 개별 기업의 수익성 차이는 기업의 내부 자원과 역량에 의해 결정된다고 주장한다.

자원준거관점의 기본 가정은 자원의 이질성(resource heterogeneity)과 자원의 비이동성(resource immobility)이다. 기업은 유형자원(재무자본: 모든 금전적 자본, 물적자본: 공장, 설비, 지리적 입지, 원재료에 대한 접근성 등)과 무형자원(인적자본: 구성원들의 능력, 경험, 판단, 통찰력 등, 조직자본: 공식적, 비공식적 체계, 문화 등)의 집합체이며, 기업은 장기간에 걸쳐 그 기업만의 독특한 자원과 역량을 구축한다. 이렇게 구축한 기업 내부의 차별적 자원과 역량에 근거하여 기업은 자신만의 독특한 경쟁우위를 보유하게 되는 것이다.

기업경쟁력의 원천을 규정함에 있어, 자원준거관점은 조직능력, 핵심역량, 기업 문화 등의 보이지 않는 무형자산을 중요하게 다루고 있다. 경쟁우위의 원천인 내부자원이라는 것은 무형적이고 암묵적인 특성을 지니고 있기 때문에 시장에서 구매를 할 수도 없고, 다른 기업을 모방하는 것 또한 쉽지 않다. 따라서 자원준거 관점에서는 기업 간 자원의 완전한 이동은 불가능하다고 가정한다. 이러한 이유로 자원의 이질성은 장기간 지속될 수 있고, 기업 특유의 독특한 자원이 기업의 지속적인 경쟁우위의 원천이 되는 것이다.

1) VRIN(Valuable, Rare, Inimitable, Non-substitutable) & VRIO(Valuable, Rare, Inimitable, Organized)

VRIN은 제이 바니(Jay Barney)가 1991년 〈기업자원과 지속적 경쟁우위(Firm resources and sustained competitive advantage)〉라는 논문을 통해 제시한 기업의 지속적 경쟁우위를 창출하는 내부자원과 역량의 네 가지 특성을 말한다.

즉, 기업이 지속적으로 경쟁우위를 창출하기 위해서는 가치 있고(Valuable), 희소성이 있으며(Rare), 모방할 수 없고(Inimitable), 대체 불가능한(Non-substitutable) 기업 고유의 자원을 보유해야 한다는 것이다.

아무리 기업이 이윤 창출을 할 수 있는 가치 있는 자원을 가지고 있다 하더라도 이러한 자원과 역량을 시장에서 쉽게 구할 수 있다면, 경쟁자들이 쉽게 모방할 수 있는 것이라면, 혹은 다른 유사한 자원이 그 역할을 대체할 수 있다면 자원의 가치는 떨어질 수밖에 없다.

이후, 1995년 〈경쟁우위를 들여다보다(Looking inside for competitive advantage)〉라는 논문을 통해 제이 바니는 VRIN(valuable, rare, inimitable, non-substitutable)의 I(inimitable)와 N(non-substitutable), 즉 모방이 어려운 특성을 I(inimitable)로 통합하고, O(organized)를 추가하여, VRIO(가치 있고, 희소성이 있으며, 모방이 어렵고, 조직화할 수 있는 자원: valuable, rare, inimitable, organized)로 모델을 수정하였다.

(1) **가치(Value)**의 측면에서 기업 내부자원의 가치는 기업으로 하여금 얼마나 외부의 기회를 활용하고 위협을 줄일 수 있게 해주는가에 의하여 결정된다. 여기서 주목할 부분은 어떤 자원이 과거에 가치가 있었다는 사실이 미래에도 그 자원이 지속적인 가치를 가지게 해주지는 않는다는 것이다. 고객의 기호, 산업구조, 또는 기술이 변하면 과거의 자원과 능력은 가치가 떨어지게 된다. 따라서 지속적으로 가치 있는 자원과 능력을 개발하고, 기업의 전통적 강점을 새로운 영역에 적용할 수 있는 역량을 배양하는 것이 중요하다.

기업이 보유하고 있는 자원으로 경쟁사보다 비용을 줄이고 수익을 증대할 수 있을 때 기업은 가치 있는 자원으로 경제적 성과를 향상할 수 있다.

(2) **희소성(Rarity)**은 얼마나 많은 경쟁기업들이 이를 보유하고 있는가에 의해서 결정된다. 가치는 있지만 희소하지 않은 자원과 능력은 일시적 경쟁우위의 요인이 될 수는 있으나 지속적 경쟁우위를 창출할 수는 없다. 즉, 특정 자원과 능력이나 이외의 다른 경쟁기업들에 의해 통제될 때 내가 보유하고 있는 자원의 가치는 바로 하락하게 되고 경쟁우위를 잃게 된다.

(3) **모방 불가능성(Inimitability)**은 특정 자원을 보유하고 있지 않은 기업이 가치 있는 자원을 획득하거나 개발하고자 할 때 얼마나 더 많은 비용을 감내해야 하는가에 의해 결정된다. 자원과 능력을 보유하지 못한 기업은 성

공한 기업과 경쟁하기 위해 해당기업의 자원을 복제하고 모방하려고 할 것이다. 물리적 기술은 모방하기가 그나마 용이하고, 비용도 적게 든다. 하지만, 자원 복제와 능력 모방에서 가장 어려운 점은 바로 경로 의존성 (path-dependence)과 인과관계의 모호성(causal ambiguity)에 있다. 첫째, 기업 특유의 자원이라는 것이 하루아침에 생긴 것이 아니라 기업이 발전하는 과정 속에서 초기부터 오랜 시간에 걸쳐서 형성, 개발되었기 때문에 모방이 쉽지 않다. 둘째, 수많은 형태의 자원과 능력 중에서 어떤 것이 성과와 경쟁우위에 바로 영향을 준 요인인지 그 인과관계를 알아내기가 어렵다는 것이다. 이는 보통 기업 특유의 자원이라는 것이 조직문화, 고객 및 공급자와의 관계, 조직원 간 신뢰, 협력 등 무형자산(invisible assets)의 형태를 띠기 때문이다. 이러한 무형자산들은 해당 기업에 당연한 일상이기 때문에 그 기업의 경영자나 직원들조차 자신들이 보유한 특이 자원과 핵심역량이 무엇인지 인식하지 못하는 경우도 많다.

(4) **조직화(Organized)**의 정도는 기업이 자신이 보유하고 있는 자원과 경쟁력을 충분히 활용할 수 있게끔 잘 조직화되어 있는가에 의해 결정된다. 조직화는 공식적 보고체계, 관리통제시스템, 그리고 보상정책 등 조직관리 혹은 내부업무절차나 관행들을 포함한다. 이들 조직 절차와 관행들은 기업이 보유하고 있는 자원과 능력들을 조직 내에서 효과적으로 결합함으로써 경쟁우위의 잠재력을 현실로 실현한다.

5. 전략결정 요소

전략 경영에 필요한 전략을 수립하는 데 고려해야 할 요소는 크게 네 가지로 구분할 수 있다. 첫째는 기업이 경쟁해야 할 상대가 누구인가 하는 외부환경을 고려하는 것이고, 둘째는 기업 자신의 능력은 어떠한가 하는 내부여건을

고려하는 것이다. 적을 알고 나를 안 후에는 셋째로 기업의 방향을 제시하는
경영철학을 고려하고, 마지막으로 전략을 수행하는 측면에서 사회적 책임을
다하고 있는가를 고려하는 것이다.

1) 외부환경

외부환경이란 기업이 직접 통제할 수 없는 환경을 말한다. 기업이 전략을
수립할 때 가장 먼저 해야 할 일은 나의 상대가 누구인지를 파악하는 것이다.
여기서 말하는 상대란 경쟁기업이 누구이며 어떠한가를 파악하는 것에만 한
정되지 않는다. 경쟁기업뿐만 아니라 기업이 경영활동을 수행하는 데 직·간
접적으로 영향을 미치는 정치적·경제적·사회적·문화적 환경 등 모든 외부
환경을 파악하는 것을 말한다.

2) 내부여건

기업의 외부환경을 파악하고 나면 기업 자신의 강점과 약점이 어떠한가를
파악해야 한다. 즉, 기업이 가지고 있는 자본능력을 포함한 재무구조, 생산시
설 및 기술의 축적, 경영능력 등 내부능력과 한계점을 명확하게 이해해야 할
것이다.

기업이 외부에서 주어지는 기회와 내부에서 가지고 있는 능력을 알게 되면
여러 가지 기회가 제공될 수 있을 것이다. 이때 여러 가지 기회 중에서 자신의
약점을 노출하지 않으면서도 강점을 살릴 수 있는 가장 좋은 기회를 선택하여
야 할 것이다.

3) 경영철학

외부환경과 내부능력이 파악되면 전략을 수립하게 된다. 전략의 수립은 대
부분 최고경영자의 몫이라고 할 수 있다. 최고경영자의 가치관·비전 등을 토

대로 경영철학이 형성되면서 이들이 전략결정에 전체적인 영향을 미치게 된
다. 이러한 경영 철학은 기업 활동의 전체적인 방향, 목표를 설정해주고, 이
는 기업상으로 연결된다. 한 기업이 이루고자 하는 기업상은 전략에도 반영되
게 마련이다.

4) 사회적 책임

마지막으로 고려해야 하는 요소는 기업의 사회적 책임이다. 이는 기업이
계속 기업으로 생존하고 성장해야 하는 사회적 존재라는 사실을 인식해야 한
다는 의미다. 따라서 기업은 장기적으로 수익성을 실현하기 위해서라도 사회
적 책임을 고려해서 전략을 결정해야 한다.

⊨ 연습문제

01. 전략이 기업의 영역으로 확대되어 경영학의 일부가 된 역사적 배경은
    무엇인가?

02. SWOT은 무엇을 말하는가?

03. BCG 매트릭스란 무엇을 말하는가?

04. 산업구조분석모형인 파이브 포시스 모델은 무엇을 말하며, 어떤 요인들로 구
    성되어 있는가?

05. 자원준거관점의 핵심 내용은 무엇인가?

읽을거리

퍼플오션이란?

블루오션 & 레드오션의 교집합은?

블루오션
- 무에서 유를 창출해야 하는 영역으로 범인 근접 가능
- 고비용 혁신
- 추종자와 모방자 빠르게 유입

퍼플오션
- 약간의 개선을 통해 달성 가능
- 저비용 혁신

레드오션
- 경쟁자 넘쳐 생존의 힘겨움
- 최후의 시장으로 낙오되면 죽음만이 유일한 선택

2004년 프랑스 인시아드(INSEAD) 경영대학원의 김위찬(W. Chan Kim) 교수와 러네이 모본 교수는 〈블루오션 전략(Blue Ocean Strategy)〉이라는 논문을 공동 집필했는데, 이 논문이 2005년 동명의 책으로 출간돼 43개 언어로 350만 부 이상 팔리며 전 세계적으로 널리 알려졌다.

기업이 새로운 시장을 창출하지 않고 기존의 시장에서 유사한 전략을 구사하는 다른 기업들과 경쟁을 하는 경우에는 가격 경쟁 등의 치킨 게임으로 치달아 큰 이익을 내기 어렵다. 기존의 시장은 기업 간 경쟁이 치열하여 핏빛으로 물든다는 의미에서 레드오션이라고 칭한다. 반면 경쟁자를 이기는 데 초점을 맞추지 않고 구매자와 기업에 대한 가치를 비약적으로 증대하여 시장 점유율 경쟁에서 자유로워지고 이를 통해 경쟁이 없는 새로운 시장공간과 수요를 창출하고자 하는 것이기에 블루오션이라고 칭한다.

즉 기업은 품질을 올리면서 동시에 원가를 낮추는 가치혁신을 이루어 낼 수 있다고 주장한다. 이러한 가치혁신은 차별화를 만들어내면서 동시에 원가를 낮추기 때문에 기업과 고객 모두에게 높은 가치를 제공하게 되고 다른 기업과 경쟁할 필요가 없는 무경쟁 시장을 창출하게 된다.

퍼플 오션이란 레드 오션과 블루 오션을 조합한 말로 완전히 새로운 시장은 아니지만, 발상의 전환과 기술 개발, 서비스 혁신을 통해서 기존과 다른 새로운 파생 시장을 창출하는 것을 말한다.

경쟁자 없이 독주하는 전혀 새로운 시장이 블루 오션(blue ocean)이라면 과잉 경쟁으로 더는 성장 가능성이 없는 시장을 레드 오션(red ocean)이라 한다. 바로 이 '블루(파

란색)'와 '레드(빨간색)'를 섞으면 보라색이 되듯 두 시장의 장점을 섞은 것이 퍼플 오션 (purple ocean)이다.

퍼플 오션은 프라이스워터하우스쿠퍼스(PwC)의 미치 코헨 부회장과 존 스비오클라 익스체인지 소장(PwC의 비즈니스 싱크 탱크)의 저서《억만장자 효과》에서 나온 신조어다. 그들은 미국 경제 격주간지《포브스(Forbes)》가 제시하는 전 세계 억만장자 중 자수성가형 인물 120명을 임의로 선택해 사례 분석한 결과, 이들의 80% 이상이 기존의 레드 오션에서 새로운 기회를 창출한 보랏빛 바다, 즉 퍼플오션 전략을 취했다고 분석했다.

퍼플 오션의 예는 각 업계마다 다양한 모습으로 존재한다. 식품업계에선 소비자 수요를 조사해 기존의 형태를 새롭게 조합한 메뉴를 개발해 퍼플 오션을 발견하기도 한다.

ESG 경영

1. ESG 경영이란 무엇인지, 어떻게 발전되어 왔는지 설명할 수 있어야 한다.
2. 이해관계자 자본주의에 대해 설명할 수 있어야 한다.
3. CSR, CSV, ESG 개념을 비교하여 설명할 수 있어야 한다.

Ⅰ ESG 경영의 의미

1. ESG의 정의

ESG는 환경(Environmental), 사회(Social), 지배구조(Governance)의 영문 첫 글자를 조합한 단어로, 기업의 가치 평가를 할 때 일반적인 분석대상인 재무정보의 상대적인 개념인 '비재무정보'를 의미한다.

세계 3대 연기금 중 하나인 노르웨이의 국부펀드는 ESG 평가 기준에 따라 석탄, 담배, 핵무기를 생산하는 기업과 환경오염을 일으키는 기업, 부패하거나 인권을 침해하는 기업을 투자 대상에서 제외하고 있다. 마찬가지로 세계 3대 연기금 중 하나인 우리나라의 국민연금기금도 ESG 요소를 투자 결정에 반영하고, 2022년까지 ESG 관련 투자를 운용하는 기금의 50%로 확대하겠다고 밝혔다. 기업이 돈을 빌리거나 투자를 받을 때 중요한 평가 기준인 신용등급을 평가하는 스탠더드앤드푸어스(S&P)와 무디스, 피치와 같은 신용평가 기관은 이미 2019년부터 기업의 신용을 평가할 때 ESG 요소를 고려해 왔다.

ESG 관련 새로운 규제나 법안도 등장하고 있다. 유럽연합(EU)은 ESG 관련 여러 법안을 도입하고 있는데, 그중에는 기업의 생산 · 공급망 전체에서 환경과 인권 보호 상황에 대한 조사를 의무화하는 제도도 포함하고 있다. 기업의 ESG 관련 정보를 의무적으로 공개하도록 하는 움직임도 나타나고 있다. 영국은 2025년까지 모든 기업에 ESG 정보 공시를 의무화한다는 계획을 밝혔으며, 우리나라의 금융위원회도 코스피 상장사를 대상으로 2030년까지 기업의 지속가능경영 보고서 공시를 의무화할 계획이다. 이 외에도 미국, 일본 등여러 국가에서 ESG 공시 의무화를 추진하고 있다.

ESG가 다루는 영역은 방대하다. 환경(E)은 오염방지, 지속가능한 자원 사용, 기후 변화 및 탄소 배출, 자연환경 보호 및 복원, 사회(S)는 인권, 노동관행, 공정운영관행, 소비자 이슈, 지역사회 발전, 지배구조(G)는 주주권리 보호, 이사회, 감사기구, 공시 등이 주요 의제이다.

ESG를 구성하는 세부 요소들은 〈표 3〉과 같다.

〈표 3〉 ESG 구성 세부 요소

E 환경 Environmental	· 기후 변화 · 자원 고갈 · 낭비	· 공해 · 삼림 파괴
S 사회 Social	· 인권 · 아동 근로 · 고용관계	· 현대 노예 · 근로조건
G 지배구조 Governance	· 뇌물 및 부패 · 경영진 보상 · 이사회 다양성 및 구조	· 정치적 로비 및 기부 · 조세 전략

출처: UN,「Principles for Responsible Investment」

기업이나 비즈니스의 투자가 지닌 지속가능성 혹은 윤리적 영향력을 대표하는 '3가지 중요 요소'이다. 환경(Environment) 관련 요소에는 쓰레기와 오염, 자연자원 고갈, 온실효과, 산림의 황폐화, 기후 변화 등이 포함되고, 사회적(Social) 요소에는 취약계층 고용증대, 다양성 추구, 근무환경 개선, 지역사회 개선, 건강과 안정성 제고 등이 있으며, 지배구조(Governance) 요소에는 이사회 역할, 임원 보수체계, 부정부패 방지, 성실 납세전략 등이 있다.

과거에는 기업을 평가할 때 '얼마를 투자해서, 얼마를 벌었는가?' 중심으로 '재무적'인 정량 지표가 기준이었다. 그러나 기후변화 등 최근 기업이 사회에 미치는 영향력이 증가하며 '비재무적'인 지표가 기업의 실질적인 가치평가에 더 중요할 수 있다는 인식이 늘고 있다. 기업의 사회적 책임에 대한 담론이 형성되며, 투자자와 소비자들도 기업을 평가하는 데 재무적 가치가 아닌 비재무적 가치를 중시하고 있다.

ESG는 비재무정보를 말하지만, 주로 투자 및 그에 대한 성과, 비교를 통한 평가등급 등과 결합한 의미로 사용되기도 한다. 투자의 관점에서 더 좋은 투자 성과를 만들어내기 위해서는 기업의 재무정보뿐만 아니라 환경, 사회, 지배구조 등 비재무정보도 고려해야 한다는 움직임에서 ESG가 시작했기 때문이다. 따라서 ESG는 기업의 ESG 수준에 대한 평가, 그러한 평가를 가능하게 하는 기업의 비재무적 정보 공시, ESG가 좋은 기업들로 구성된 ESG 지수, ESG가 좋은 기업에 투자하는 직·간접적 ESG 투자상품의 성과, 성과에 따른 금융소비자의 선택 등 ESG 금융시스템과 밀접한 관계가 있다.

ESG 투자 규모가 확대되면 기업들은 투자를 유치하기 위해 ESG 정보 공시를 확대하고, ESG 경영을 강화하는 선순환 구조에 돌입하게 된다. 기후 재난의 정도와 빈도 증가, 코로나 19 등 기업을 둘러싼 경영 환경의 불확실성이 커짐에 따라 투자자들은 ESG 리스크를 줄이는 투자를 하게 되고, 기업의 ESG 경영 도입은 가속화할 전망이다.

2. 이해관계자 자본주의

ESG가 각광을 받게 된 배경에는 환경에서의 관점이 아닌 자본주의의 발전사와 관련된, 더 중심적인 이슈가 있다. 지금까지 자본주의에서 기업의 목표는 수익의 극대화, 나아가 주주 이익의 극대화로 대별되는 '주주자본주의(Shareholder Capitalism)'였다. 이는 1970년에 경제학자 밀턴 프리드먼이 제시한 것으로, '프리드먼 독트린(Friedman Doctrine)'으로 불리며 제2차 세계대전 이후 자본주의 경제학의 큰 가정으로 회자되었다. 주주자본주의는 1998년도에 발간된 OECD의 〈기업 지배구조(Corporate Governance: A Report to the OECD)〉 보고서에서도 그 명맥을 유지하고 있었다.

하지만 최근 들어 이보다 더 큰 개념으로 '이해관계자 자본주의(Stakeholder Capitalism)'가 다수의 지지를 받고 있다. 이 개념은 1973년 다보스포럼이 발표한 '다보스 매니페스토'에서 새롭게 제시되었는데, 기업의 목적을 '여러 이해관계자들의 다양한 이해관계를 조화롭게 하는 것(harmonize the different interest of the stakeholders)'으로 정의하고 있다. 이러한 변화의 움직임은 서서히 형태를 갖춰왔으며, 2019년에는 미국의 상공회의소 격인 비즈니스 라운드테이블(Business Roundtable)이 〈기업의 목적에 대한 성명서〉를 발표했다. 성명서는 주주자본주의를 탈피해, 모든 이해관계자의 이익에 부합하도록 노력하는 '이해관계자 자본주의'로의 본격적인 이전을 주창하는 내용을 담고 있다. 이러한 변화의 움직임은 대서양을 사이에 둔 영국에서도 나타났는데, 그것이 바로 영국의 유력 경제일간지인 《파이낸셜 타임즈(Financial Times)》지가 주창한 '타임 포 리셋(Time for a Reset)' 운동이었다. 《파이낸셜 타임즈》의 수석 경제 평론가인 마틴 울프(Martin Wolf)는 '불로소득 자본(Rentier Capitalism)'은 민주주의의 가치를 위협하고 있다고 지적하며, 자본주의의 변화가 필요함을 언급하였다.

자본주의의 병폐에 대한 심각한 인식은 2020년 다보스포럼의 '다보스 매니페스토 II(Davos Manifesto II)'에서 본격화되었다. 2020년은 다보스포럼이 설립된 지 50년이 된 해로, 다보스포럼은 이를 기념해 자본주의의 본질에 대해 재고민했다. 그 결과 2020년의 테마로 '지속가능한 세상을 위한 이해관계자(Stakeholder for a Cohesive and Sustainable World)'를 내세웠고, 다보스 매니페스토 II의 주제도 '제4차 산업혁명 시대의 기업의 보편적인 목적(The Universal Purpose of a Company in the Fourth Industrial Revolution)'으로 결정했다. 다보스 매니페스토는 '이해관계자' 중심 자본주의가 약 47년의 시차를 두고 어떻게 진화해 왔는지를 보여주는데, 관련 내용은 아래 표에서 확인할 수 있다.

1973년의 다보스 매니페스토 I과는 달리 2020년에 발표된 다보스 매니페스토 II는 본격적으로 이해관계자를 경제활동의 중심에 내세우고, 기업의 목표가 가치를 창출함에 있어서 이해관계자와 직·간접적으로 연계되어야 한다(to engate all its stakeholders in shared and sustainable value creation)고 분명히 밝히고 있다. 그리고 기업은 단순한 경제적 주체 그 이상(more than an economic unit)이 되어야 하며, 기업의 성과는 경제적 수익뿐만 아니라, ESG 달성 정도까지도 함께 측정하여 평가해야 한다고 설파하고 있다(나석권, 2021).

〈표 4〉 다보스 메니페스토 1973, 2020의 주요내용과 차이점

다보스 매니페스토 1973 비즈니스 리더 윤리강령	다보스 매니페스토 2020 4차 산업혁명 기업의 보편적 목적
A. 전문경영의 목적은 사회뿐만 아니라 고객, 주주, 근로자, 종업원 등에게 봉사하고 이해관계자의 다양한 이해관계를 조화시키는 것이다.	A. 기업의 목적은 모든 이해당사자를 지속적인 가치 창출에 참여시키는 것이다. 이러한 가치를 창출하는 데 있어 기업은 주주뿐만 아니라 직원, 고객, 공급업체, 지역사회 및 사회 전반에 걸쳐 모든 이해관계자에게 봉사한다. 모든 이해당사자들의 다양한 이해관계를 이해하고 조화시키는 가장 좋은 방법은 기업의 장기적인 번영을 강화하는 정책과 의사결정에 대한 공동의 헌신을 바탕으로 삼는 것이다.

B.1. 경영진은 고객에게 서비스를 제공해야 한다. 고객의 요구를 충족시키고 최고의 가치를 제공해야 한다.	ⅰ. 기업은 고객의 요구에 가장 적합한 가치를 제공함으로써 고객에게 서비스를 제공한다.
B.2. 경영진은 국채수익률보다 높은 투자수익률을 제공하여 투자자에게 봉사해야 한다. 경영진은 주주들의 수탁자이다.	ⅱ. 회사는 사람을 존엄과 존경으로 대한다. 다양성을 존중하고 근무환경과 직원 복지를 지속적으로 개선하기 위해 노력한다.
B.3. 경영진은 직원들을 섬겨야 한다. 경영진은 직원의 연속성, 실질 소득 향상, 사업장의 인간 등을 보장해야 한다.	ⅲ. 기업은 공급업체를 가치 창출의 진정한 파트너로 간주한다. 신규 시장 진입자에게 공정한 기회를 제공하며, 인권에 대한 존중을 공급망 전체에 통합한다.
B.4. 경영진은 사회에 봉사해야 한다. 미래 세대를 위한 물질적 세계의 수탁자 역할을 맡아야 한다.	ⅳ. 기업은 기업활동을 통해 사회에 봉사하고, 자신이 속한 지역사회를 지원하며, 세금을 공평하게 납부한다. 안전하고 윤리적이며 효율적인 데이터 사용을 보장하고, 미래 세대를 위한 환경 및 물질 세계의 관리인 역할을 한다.
C. 경영진은 자신이 책임지는 기업을 통하여 상기 목적을 달성할 수 있기 때문에 기업의 장기적인 존립을 보장하는 것이 중요하다. 충분한 수익성 없이는 장기적인 존재가 보장될 수 없으므로, 수익성은 경영진이 고객, 주주, 직원 및 사회에 봉사하는 데 필요한 수단이다.	B. 기업은 부를 창출하는 경제 단위 이상이다. 기업은 더 넓은 사회 시스템의 일부로서 인간적이고 사회적인 열망을 충족시킨다. 성과는 주주 수익률뿐만 아니라 환경, 사회, 지배구조 목표 달성 방법에 대해서도 측정해야 한다. 임원 보수는 이해관계자의 책임을 반영해야 한다.
	C. 다국적 기업은 직접 참여하는 모든 이해관계자에게 봉사할 뿐만 아니라 정부 및 시민사회와 함께 전 세계 미래의 이해관계자 역할을 수행한다. 세계 기업 시민으로서 기업의 핵심 역량, 기업가정신, 기술 및 관련 자원을 활용하여 세계를 개선하기 위해 다른 기업 및 이해관계자들과의 협업 노력이 필요하다.

출처: 김동양·황유식(2022)

3. 기업변화의 원동력

ESG의 출발점이 기관투자자들의 장기 투자 성과 극대화이기도 하고, 그 위에 전 세계적으로 빠르게 증가하고 있는 ESG 펀드 운용자산이 기업들의 ESG 경영체제의 도입 확산을 앞당기고 있다.

총 운용자산이 10조 달러를 넘는 세계 최대 자산운용사 블랙록(BlackRock)의 창업자이자 최고경영자인 래리 핑크(Larry Fink)는 2012년부터 매년 초 블랙록이 주주로 있는 기업의 CEO들에게 공개적인 연례 서신을 발송해왔다.

〈표 5〉 블랙록 연례 서신 주제의 변화

2012~2015년	• 우수한 장기 사업 성과를 위한 좋은 지배구조의 필요성
2016~2017년	• 환경 및 사회적 요소를 고려한 경영 의사결정의 필요성
2018~2019년	• 외부 이해관계자들의 이익에 대한 부응 및 사회에 대한 더 광범위한 목적의식 필요성
↓ 행동지향적 변화 ↓	
2020~2021년	• 기후변화 위기를 투자 위기로 인식 • 지속가능성을 투자 의사결정과 리스크 관리 항목으로 고려하기로 결정 • SASB, TCFD 기준 따르는 공시요구 • 넷제로(Net Zero) 계획 요구
2022년	• 이해관계자 자본주의와 ESG 경영의 중요성을 강조하면서, 투자 기업들에 온실가스 감축 목표 설정을 요구
2023년	• 세계 경제의 파편화를 논의하며, 은퇴자와 노동 생산성 문제를 강조
2024년	• 에너지 인프라 분야에서는 친환경과 전통적인 에너지의 혼합 사용이 중요

출처: 김동양·황유식(2022)

2000년 서한에서는 기후 변화 위기를 투자 위기로 보고, 지속가능성을 투자 의사결정과 리스크 관리 항목으로 고려하기로 하는 한편, 투자 기업들에 지속가능성 회계표준위원회(Sustainability Accounting Standards Board, SASB)

및 기후관련 재무공시 협의체(Task Force on Climate-Related Financial Disclo-sures, TCFD)의 기준을 따르는 공시를 요구했다. 더 나아가 2021년 서한에서는 2050년 넷제로(Net Zero, 대기 중 이산화탄소 제거량과 배출량이 상쇄되어 '제로'가 되는 것) 달성을 위해 투자 기업들로 하여금 사업모델이 넷제로 경제에서 성공적으로 기능할 수 있는 계획과 해당 계획의 장기 전략과의 통합 및 이사회 검토 진행 상황을 공시하도록 요구했다.

2022년 주주 서한에서 이해관계자 자본주의와 ESG 경영의 중요성을 강조하면서, 투자 기업들에 온실가스 감축 목표 설정을 요구했다. 블랙록은 석유와 가스 기업에 대한 투자를 유지하겠다고 밝히며, 기후변화 대응과 경제적 이익 창출을 위한 기업의 역할을 강조했다.

2023년 주주 서한에서 블랙록이 기후변화 문제에 대응하는 "환경 경찰"이 아님을 강조하고, 에너지 전환과 관련된 투자 접근 방식을 설명했다. 또한, 고객의 다양한 투자 목표를 존중하며, 디지털 자산의 잠재력과 경제적 변화를 통한 새로운 기회를 강조했다.

2024년 주주 서한에서 글로벌 금융자본 시장은 개인과 사회의 부와 성장을 촉진하는 주요 요소로, 미국은 선진적인 시장을 구축하려는 노력을 기울이고 있다. 인구 고령화에 따라 은퇴자금 문제를 해결하기 위해 퇴직 연금 제도 개선이 필요하며, 에너지 인프라 분야에서는 친환경과 전통적인 에너지의 혼합 사용이 중요한 "에너지 실용주의"가 유지될 것으로 전망하고 있다.

우리나라에서는 2009년 책임투자원칙에 서명한 국민연금이 2018년 스튜어드십 코드(기관투자자들이 타인의 자산을 관리·운영하는 수탁자로서 책임을 충실히 이행하기 위해 만들어진 지침) 도입, 2019년 책임투자 활성화 방안 발표 등을 통해 ESG 투자 규모와 기업의 ESG 경영체제 도입의 판을 키우고 있다.

종합하자면 ESG는 2가지 이슈로 정리할 수 있다. 가시적인 측면에서는 인류의 생명을 위협하는 기후변화의 가속화이고, 철학적·시대적 사고 측면에서는 자본주의의 발전, 즉 주주자본주의에서 이해관계자 자본주의로의 전환이다. 이 두 측면에 의해 ESG는 각광을 받게 된 것이다(나석권, 2021).

Ⅱ ESG 경영의 역사

1. ESG 역사

1) 브룬트란트 보고서

ESG의 시작은 ESG라는 용어 자체가 아니었다. '지속가능발전(Sustainable Development)'이라는 용어에서 시작되었다. '지속가능발전'은 UN 조직인 '유엔 환경계획(United Nations Environment Program, UNEP)'이 1987년 '세계 환경 및 개발위원회(World Commission on Environment and Development, WCED)'에서 발간한 〈우리의 공통된 미래(Our Common Future)〉라는 선언문을 채택하면서 처음 사용된 용어로, 이 선언문은 세계 경제 주체로서 각국이 상호 의존하고 협력하여 다자주의에 입각한 공생적 발전을 도모하자는 취지였다. 여기서 '지속가능발전'이란 '미래 세대가 자신들의 필요를 충족시킬 수 있는 능력을 훼손하지 않으면서 현재 세대가 자신들의 필요를 충족시키는 발전'을 뜻한다. '브룬트란트 보고서'라고도 부르는데 당시 위원장이 그로 할렘 브룬트란트(Gro Harlem Brundtland)였기 때문이다. 정리하면 ESG의 시작은 '지속가능발전'이라는 용어를 본격적으로 사용한 브룬트란트 보고서에서 비롯되었다. 경제 활동뿐만 아니라 환경, 생태계와 사회를 생각하는 공존의 패러다임이 제시된 것이 큰 의의다.

2) 리우선언 '지속가능한 발전'

1992년 브라질 리우데자네이루에서 '지구를 건강하게, 미래를 풍요롭게'라는 슬로건 아래, 178개국 정상은 환경적으로 건전하고 지속가능한 발전을 추진하기 위한 협력 방안으로 27가지 원칙을 채택하였다. 리우데자네이루에서 채택된 선언이라 '리우선언'이라고도 한다.

ESG는 마치 족보를 찾듯이 모두 연결되어 있다. '리우선언' 제1원칙은 "인류는 지속가능에 관한 논의의 중심에 있다"이다. 브룬트란트 보고서 이후 5년 만에 지속가능발전이란 단어가 활발히 통용되며 국제 용어로 자리잡은 것이다. '리우선언'은 개발과 환경의 조화, 국가의 환경보호에 대한 책임 등에 관한 내용이다. 특히 원칙 7은 이후에 기후변화협약의 근간이 되었다.

원칙 7은 "국가는 지구 생태계의 건강과 무결성에 대한 보존, 보호 및 복원을 위해 글로벌 파트너십 정신으로 협력해야 한다. 지구 환경 파괴에 대한 다양한 기여를 고려할 때, 국가는 공통적이지만 차별적인 책임을 지고 있다. 선진국은 지구 환경에 대해 그들이 취하는 압력과 그들이 지휘하는 기술 및 재정 자원을 고려하여 지속가능한 발전을 위한 국제적 추구에 대한 책임을 인식한다"고 되어 있다. 여기에서 중심적인 단어는 '선진국의 차별적 책임(differentiated responsibilities)'이다. 선진국은 재원이나 기술이 앞서 있고, 지구 환경 보존에도 경제 활동에 따른 책임이 있으니 그만큼 개발도상국보다 더 책임을 부담해야 한다는 논리였다. 이 표현은 기후변화협약의 아주 중요한 흐름이 되며 '교토의정서'의 키워드가 된다.

3) 유엔환경계획의 3가지 협약

'유엔환경계획'은 리우선언에서 3가지 협약을 채택한다.

(1) 기후 변화 협약(United Nations Framework Convention on Climate Change, UNFCCC)

차별화된 책임 원칙에 따라 협약 부속서 1에 포함된 42개국(Annex I)에 대해 2000년까지 온실가스 배출 규모를 1990년 수준으로 안정화시킬 것을 권고하였다. 부속서 1에 포함되지 않은 개도국에 대해서는 온실가스 감축과 기후변화 적응에 관한 보고, 계획 수립, 이행과 같은 일반적인 의무를 부여하였다. 한편, 협약 부속서 2(Annex II)에 포함된 24개 선진국에 대해서는 개도국의 기후변화 적응과 온실가스 감축을 위해 재정과 기술을 지원하는 의무를 규정하였다.

(2) 생물 다양성 협약(Convention on Biological Diversity, CBD)

이 협약은 전문과 42개 조항, 2개 부속서로 구성되어 있는데, 국가별 지침을 별도로 마련해 생물자원의 주체적 이용을 제한하고 있다. 이 협약의 주요 목표는 3가지다. 생물다양성 보전, 생물 다양성 구성 요소의 지속가능한 사용, 유전자원 이용으로 얻은 이익을 공평하게 공유하는 것이다. 이 협약의 원칙은 "국가는 유엔 헌장, 국제법 원칙 및 자국의 환경 정책에 따라 자체 자원을 개발할 주권적 권리와 관할권 또는 통제 내의 활동으로 인해 다른 국가나 자국 관할권을 벗어난 지역에 환경적 피해를 주지 않을 책임을 소유한다"이다.

(3) 사막화 방지 협약(United Nations Convention to Combat Desertification, UNCCD)

이 협약은 197개국 당사국이 있으며 각국은 사막에 사는 사람들의 생활 조건을 개선하고 토지와 토양 생산성을 유지 및 복원하며 가뭄의 영향을 완화하기 위해 협력한다는 것이 주된 내용이다.

4) 교토의정서

1997년 일본 교토에서 당사국들이 모여 의정서(Protocol)라는 이름으로 체결한 협약이다. 교토의정서는 출범 당시부터 선진국과 개발도상국 간의 '차별적 책임'이 문제가 되었다. 교토의정서가 선진국과 개발도상국을 구분하여 감축 기준, 시한 등을 차별했다는 등의 이유로 온실가스 감축 부담이 컸던 미국의 조지 W.부시 대통령은 비준을 거부했다. 교토의정서는 조건부로 발효였던 터라, 2001년 미국이 탈퇴하면서 발표가 불확실했지만, 2004년 11월 러시아가 비준하여 2005년 2월 16일 국제 협약으로서 공식 발효되었다.

5) 파리기후변화협약

교토의정서는 시도는 좋았지만, 미국의 탈퇴, 중국과 인도의 개발도상국 분류 등으로 활발히 실행되지 못한 면도 있다. 결국 교토의정서는 미완의 상태로 2020년 12월 31일 효력을 다했고, 2021년 1월부터는 '파리기후변화협약'이 그 자리를 대신하게 된다.

파리 협약의 주요 내용은 모든 회원국의 자발적인 감축 목표 설정으로 교토의정서에서 미진했거나 문제였던 부분을 개선했다. 특히 파리협약은 교토의정서와 달리 미국 바이든 정부가 적극적인 동조를 보여 그야말로 ESG의 'E'에 관한 국제헌법이 되었다.

파리기후변화협약과 교토의정서의 가장 큰 차이점은 당사국 모두에게 구속력 있는 보편적 감축 의무를 부여하고 있다는 점이다. 각 국가는 자발적 감축 목표(Intended Nationally Determined Contributions, INDC)에 따라 온실가스를 저감하고, 5년마다 상향된 목표를 제출하게 되어 있다. '선진국의 차별적 책임' 기조는 유지되었다. 선진국은 절대량을 줄여야 하지만, 개발도상국은 '절대량 방식' 혹은 '배출 전망치 대비 방식' 중 선택하여 온실 가스 저감을 추진해야 한다.

파리협약의 공통 목표는 '산업화 이전보다 지구 평균기온 상승을 2℃보다 낮은 수준으로 유지'하는 것이다. 비록 국제법까지는 되지 못하였지만, 파리협약은 195개 전 당사국이 환경보호에 관한 인류 공동의 목표 지점을 찾고, 실행방안에 합의하였다는 점에서 본격적인 기후변화협약이라 할 수 있다.

2015년 제21차 당사국총회(COP21, 파리)에서는 2020년부터 모든 국가가 참여하는 신기후체제의 근간이 될 파리협정(Paris Agreement)이 채택되었다. 이로써 선진국에만 온실가스 감축 의무를 부과하던 기존의 교토의정서 체제를 넘어 모든 국가가 자국의 상황을 반영하여 참여하는 보편적인 체제가 마련되었다.

파리협정은 지구 평균기온 상승을 산업화 이전 대비 2℃보다 상당히 낮은 수준으로 유지하고, 1.5℃로 제한하기 위해 노력한다는 전 지구적 장기 목표하에 모든 국가가 2020년부터 기후행동에 참여하며, 5년 주기 이행점검을 통해 점차 노력을 강화하도록 규정하고 있다. 파리 협정은 또한, 모든 국가가 스스로 결정한 온실가스 감축목표를 5년 단위로 제출하고 국내적으로 이행토록 하고 있으며, 재원 조성 관련, 선진국이 선도적 역할을 수행하고 여타 국가는 자발적으로 참여하도록 하고 있다. 협정은 기후행동 및 지원에 대한 투명성 체제를 강화하면서도 각국의 능력을 감안하여 유연성을 인정하고 있으며, 2023년부터 5년 단위로 파리 협정의 이행 및 장기목표 달성 가능성을 평가하는 전 지구적 이행점검(global stocktaking)을 실시한다는 규정을 포함하고 있다.

2015년 12월 파리에서 채택되고, 2016년 4월 22일 미국 뉴욕에서 서명된 파리협정은 10월 5일 발효요건이 충족되어 30일 후인 11월 4일 공식 발효되었다.

파리협정 발효 이후 처음으로 개최된 제22차 유엔기후변화협약 당사국총회(COP22)(2016.11.7.-18.)에서는 2018년까지 파리협정 이행에 필요한 세부지침을 마련하자는 데 합의하였다. 이와 관련, 2018년 제24차 당사국총회(COP24, 카토비체)에서는 파리협정 제6조(국제탄소시장) 지침을 제외한 감축, 적응, 투명성, 재원, 기술이전 등 8개 분야 16개 지침을 채택하였다. 그리고 마침내 2021년 제26차 당사국총회(COP26, 글래스고)에서 6년간 치열한 협상을 진행해 온 국제탄소시장 지침을 타결함으로써 파리협정의 세부이행규칙(Paris Rulebook)을 완성하였다.

출처: 외교부 (https://www.mofa.go.kr/www/wpge/m_20150/contents.do)

6) ESG의 용어의 등장

ESG라는 용어는 언제부터 활용되었을까? ESG 용어가 최초로 사용된 것은 2004년 6월 UN 글로벌콤팩트(The Global Compact)가 국제금융공사와 스위스 정부가 공동으로 발간한 〈돌보는 자가 이긴다(Who Cares Wins, WCW)〉라는 보고서였다. 이 보고서는 자산 규모 총합계 6조 달러인 골드만삭스, 모건스탠리, UBS, 도이체방크 등 23개 금융기관들의 지지를 얻어냈다. 2006년에는 유엔책임투자원칙(United Nation Principle of Responsible Investment, UN PRI)이 제정되면서, ESG 투자를 지지하는 금융기관들의 참여를 이끌어냈고, ESG 투자가 보다 널리 알려지게 되었다.

책임투자원칙 6가지는 기관투자자들이 ESG를 투자 의사결정 절차와 주주행동 정책에 포함시켜 책임투자원칙 실행의 효율화를 꾀하도록 하는 ESG 투자의 프레임워크를 처음으로 제시했다. 유엔이 지원하는 국제투자자 네트워크인 PRI는 2021년 3월 말 기준 3,826개까지 확대되었고, 서명기관의 운용자산은 총 121조 달러에 달한다. 이는 2006년 설립 당시 6조 달러에서 연평균 22%씩 성장한 것이다. 우리나라에서는 국민연금을 포함해서 11개 금융기관이 서명했다.

(1) 유엔책임투자원칙 6가지

- **원칙 1**. 우리는 ESG 이슈를 투자 분석 및 의사결정 프로세스의 일부로 반영한다.
- **원칙 2**. 우리는 ESG 이슈를 오너십 정책 및 관행에 통합하는 적극적인 주인이 된다.
- **원칙 3**. 우리는 우리가 투자하고 있는 기업에 대해 ESG 이슈에 대한 적절한 공시를 요청한다.
- **원칙 4**. 우리는 투자 산업 내에서 원칙의 수용과 이행을 위해 노력한다.

- **원칙 5**. 우리는 원칙을 시행하는 데 있어 우리의 효율성을 높이기 위해 함께 노력한다.
- **원칙 6**. 우리는 각각 원칙을 이행하기 위한 우리의 활동과 진척 상황을 보고한다.

이렇듯 ESG는 기관투자자들의 장기 투자 성과 극대화를 위한 모색에서 시작되었지만, 앞에서도 말한 것처럼 환경 문제가 가져온 지속가능성에 대한 고민 역시 ESG 확산에 기여한 바가 크다.

(2) ISO 시리즈

ISO 국제 표준은 ESG 평가기관의 평가 못지않게 권위를 가진 국제 표준 인증이다. ESG 관련 4대 ISO 표준은 ISO 14001(환경경영), ISO 37031(준법경영), ISO 45001(안전보건경영), ISO 26000(사회적 책임)이다.

ISO 14001은 기업이 환경경영을 실행할 때 환경경영의 시스템에 대한 요구사항을 지정한다. 환경 목표의 설정, 환경 의무의 준수, 환경 성과의 향상 등을 위하여 기업이 지켜야 할 표준 지침을 망라한 것이다.

ISO 37301은 기업이 규정과 법률을 준수함으로써 준법 경영을 실행하고 법규 위반으로 인한 손해 및 비용을 줄일 수 있는 지침이다.

ISO 45001은 산업현장에서 발생할 수 있는 각종 위험을 방지하기 위한 지침으로 기업의 안전과 보건 시스템을 마련하고 내재화하기 위한 지침이다.

ISO 26000은 ESG와 관련하여 가장 많이 인용되는 표준이다. ISO 26000은 기업이 단순한 법규 준수를 넘어 공동의 이익을 촉진하고 기업이 사회적 책임을 다할 수 있는 지침이며, 인증을 받는 것은 적절하지 않고, 다른 사회적 규범과 조화롭게 될 지침이라고 되어 있다.

(3) ISO 26000에서 보는 사회적 책임

ISO 26000은 사회적 책임을 조직이 수행하는 데 있어 핵심주체 7가지를 제시했다. 7대 주제는 '거버넌스, 인권, 노동 관행, 환경, 공정 운영 관행, 소비자 이슈, 지역사회 참여와 발전'이다.

- **거버넌스(organizational governance)**: 조직은 "사회적 책임 수행을 위한 인센티브를 개발하고, 재무 경영과 같은 민감한 영역에 대해서는 제3자 검토를 포함하도록 조직 구조를 조정하며, 책임과 완료까지 보장할 수 있도록 의사 결정과 실행을 추적하는 방법을 창안하고, 이해관계자들과 의미 있는 양방향 커뮤니케이션 프로세스를 실행하라"라고 되어 있다.

- **인권(human right)**: 조직은 "귀 조직의 행동으로 야기되는 실제적, 잠재적 인권 손상을 확인하고, 다루고 방지할 방법으로 실사(due diligence)를 위한 메커니즘을 개발하고, 장애인, 노령자, 이주민과 같은 사람, 인종, 민족이나 종교에 근거하여 역사적으로 차별받아 온 이들, 여성, 원주민 같은 이들처럼 취약한 그룹에 대한 처우를 점검하고 처리와 고충 처리 절차를 제공하라"라고 되어 있다.

- **노동 관행(labor practice)**: 조직은 "아동 노동과 강제 노동을 제거하고, 의료 조치, 및 노동조합 권리, 단체교섭권, 일시적 노동 불가 휴가 등과 같은 사회적 보호와 같은 법과 규정을 준수하며, 채용과 해고에 있어 차별을 제거하고, 활동에 관련되는 건강과 안전 위험을 이해하고 통제하며, 안전장비와 훈련을 제공하고, 일정 결정을 할 때 노동자의 가정 생활에 대한 영향을 고려하며, 불공정하고 폭력적인 노동관행(아동 노동 포함)을 사용하는 공급자나 하청업체와의 계약은 회피하라"라고 되어 있다.

- **환경(environment)**: 조직은 "공해를 방지하고, 공기, 물, 토양 등에 가능하면 최대한 공해물질 배출을 감축하고, 공급자의 제품과 서비스가 환경에 미치는 영향을 평가하고 녹색조달(green procurement)을 실행하며, 언제든 가

능하다면 지속가능하고 재생가능한 자원을 활용하고, 물을 보존하며, 물을 절약하고, 제품이나 부품을 재사용하며 자원을 재생하는 생활 주기적 접근(life-cycle approach)을 수행하라"라고 되어 있다.

- **공정 운영 관행(fair operating practice):** 조직은 "정직을 실행해야 한다. 뇌물을 멀리하고, 정치적 영향력을 통해 위법을 시도해선 안 된다. 재산권을 존중해야 한다. 귀 조직이 취득하거나 사용하는 재산에 대해서는 정당한 보상을 하여야 한다. 문제에 대한 즉각적인 주목과 즉각적인 보상을 포함하여 공급자와 고객을 공정하게 대우하며, 귀 조직의 가치 사슬과 공급사슬을 점검하고 귀 조직의 공급자들이 그들의 사회적 책임을 완수할 수 있도록 충분히 보상하라"라고 되어 있다.

- **소비자 이슈(consumer issues):** 조직은 "고객의 건강과 안전을 보호하며 제품의 설계와 테스트도 이를 담보한다. 포장재를 최소화하여 쓰레기를 저감하고, 만약 적절하다면 재생과 처리 서비스를 제안하며, 소음과 폐기물처럼 제품과 서비스의 건강과 환경에 부정적인 임팩트를 제거하거나 최소화한다. 제한된 시간, 청각, 해독력을 가진 취약한 개인들의 정보 수요에 특별한 주목을 하라"라고 되어 있다.

- **지역사회 참여와 발전(community involvement and development):** 조직은 "프로그램을 설계하기 전에 지역사회 구성원들과 상의하고, 지역 고용을 창출하는 데 초점을 맞춘다. 지역에 투자할 때에는 투자의 경제적, 사회적, 환경적 영향을 고려하고, 지역 주민에 의한 자원의 전통적 사용을 존중하고, 처벌이 없다 하더라도 법상 세금 등 여타 의무를 완수하며, 삶의 질을 향상하고 지역사회를 지속가능하게 발전시킬 역량을 증대할 수 있는 인프라와 프로그램을 고려하여 사회적 투자를 하라"라고 되어 있다.

(4) 지속가능발전목표(UN-SDGs)

2015년 제70차 UN총회에서 2030년까지 달성하기로 결의한 의제인 지속

가능발전목표(Sustainable Development Goals, SDGs)는 지속가능발전의 이념을
실현하기 위한 인류 공동의 17개 목표다. '2030 지속가능발전 의제'라고도 하
는 지속가능발전목표(SDGs)는 '단 한 사람도 소외되지 않는 것(Leave no one
behind)'이라는 슬로건과 함께 인간, 지구, 번영, 평화, 파트너십이라는 5개 영
역에서 인류가 나아가야 할 방향성을 17개 목표와 169개 세부 목표로 제시
하고 있다. 유니레버, 파타고니아 등 ESG 경영의 선두주자들은 지속가능경
영 목표를 설정할 때 이 지표를 활용하고 있다. 우리나라는 지속가능발전법,
저탄소 녹색성장기본법, 국제개발협력기본법 등 정부정책 및 관련 법을 통해
UN-SDGs의 개별목표를 이행하고 있다.

- Goal 1. No Poverty: 모든 곳에서 모든 형태의 빈곤 종식
- Goal 2. Zero Hunger: 기아 종식, 식량 안보와 개선된 영양상태의 달성,
  지속 가능한 농업 강화
- Goal 3. Good Health and Well-Being: 모든 연령층을 위한 건강한 삶 보
  장과 복지 증진
- Goal 4. Quality Education: 모두를 위한 포용적이고 공평한 양질의 교육
  보장 및 평생학습 기회 증진
- Goal 5. Gender Equality: 성평등 달성과 모든 여성 및 여아의 권익신장
- Goal 6. Clean Water and Sanitation: 모두를 위한 물과 위생의 이용가능
  성과 지속가능한 관리 보장
- Goal 7. Affordable and Clean Energy: 적정한 가격에 신뢰할 수 있고 지
  속가능한 현대적인 에너지에 대한 접근 보장
- Goal 8. Decent Work and Econimic Growth: 포용적이고 지속가능한 경
  제성장, 완전하고 생산적인 고용과 모두를 위한 양질의 일자리 증진
- Goal 9. Industry, Innovation and Infrastructure: 회복력 있는 사회기반
  시설 구축, 포용적이고 지속가능한 산업화 증진과 혁신 도모
- Goal 10. Reduced Inequalities: 국내 및 국가 간 불평등 감소

- Goal 11. Sustainable Cities and Communities: 포용적이고 안전하며 회복력 있고 지속가능한 도시와 주거지 조성
- Goal 12. Responsible Consumption and Production: 지속가능한 소비와 생산 양식의 보장
- Goal 13. Climate Action: 기후변화와 그로 인한 영향에 맞서기 위한 긴급 대응
- Goal 14. Life Below Water: 지속가능발전을 위한 대양, 바다, 해양자원의 보전과 지속가능한 이용
- Goal 15. Life on Land: 육상 생태계의 지속가능한 보호·복원·증진, 숲의 지속가능한 관리, 사막화 방지, 토지 황폐화의 중지와 회복, 생물다양성 손실 중단
- Goal 16. Peace, Justice and Strong Institutions: 지속가능발전을 위한 평화롭고 포용적인 사회 증진, 모두에게 정의를 보장, 모든 수준에서 효과적이며 책임감 있고 포용적인 제도 구축
- Goal 17. Partnerships for the Goals: 이행수단 강화와 지속가능발전을 위한 글로벌 파트너십의 활성화

2. ESG 진행 과정

타임라인별로 본 ESG 관련 주요 이벤트를 간략하게 살펴보면, 우선 기후변화 체제는 1992년 브라질 리우에서 열린 유엔환경개발회의(UNCED)에서 각국 정상이 유엔기후 변화협약에 서명하면서 시작되어, 1997년 교토의정서 채택으로 37개 선진국 중심의 온실가스 감축 의무로 구체화되었다. 이후 2015년 파리협정에서 전 세계 모든 국가가 참여하는 보편적인 기후변화 대응 기조로 전환되었으며, 5년 단위로 각국의 온실가스 배출 현황과 감축 정책 이행 과정을 점검하기로 규정했다.

　기후변화에 대응하기 위한 인류의 노력이 전 세계적 합의점을 찾아가면서 ESG는 이런 노력을 측정, 평가, 관리하는 수단으로 주목받고 있고, 특히 세계 각국이 탄소중립, 즉 이산화탄소 배출량만큼 흡수량도 늘려 실질적인 배출량을 0(net-zero)으로 만들겠다고 선언하면서 탄소국경제, 플라스틱 규제 등을 도입함에 따라 앞으로 ESG 경영 흐름은 더욱 강화될 것으로 보인다.

그림 6 타임라인별로 본 ESG 관련 주요 이벤트

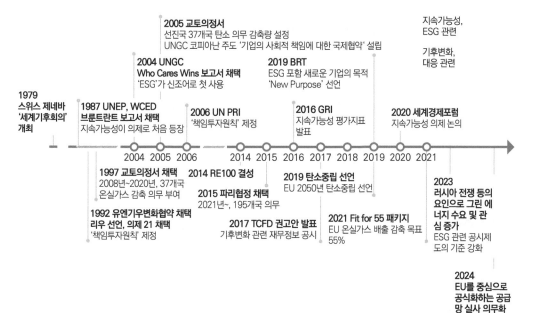

출처: 손광표·황원경(2021.09.)

　각국 정부도 기후변화 대응 전략을 수립하고 ESG 정보 공시 의무 규정을 마련하고 있다. 2020년 9월에는 중국, 10월에는 일본과 한국, 2021년 1월에는 미국이 2050년(중국은 2060년) 탄소중립을 선언하였다.

　우리 정부도 2020년 12월 관계부처 합동으로 '2050 탄소중립 추진 전략'을 수립하고 탄소중립과 경제 성장, 국민 삶의 질 향상을 동시에 달성하겠다고

밝혔다. 산업 부문의 탄소중립 달성을 위한 컨트롤타워로 '탄소중립 산업전환 추진위원회'를 출범하고, '환경기술 및 환경산업 지원법'을 개정하는 등 관련 산업 경쟁력 강화와 신산업 창출 지원을 위해 다양한 정책을 추진하고 있다.

더불어 ESG 정보 공시 의무화 관련 정책도 마련하고 있다. 2021년 1월 금융위원회는 ESG 정보 공개와 책임투자 확대 추세에 따른 제도적 기반을 마련하기 위해 ESG 정보 자율 공시 규정을 활성화하고 단계적 의무화를 추진하는 '기업공시제도 종합 개선 방안'을 발표했다. 한국거래소는 상장법인의 ESG 정보 공개 활성화를 위해 'ESG 정보 공개 가이던스'를 제정했다. 가이던스는 보고서 작성과 정보 공개 절차 등 기업이 ESG 보고서를 작성할 때 준수해야 할 원칙을 담고 있다. ESG 정보 공개가 자발적 공시에서 의무적 공시로 바뀜에 따라 이제 'ESG는 선택이 아닌 필수'라는 말이 현실이 되고 있다.

〈표 6〉 정부 2050 탄소중립 추진전략

국가비전	2050년까지 탄소중립을 목표로 하여 탄소중립 사회로 이행하고, 환경과 경제의 조화로운 발전을 도모			
전략목표	탄소중립 · 녹색성장, 글로벌 중추국가로의 도약			
3대 정책방향	책임있는 실천		질서있는 전환	혁신주도 탄소중립 · 녹색성장
	과학과 합리에 바탕을 둔 의사결정과 정책 추진		법과 절차의 준수, 초당적 협력과 사회적 합의 중시	혁신에 기반한 온실가스 감축 및 경제 · 사회 구조 전환
4대 전략· 12대 중점 과제	〈온실가스 감축〉 책임감 있는 탄소중립	〈민간〉 혁신적인 탄소중립 · 녹색성장	〈공감과 협력〉 함께하는 탄소중립	〈기후위기 적응과 국제사회〉 능동적인 탄소중립
	① 무탄소 전원 활용 ② 저탄소 산업구조 및 순환경제 전환 ③ 탄소중립 사회로의 전환	④ 탄소중립 · 녹색성장 가속화 ⑤ 세계시장 선도 및 新시장 진출 ⑥ 재정·금융 프로그램 구축·운영 및 투자 확대	⑦ 에너지 소비절감과 탄소중립 국민실천 ⑧ 지방 중심 탄소중립·녹색성장 ⑨ 산업 · 일자리 전환 지원	⑩ 기후위기 적응 기반 구축 ⑪ 국제사회 탄소중립 이행 선도 ⑫ 상시 이행관리 및 환류 체계 구축

출처: 대통령직속 2050 탄소중립녹색성장위원회(https://www.2050cnc.go.kr/)

ESG가 빠른 속도로 확산되면서 기업들도 기후변화 대응 관련 캠페인에 가입하거나, ESG 위원회와 전담 조직을 신설하는 등 자체적으로 노력을 활발히 전개하고 있다.

제조업 분야에서는 2050년까지 전략 사용량의 100%를 태양광, 풍력 등 재생에너지로 전환하겠다는 글로벌 기업들의 자발적 약속인 RE100(Renewable Energy 100%) 캠페인이 화두로 떠올랐다. RE100 캠페인은 기업이 필요한 전력량의 100%를 '태양광·풍력' 등 친환경 재생에너지원을 통해 발전된 전력으로 사용하겠다는 기업들의 자발적인 글로벌 재생에너지 이니셔티브다. RE100 캠페인은 국제 비영리 환경단체인 The Climate Group과 CDP(Carbon Disclosure Project)가 연합하여 2014년 뉴욕 기후주간에서 처음 발족하였으며, 2014년 파리협정의 성공을 끌어내기 위한 지지 캠페인으로 시작되었다.

RE100 참여 기업은 2050년까지 100% 달성을 목표로 하며, 연도별 목표는 기업이 자율적으로 수립하되, 2030년 60%, 2040년 90% 이상의 실적 달성을 권고하고 있다. RE100 참여 기업은 연간 전력소비량을 100GWh 이상 소비하는 기업이나 Fortune 1,000대 기업과 같이 글로벌 위상을 지닌 기업을 대상으로 하며, RE100 이행에 대한 검증방법은 기업의 재생에너지 사용실적을 제3기관을 통해 검증하며, CDP 위원회의 연례보고서를 통해 이행실적을 공개하고 있다. 2024년 6월 말 기준 전 세계 432개 기업이 RE100 캠페인에 참여하고 있으며 애플, 구글, BMW 등 글로벌 기업이 협력 업체에도 동참을 요구하고 있다. 2024년 6월 기준 국내 기업은 36개로 RE100 가입을 마쳤다.

다만, 헬렌 클락슨은 RE100 캠페인 최고 책임자는 한국의 재생에너지 도입 상황을 비판하며, 현재 국내 RE100 가입 기업이 36개라고 언급했다. 한국의 전력 공급에서 재생에너지 비율이 전 세계 평균의 약 9%로 저조한 수준이라며, 정부의 2030년 재생에너지 목표가 매우 낮다고 비판했다. 또한 원전 확장 계획을 국제적인 환경과 경쟁에서 밀릴 수 있는 실수라고 경고했다.

금융권 역시 그룹 차원에서 ESG 경영 전략과 비전을 수립하고, ESG 전담 조직과 의사결정 기구를 신설하며, ESG 관련 상품·투자·대출을 확대하는 등 ESG 확산에 주력하고 있다. 또한 '탈석탄 금융(국내외 석탄발전소 건설을 위한 프로젝트파이낸싱에 참여하지 않고, 석탄발전소 건설을 위한 채권을 인수하지 않는다는 친환경 금융 전략)'을 선언하고, '적도원칙(대형 개발 사업이 환경 파괴나 인권 침해 등의 우려가 있을 경우 금융 지원을 하지 않는다는 전 세계 금융기관의 자발적 협약)'에 가입하는 등, ESG 가치 실현을 위한 움직임도 이어지고 있다.

〈표 7〉 RE100 참여 선언 및 가입 기업

가입연도	기업 수	기업명(가입 완료 기업)
2020	6개	SK하이닉스, SK텔레콤, (주)SK, SK머티리얼즈, SK실트론, SKC
2021	8개	아모레퍼시픽, LG에너지솔루션, 한국수자원공사, KB금융그룹, 고려아연, 미래에셋증권, SK아이이테크놀로지, 롯데칠성음료
2022	13개	인천국제공항공사, 현대모비스, 현대위아, 현대자동차, 기아, KT, LG이노텍, 네이버, 삼성전자, 삼성SDI, 삼성디스플레이, 삼성전기, 삼성바이오로직스
2023	9개	삼성생명, 삼성화재, 롯데웰푸드, 신한금융그룹, 카카오, LG전자, 롯데케미칼, HD현대사이트솔루션, LS 일렉트릭

출처: RE100정보플랫폼(https://k-re100.or.kr/)를 기반으로 저자 추가 수정함

3. CSR, CSV, ESG

1) CSR(Corporate Social Responsibility)

기업의 사회적 책임(CSR)은, 기업이 이윤 추구 외에 사회적 가치를 위해 어떤 노력을 해야 하고 어떤 책임을 져야 하는지에 대한 논의에서 출발한다. 일찍이 Bowen(1953)은 그의 저서 《기업가의 사회적 책임(Social Responsibilities of the Businessman)》에서 기업가는 사회의 바람직한 목적과 가치를 위해 의사

결정을 하고 이를 실천에 옮기는 의무를 지닌다고 규정하였다. 이 정의에 의해 'CSR'이라는 용어가 처음 등장하게 되었으며, 이후 기업의 사회적 책임에 대한 다양한 논의들이 이어졌다. 한편 Friedman(1970)은 기업은 이윤극대화라는 본질적 목적을 추구하는데, 이 과정에서 고용이 창출되고 국가재정이 증대되므로 이윤극대화가 최고의 사회적 책임이라는 주장을 제시했다. 주주 중심의 입장이었던 Friedman은 기업이 본질적 목적인 이윤 추구 외에 다른 사회적 문제에 관심을 기울이는 것은 불필요한 비용 지출이며, 이것은 주주에게 돌아갈 혜택이 줄어드는 것으로서 기업 본연의 임무가 아니라고 하였다. 따라서 그는 기업의 이윤을 극대화하는 것이 곧 사회적 공헌이라고 주장하였다. 그러나 이에 대한 반론으로 기업은 이윤극대화와 더불어 다양한 이해관계자들을 만족시키고 사회적 지지를 얻기 위해 주주, 종업원, 고객, 채권자 및 지역사회 등 경영성과에 영향을 미치는 모든 이해관계자들의 요구를 만족시켜야 한다는 이해관계자론이 제기되었다(Freeman, 1984). 이러한 이해관계자 이론은 기업의 사회적 책임에 대한 새로운 접근 방식을 제시하고 있다. 기업 본연의 목표가 주주의 이익을 극대화하는 것이지만 그 목적을 실현하기 위해서는 다른 이해관계자들의 이익도 동시에 고려해야 한다는 것이다. 따라서 기업의 목표는 이해관계자 전체의 이익을 증가시키는 것을 전제로 하여 주주의 이익 극대화를 추구해야 한다고 하였으며(Hawkins, 2006; Phillips et al, 2003; Wallace, 2003), 사회 문제에 적극적으로 참여하고 이해관계자들이 요구를 받아들인 기업이 결국 주주의 가치를 높이는 결과를 가져온다고 하였다(Hillman & Keim, 2001). 이후 CSR의 내용적 연구를 주도한 Carroll(1979, 1991)은 CSR 개념을 4단계 피라미드 모형으로 구분하여, 경제적 · 법적 · 윤리적 · 자선적 책임으로 설명하였다. Carroll의 이론이 현재까지 CSR 연구에 많이 차용되고 있다.

`그림 7` CSR 피라미드 모델

자선적 책임 Be a good corporate citizen Contribute resources to the community	• 지역사회 참여 • 지역사회 개발	기업사회공헌
윤리적 책임 Be ethical Obligation to do what is right, just and fair. Avoid harm	• 거래 투명성 • 공정 경쟁 • 인권 존중 • 환경 보전	투명경영 정도경영 윤리경영
법적 책임 Obey the law Play by the rules of the game	• 윤리 준수 • 제품 안전 • 임직원 보건	준법경영 환경경영 동반성장
경제적 책임 Be profitable The foundation on which all others rest	• 제품/서비스 생산 • 고용 창출	이윤극대화 고용확대

출처: 이현(2016.09.29)

　　Carroll은 CSR 개념을 4단계 피라미드 모형 가운데 경제적 책임은 기업의 생산 활동을 통하여 가치를 창출하고 고용 및 유효수요를 창출하는 등의 사회적 기여를 의미하고, 법적 책임은 사회가 허용하는 법의 테두리 내에서 공정한 경영을 해야 하는 책임을 의미한다. 윤리적 책임은 법적 강제성은 없지만 사회의 기대에 부합하는 행동을 해야 한다는 것이고, 자선적 책임은 경영 활동과는 직접 관련이 없는 기부, 문화 활동, 자원봉사 등을 의미한다. 또한 CSR을 기업의 주주, 소비자, 근로자, 협력사, 지역사회 등 이해관계자들이 윤리적으로 추구하는 모든 행동으로 규정하면서 기업을 둘러싼 모든 이해관계자 관점을 포괄하여 정의하였다(유승권 · 박병진, 2017). 사회적 책임 활동은 기업의 긍정적 이미지 제고에 기여하고 기업에 대한 호감도를 상승(Porter & Kramer, 2002)시켜 재구매로 이어지는 역할을 하고 있으며(박상록 · 박현숙, 2013) 물질적 이윤 추구로만 인식되었던 기업의 브랜드 이미지를 바꾸어 기업 호감도와 명성을 높이고 기업 경영자와 소비자의 우호적 관계를 지속해 나가는 방법이라는 것에 공감하고 있다(Balmer & Greysner, 2006). 또한 CSR과 기업의 재무적 성과 간의 관련성(McWilliams & Siegel, 2000)에 대한 연구도 지속되고 있다. 그리고 기업의 당위적인 차원에서 진행되는 사회적 책임에 대한 논의들을 살펴보면, 보다 장기적 관점에서 지속가능한 발전을 보장하는 기업 성과와 연결시켜 연구하고자 하는 '전략적 CSR'에 관한 연구가 활발하게 진행되고 있다(Lantos, 2001; Porter & Kramer, 2006; 장정우·채서일, 2007; 김진욱·변선영 2011). CSR의 개념이 처음 등장한 시기에는 책임을 포괄하는 범위가 이념적 차원이었다면, 이후 실질적 차원으로 범위가 확장되었고 다시 여러 가지 대안적 개념으로 세분화되는 과정을 거쳐 전략적 CSR로의 전환이 이루어지고 있다.

2) CSV(Created Shared Value)

공유가치창출(CSV)은 자본주의 체제하에서 기업이 사회적 책임을 하면서 기업의 경쟁력을 높일 수 있는 사업적 전략 및 경영활동이다(Porter & Kramer, 2011). CSV는 2006년 1월 FSG의 공동창업자 Porter와 Kramer가 《하버드 비즈니스 리뷰》에 발표한 'Strategy & Society: The Link Between Competitive Advantage & company Social Responsibility'에서 처음 등장한 개념이다. CSV는 기업의 사회적 책임활동에도 불구하고 계속되는 경제, 사회, 환경 문제와 시장경쟁 속 새로운 전략적 패러다임의 필요에 의해 연구되기 시작했다(이영일·김영신, 2015). 기업의 이윤추구는 불공정 거래, 빈부 격차 심화, 노동자의 인권침해 등 다양한 사회적 갈등을 유발할 수 있기 때문에 기업과 사회의 이익을 동시에 추구하는 CSV의 중요성이 언급되었다. CSV는 기업과 협력업체, 주주, 구성원, 소비자를 포함하는 이해관계자들이 공유가치를 창출하고, 그 공유가치가 사회적·경제적·문화적 가치로서 합리적 배분을 통해 균형적으로 성장함으로써 사회와 기업의 동반성장을 유도하는 활동을 의미한다(김세중·박의범, 2012). CSV는 기업의 발전이 사회의 발전으로 이어지고, 또 사회의 발전으로 인해 다시 기업의 발전이 촉진되는 선순환 구조에 있으며(박병진·김도희, 2013) 기업과 사회가 상호의 발전하는 것을 의미한다. 즉, 기업이 수익을 창출한 이후 사회공헌활동을 진행하는 것이 아니라 기업의 수익 창출 활동이 사회적 가치와 경제적 가치를 동시에 창출해내는 활동이 CSV이다 (임종혁, 전달영, 2018). Porter와 Kramer(2011)는 CSV는 기업이 사회적 가치 창출과 경제적 수익을 분리해서 계획하는 것이 아니라 기업 활동이 사회적 가치 창출과 경제적 수익을 동시에 추구하는 것으로, 기업 활동이 경제적·사회적 여건을 개선하면서 기업의 핵심 경쟁력을 강화하는 기업정책 및 경영활동이라고 설명했다. CSV는 기업이 사회와 환경에 부정적인 영향을 미치지 않도록 비즈니스 프로세스를 구성하고 공유 가치를 반영하도록 기업을 경영하는 확장된 의식이다(Pavlovich & Corner, 2014). 다시 말해서, CSV는 기업 성과와 사회구성원의 이익 관계를 이분법적으로 나누는 것이 아니라 사회, 기업, 이익 등이 양립 가능한 관계를 형성할 수 있다는 전제하에 이를 궁극적인 사회발전과 경제적 효율성 추구의 원동력으로 볼 수 있다(나종연 등, 2014). 재무적 성과와 거리가 멀었던 CSR과 달리, CSV는 사회공헌을 기업의 경쟁력 향상과 장기적 발전을 위한 투자로 보고(윤각·이은주, 2014) 사회적 책임과 함께 경제적 이윤을 동시에 추구한다(Porter, 2011; 이영일·김영신, 2015). 이처럼 CSR과 CSV는 공유가치를 창출하는 과정과 목적에 차이가 있다(Porter and Kramer, 2011). 즉, CSR는 브랜드 이미지와 내·외부압력에 의한 사회적 책임 활동이며, CSV는 경제적 가치를 더한 사회적 책임 활동이라는 점에서 차이가 있다. 이렇듯 CSV의 등장으로 인하여 기업들은 공유가치 창출을 위한 활동을 하면서 동시에 기업의 이익을 도모할 수 있었다(김세중, 박의범, 2012). CSR은 기업의 사회적 영향력을 확인할 수 있도록 도왔다면, CSV는 기업이 사회에서 추구해야 할 존재가치를 확인한다(이영일·김영신, 2015).

3) CSR, CSV, ESG 비교

CSR은 기업활동에 영향을 받거나 영향을 주는 직간접적 이해관계자에 대한 법적, 경제적, 윤리적 책임을 감당하는 경영 기법을 말한다. 20세기 후반 기업 활동으로 인한 대형 안전사고, 환경사고, 노동 이슈들이 연이어 대두하면서 CSR이 전 세계적인 화두가 되었다. CSR과 ESG는 비재무요소에 대한 고려와 개선이라는 공통점을 갖고 있지만, CSR이 '시장실패(시장경제 제도에서 정부의 개입 없이 시장의 기능에만 맡겨 둘 경우, 효율적 자원배분이 곤란한 상태)'에 대한 기업의 책임 이행이나, 기업가의 노블레스 오블리주(noblesse oblige)[1]의 실천처럼, 말 그대로 책임에서 시작하여 사회적 가치를 추구하는 활동 자체에 집중한다면, '수탁자 책임'에서 출발한 ESG는 모든 비재무요소 개선을 통한 투자 성과에 집중한다. 따라서 CSR의 비재무요소 고려 및 개선은 자선, 기부, 환경보호 등 시혜적 사회공헌활동을 말하고 그에 따른 비용을 수반하지만, ESG 의 비재무요소 고려 및 개선은 투자자와 금융시스템의 요구에 부합하기 위한 투자활동으로, 기업가치의 상승으로 이어지게 된다.

또한 CSR이 사회적 논란을 감추기 위한 선택적인 사회공헌활동으로 악용될 소지가 있는 반면, ESG는 비재무요소의 종합적인 개선의 정도를 평가해 ESG 등급을 산출하고, 투자 성과로 이어진다는 점에서 차별화된다.

마지막으로 ESG가 추구하는 사회적 가치 중에는 CSR에서는 다루지 않는 가치들이 있다. 즉, 기업 구성원까지 포함한 모든 이해관계자의 가치와 지배구조이다. 지배구조는 ESG 경영을 가능하게 하는 컨트롤타워이다. 한마디로 ESG는 CSR보다 포괄적인 사회적 가치를 실현하고 이에 따른 성과를 지향한다. 이렇듯 ESG와 CSR은 분명 다른 개념임에도 불구하고, 그동안 CSR이 사회책임경영의 대명사로 자리잡았기 때문에, 최근 ESG 경영 및 투자가 강조되는 상황에서 과거부터 있었던 기업의 CSR 실무조직이 ESG 실무조직 역할을

---

[1] 사회 고위층 인사에게 요구되는 높은 수준의 도덕적 의무

하는 등 ESG와 CSR이 여전히 혼용되기도 한다.

CSR만큼은 아니어도 자주 쓰이는 CSV는 마이클 포터와 마크 크레이머가 2011년 《하버드 비즈니스 리뷰》에 실은 논문, 〈전략과 사회: 경쟁력과 CSR의 관계〉에서 정립한 개념으로 기업이 사회 문제 해결을 통해 경제적 성공도 달성하는 새로운 방법이다. 즉, CSR에서의 사회공헌활동이 기업의 경제적 수익 창출과 괴리된 반면, CSR에서 진일보한 CSV는 기업활동을 통해 경제적 수익과 동시에 사회적 가치를 창출하는 사업 전략이다. 그러나 ESG처럼 투자자 및 금융시스템과의 상호작용을 전제로 하지는 않는다는 점에서 필수적이지 않은, 자발적 사업 전략이며, 지배구조를 명시적으로 다루고 있지 않다는 점도 ESG와 차이가 나는 부분이다.

종합하자면, 각각의 개념은 다음과 같다.

- CSR: 책임에서 시작. 비용을 수반하는 사회공헌활동 자체에 집중
- CSV: 기업활동을 통해 경제적 수익과 사회적 가치를 동시 창출하는 기업의 자발적 사업 전략
- ESG: 금융시스템과 상호관계 속에서 비재무요소 개선을 통한 기업가치 상승 성과에 집중

〈표 8〉 CSR·CSV·ESG 비교

구분	CSR	CSV	ESG
가치	선한 일의 수행	비용 대비 사회적 편익 및 경제적 가치 창출	비용이 아닌 투자 개념 확대
활동	시민의식을 바탕으로 한 자선 및 지속가능성	기업과 공동체 모두를 위한 공동 가치의 창출	비재무적 관점의 평가 시스템 확보
동기	이해관계자의 평판 관리에 중점	경쟁 우위 확보 및 추구	지속가능경영을 위한 생태계 조성
지향점	투자 비용	투자 가치	미래 가치 향상

사회공헌에 대한 의식	수익 창출과는 무관한 사회 활동(비용으로 인식)	이윤 극대화를 위한 요소	장기적 관점의 이해관계자 수익 및 권리 강화
접근	외부 요청에 대한 응답	이윤 극대화 및 경쟁 우위 확보	지속가능 성장 잠재력 제고

출처: 강진수·정대현(2021)

연습문제

01. ESG 경영이란 무엇이며, 왜 현대 기업들에게 중요한가?

02. 기업이 환경(E) 요소에서 실천할 수 있는 활동의 예를 하나 쓰시오.

03. 기업이 사회(S) 요소에서 실천할 수 있는 활동의 예를 하나 쓰시오.

04. 기업이 지배구조(G) 요소에서 실천할 수 있는 활동의 예를 하나 쓰시오.

국제경영

1. 국제경영이란 무엇인지, 어떻게 발전되어 왔는지 설명할 수 있어야 한다.
2. 국제기업에는 어떠한 유형이 있는지, 유형별로 어떻게 다른 전략을 구사하는지 설명할 수 있어야 한다.
3. 해외시장 진출 시 고려해야 할 환경적 요소에는 무엇이 있는지 설명할 수 있어야 한다.
4. 해외시장 진입 유형에는 어떤 것이 있는지, 어떤 전략들을 취할 수 있는지 설명할 수 있어야 한다.

▎ 국제경영의 의의

1. 국제경영의 개념과 역사

국제경영은 국경선을 넘어 재화, 서비스, 자본, 인력, 기술 등을 이전하거나 연구개발, 생산, 마케팅, 인력관리 등의 사업활동을 하는 것을 일컫는 것으로 국경선을 넘나드는지의 여부가 기준이 된다. 즉, 국경선을 넘거나 2개국 이상에서 동시에 경영활동을 하는 것을 말하고, 이러한 국제경영 활동을 하는 기업들을 국제기업이라고 칭한다. 국제경영학은 국제경영을 하는 기업의 경영활동을 대상으로 연구를 하는 학문분야이다. 국제경영의 기원은 1600년대로 거슬러 올라간다. 17세기 초 영국, 스페인, 네덜란드, 프랑스 등의 유럽 국가들은 동양 국가들을 무역과 식민지 확장을 위한 전초 기지로 활용하였고,

각국의 동인도회사들은 무명, 사탕, 후추 등 동양의 특산품에 대한 무역 독점권을 둘러싸고 치열한 상업 전쟁을 치렀다. 유럽 각국의 동인도회사들 중 가장 먼저 설립된 것은 영국 동인도회사(British East India Company)이다. 이 회사는 1588년 스페인을 상대로 한 전쟁에서 영국이 이기자 인도 및 극동 지역과의 무역을 촉진하고자 했던 당시 영국 국왕의 명령으로 스페인과 포르투갈이 독점해 오던 동인도의 향료 무역에 나서기 시작했다. 이후 네덜란드도 인도양 일대와 무역을 하기 위해 1602년 네덜란드 동인도회사(Dutch East India Company)를 세웠다.

이후 1914년 37개의 미국 회사들이 2개국 이상의 해외에 생산라인을 갖추고 제품을 생산하였고, 1919년 제네럴 일렉트릭(GE: General Electric)은 유럽, 라틴 아메리카, 그리고 아시아에 공장을 세웠다. 1920년 일본에서 판매되는 모든 차들은 포드(Ford)나 제네럴 모터스(GM: General Motors)였고, 자동차 부품들은 일본에서 조립되었다. 일찍이 해외로 진출한 회사로는 코카콜라(Coca-Cola), 이스트만 코닥(Eastman Kodak), 질레트(Gillette), 웨스턴 일렉트릭(Western Electric) 등이 있다.

한국은 1960년대 초 정부의 수출장려 정책의 일환으로 국내제품을 수출하면서 해외시장에 발을 들여놓기 시작하였다. 당시 한국은 가난한 농업 국가였기 때문에 철광석 같은 천연자원을 수출하였고, 1970년대는 기술이 부족하였기 때문에 낮은 기술 수준의 노동집약적인 산업에 속한 섬유, 신발, 장난감, 가발 등의 경공업 제품을 주로 수출하였다. 1980년대에 이르러 기술이 향상되어 섬유와 함께 기계, 전자 제품을 수출할 수 있게 되었고, 1990년대 이후에는 높은 기술력을 바탕으로 자동차와 반도체 같은 첨단 산업 제품들도 수출 경쟁력을 가지게 되었다. 한국 기업들이 국제화 전략(globalization strategy)의 일환으로 해외 직접투자(FDI: Foreign Direct Investment)를 시작한 것은 1990년대 초부터였다.

1990년대 후반 이후 전 세계적으로 정보통신 기술의 급진적 변혁 및 물류와 교통수단이 발달하면서 재화 및 생산요소의 이동비용이 급격히 감소되었다. 이에 따라, 국가 간 교역의 물리적 장애가 해소되면서 국경을 초월한 경제활동이 용이해졌고, 인위적인 규제의 벽이 허물어지면서 전 세계 기업들이 무한경쟁체제로 진입함으로써 글로벌 경쟁체제는 가속화되었다.

2. 국제기업의 유형과 주요 전략

1) 퍼뮤터의 국제기업 유형

1969년 하워드 퍼뮤터(Howard Perlmutter)는 《다국적 기업의 우여곡절 많은 진화(The tortuous evolution of the multinational corporation)》라는 저서를 통해 EPRG(Ethnocentric, Polycentric, Regiocentric, Geocentric) 모델을 소개하며 국제기업의 네 가지 유형을 제시하였다.

(1) 본국 지향(Ethnocentric) 기업

자국중심의 기업. 즉, 본국 사람들이 현지인들보다 뛰어나고 믿을 만하기 때문에 본사에서 주재원을 파견해서 요직에 둔다. 주요 전략과 의사결정은 당연히 본국에서 이루어진다. 우리가 너희보다 더 우월하다는 마인드가 깊게 깔려 있다.

(2) 현지국 지향(Polycentric) 기업

현지 중심의 기업. 현지인에게 경영 전반의 의사결정 권한과 자율성을 부여한다. 현지인에게 권한을 주다 보니 본사와의 의사소통이나 전 세계에 퍼져 있는 자회사들 간 원활한 협업이 쉽지 않다는 단점도 있다.

(3) 지역 지향(regiocentric) 기업

본국의 본사와 유사한 역할을 하는 지역 본사에서 각 지역 내의 독자적 운영을 총괄하고, 동질적 국가를 블록화해서 지역단위로 독자적 경영활동을 한다. 예를 들면 북미, 남미, 북유럽, 서유럽, 동북아시아, 동남아시아 등으로 묶어서 권역별로 관리하는 것이다.

(4) 세계 지향(Geocentric) 기업

세계를 하나의 시장으로 간주한다. 국가 간 차이가 없다는 주의이다. 즉, 본사와 현지 세계 지향(geocentric) 기업 자회사들 간 차별을 두지 않고 사람, 제품, 기술, 문화 등이 자유롭게 교류되며 자본의 흐름도 자유롭다.

2) 바틀렛의 국제기업 유형

1986년 크리스토퍼 바틀렛(Christopher Bartlett)은 〈초국적 기업의 형성과 경영: 새로운 도전(Building and managing the transnational: The new organizational challenge)〉이라는 논문에서 '통합/대응 모델(integration/responsiveness framework)'을 소개하면서 국제기업을 세 가지 유형으로 분류했다.

그림 8 국제기업의 유형

(1) 글로벌 기업(Global Organization)

글로벌 조정, 통합 정도가 높고, 현지 대응 및 차별화 정책이 낮다. 즉, 현지적응 전략보다는 글로벌 통합 전략에 초점을 맞추는 기업으로 모든 의사결정을 본국에서 하고, 표준화된 제품을 전 세계에 유통한다.

(2) 다국적 기업(Multinational Organization)

글로벌 조정, 통합 정도가 낮고, 현지 대응 및 차별화 정책이 높다. 글로벌 통합 전략보다는 현지적응 전략에 초점을 맞추는 기업으로 진출해 있는 현지국에 맞추어 제품을 차별화한다.

(3) 초국적 기업(Transnational Organization)

글로벌 조정, 통합 정도도 높고, 현지 대응 및 차별화 정책도 높다. 글로벌 통합 전략과 현지적응 전략을 동시에 하는 이상적인 기업 형태인데, 말 그대로 두 마리의 토끼 모두를 잡는 이상적 형태라서 현실에서는 쉽지 않다.

3. 해외시장 환경분석

1) 문화적 환경

해외에 진출하는 국제기업에 있어서 경제적 환경만큼이나 중요한 것이 바로 문화적 환경이다. 현지화라 함은 대부분 현지국 문화에 적응하는 전략으로 현지인들이 좋아하는 디자인과 색상들을 고려해서 제품을 만들고, 문화에 맞는 서비스를 제공한다.

문화적 환경 분석을 위한 여러 이론이 있으나 대표적인 것으로는 홉스테드의 문화차원이론(CDT: Cultural Dimensions Theory)이 있다. 기어트 홉스테드(Geert Hofstede)는 IBM 인적 자원 담당부서에서 일하던 당시 각 문화 환경에 따라 하급자들이 상급자들의 눈치를 보지 않고 직접 의사전달을 할 수 있는 정도가 다르다는 점에 주목하고, 1967년부터 1973년까지 IBM 전 세계 70여 개국의 현지법인에 근무하는 10만 명 이상의 직원들을 대상으로 문화 차이를 비교하였다.

조사 결과를 바탕으로 그는 53개 국가를 4가지 가치 기준으로 분류하여 각 지수를 도출해 내고, 나중에 2개를 더 추가하여 6개의 가치체계에 따른 모형을 만들었는데 이를 홉스테드의 문화차원이론이라고 한다.

그림 9 문화차원 비교

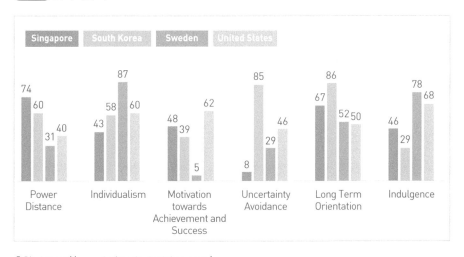

출처: https://www.hofstede-insights.com/

홉스테드가 처음 분류한 네 가지 유형은 다음과 같다.

(1) 개인주의 대 집단주의(individualism; IDV vs. collectivism)

개인주의 문화에선 개인의 성취를 집단의 성취보다 우선시하고 독립적인 성향을 띤다. 반면 집단주의적 문화에선 집단에 대한 충성이나 협조를 중요하게 여긴다. 수치가 클수록 개인주의가 강하다.

(2) 권력간격(power distance index; PDI)

이 지표는 사람들이 불평등한 권력 구조에 순응하는 정도를 나타낸다. 이 게 높으면 권력, 권위에 복종적이고 낮으면 평등 추구적. 권력의 거리가 높은 나라는 연장자, 윗사람을 존경하고 수직적 구조에 순종하며 대표적으로 말레 이시아, 멕시코, 인도가 있다. 반대로 이게 낮은 나라는 평등 가치를 추구하고 권력의 차이를 최소화하는 편으로, 스웨덴, 덴마크, 오스트리아 등이 있다.

(3) 불확실성에 대한 회피 정도(uncertainty avoidance index; UAI)

이게 높으면 질서, 규칙, 규율을 중시하는 문화인데, 대표적으로 일본, 그 리스, 러시아, 우리나라가 그렇다. 불확실성을 줄이기 위해 '룰'을 만들고 잘 지키는 편이다. 불확실성 회피가 낮은 나라는 미국, 스웨덴, 싱가포르. 이런 나라들은 변화에 관대하고 불확실성을 잘 이용한다.

(4) 남성다움 대 여성다움(masculinity; MAS vs. femininity)

야망이나 자기 주장 등 전통적 남성성을 띠는 문화에선 경쟁을 통한 성취 문화가 잡혀있다.

반면, 전통적 여성성을 띠는 문화에선 정서적 공감이나 양육, 보살핌, 관계 중심적 특징이 있다. 문화적 남성성이 높은 나라로는 일본, 스위스, 헝가리가 있고 여성성이 높은 나라로는 스웨덴, 노르웨이, 덴마크 등이 있다.

추후 홉스테드는 2개의 지표를 추가하였다.

(5) 장기 지향성-단기 지향성(Long term orientation; LTO vs. short term orientation)

장기 지향성인 문화에선 몇 달이나 몇 년 단위의 장기 계획을 세우는 편이고 지금 당장보단 나중의 만족을 위해 현재는 인내하고 노력하는 성향을 띤다.

반면, 단기 지향성인 문화에선 즉각적 성과, 즉각적 만족감, 즐거움을 추구한다. 우리나라는 대표적인 장기 지향성 문화이고, 일본, 중국도 마찬가지다. 반대로 단기 지향성 문화는 미국, 캐나다, 호주 등이 있다.

(6) 쾌락추구-절제(indulgence vs. self-restraint ; IVR)

홉스테드의 마지막 문화차원 지표다. 이 지표는 사람들이 얼마나 자신의 욕망이나 충동에 관대한지를 나타낸다. 이게 높으면 개인적 행복이나 만족감을 중시하는 '하고 싶은 대로 하는' 문화고, 이게 낮으면 자기통제, 자기훈련이 몸에 밴 '절제하는' 문화다. 이게 높은 나라로는 브라질, 멕시코, 태국이 있고 낮은 나라로는 독일, 스위스, 일본 등이 있다. 한국은 29점으로 세계에서 가장 쾌락추구의 경향이 낮은 국가이다. 이 점수가 낮은 사회는 비관적이고 냉소적인 경향을 보이고 여가생활이나 취미활동에 대한 욕구가 낮고, 심지어 이런 활동에 죄의식을 느끼기도 한다. 이 지수가 높은 국가들은 대체로 낙관적이고 삶을 즐기려는 경향을 보인다. 이 사회에서 여가생활과 휴가는 매우 중요하게 인식된다. 아시아와 동구권의 국가에서 낮고, 서구 국가들은 중상위 수준을 보인다.

2) 홉스테드 이론의 한계

홉스테드 이론의 첫 번째 문제는 '문화의 단순화'다. 홉스테드의 이론은 문화적 차이를 단 6가지 차원으로 축소해버린다. 실제로 문화라는 것은 대단히 맥락적이고 수치로는 설명되지 않는 수많은 요인이 함께 작용하기 때문에 단순히 몇 가지로 분류되거나 수치로 측정될 수 없다. 개인주의 성향이 높은 나라도 가족 지향적이고 커뮤니티 문화가 잘 형성되어 있고 사람들의 삶에서 많은 부분을 차지한다.

두 번째 문제는 '일반화의 오류'다. 홉스테드의 이론에 의하면 같은 문화권 사람들은 문화적으로 동일한 가치를 가져야 한다. 그러나 한 문화권 내에도 여러 소수문화가 존재하고 그것은 일반적인 큰 특징과 매우 상이할 수 있다. 지역별로 다른 문화가 있고 그것들이 도시 문화와 다른 것처럼 말이다.

세 번째 문제는 '정적임(역동성 부족)'이다. 문화는 정적이지 않고 다이내믹하고 끊임없이 변화한다. 홉스테드의 문화차원 모델은 이 변화를 고려하지 않는다. 세계화와 기술의 발전으로 세대 차이가 이렇게 벌어졌는데도 말이다.

네 번째 문제는 '연구대상 불충분'이다. 홉스테드의 연구는 IBM이라는 단일 회사의 직원들을 대상으로 한 것이다. 후속 연구에선 그 샘플의 범위를 넓혔지만 그럼에도 불구하고 그 데이터가 '대표성'을 갖는지에 대해선 의문점이 많다. 샘플의 범위가 좁을수록 대표성은 떨어진다.

마지막 문제는, '맥락적 요인 간과'이다. 홉스테드의 모델은 역사, 지리, 종교 등 중요한 요소를 빼먹었다. 예를 들어 일본의 문화는 대륙에서 떨어진 섬나라의 특징, 자연재해에 취약한 특징 등 지리적 특징이 역사와 오랜 시간 상호작용하여 형성된 결과다. 그러나 홉스의 모델은 '결과'만을 보여주고 그 핵심인 '과정'은 빼버린다.

이처럼 문화를 세내로 이해한다는 것은 많은 공부와 시간이 필요한 어려운 일이다. 매우 복잡하고 포괄적이며 또 현재의 모습, 앞으로 변해갈 모습은 다르기 때문에 속단하지 않고 입체적으로 바라보는 시야가 필요하다.

홉스테드의 6가지 문화차원 이론이 문화를 이해하는 데 유용한 가이드인 것은 분명하다. 그러나 '빙산의 일각'이라고, 그래프에 드러난 일각의 숫자만을 보지 않고 그 이면에 있는 '거대한 빙산', 즉 배경을 살펴보는 눈과 귀를 갖길 바란다(문화뉴스, 2023.02.22.).

Ⅱ 해외시장 진입전략의 의의

1. 해외시장 진입전략

1) 점진적 진입 전략 vs. 동시다발적 진입 전략

점진적 진입은 우선 순위가 높은 시장부터 야금야금 진입하는 것이다. 현지 시장에서 경험을 축적한 이후 다른 시장에 순차적으로 진입한다. 해외시장의 경험이 부족하고 자원이 제한적인 경우 점진적 진입이 유리하다.

반면, 동시다발적 진입은 해외시장 정보와 경험이 축적된 기업이 선택하는 방식으로 한 번에 여러 곳을 덮친다. 경쟁자에 비해 해외시장 진입이 뒤처졌거나 새로운 시장 진입 기회를 선점하고 경쟁자의 기선을 제압하기 위한 경우 여러 나라에 동시다발적 진입을 하기도 한다. 단기간에 집중적으로 실행되는 전략이기 때문에 상당한 재무 자원과 경영 자원이 필요하다. 이 경우 상당한 위험과 실패의 가능성을 염두에 두어야 한다. 동시다발적 진입이 가능한 기업은 돈이 아주 많은 대기업 집단이다. 중소기업의 경우 자칫 파산할 수도 있으니 매우 신중해야 한다.

2) 집중 전략 vs. 분산 전략

집중 전략은 투여 자원이 제한되어 있고, 경험이 부족한 기업이 취하는 전략으로 해외시장 간 상호관련성이 높은 경우 기업이 보유하고 있는 자원을 한 지역에 집중시킴으로써 비용 절감 등의 경영 효율성을 증대한다.

반면, 분산 전략을 취하는 기업도 있는데, 이 경우는 발생 가능한 위험을 분산하기 위한 의도적 행위로 여러 지역에 자원을 분배해서 해외시장에서의 추이를 지켜본다. 위험관리 전략을 기초로 하는 경우이다.

3) 선점 전략 vs. 대결 전략 vs. 구축 전략

선점 전략(preemptive strategy)이라 함은 선점자 우위(first mover advantage)를 위해서 경쟁기업보다 앞서 진입하는 전략으로 단기적 손실을 감수하면서 상당한 투자를 해야 한다.

대결 전략(confrontation strategy)은 경쟁기업의 본국 시장이나 다른 주요 시장에서 경쟁기업과 정면으로 승부를 하는 경우이다. 공격하는 기업의 자국 시장이나 제3시장에 대한 상대 기업의 보복 가능성이 제한적일 때 성공할 가능성이 높다.

구축 전략(build-up strategy)은 주요 경쟁자들이 진입하지 않은 비교적 규모가 작고 매력도 역시 낮은 시장에 진입하여 시장을 형성하는 것이다. 단기적으로 주요 경쟁자와의 직접 경쟁을 회피할 수 있다. 현지 시장 규모가 작고, 현지 시장 특성에 대한 적응이 필요할 때 적절한 전략이다. 장기적으로는 조그만 시장이지만 이를 교두보로 시장확대에 나서 보다 직접적인 경쟁에 돌입하기 위한 준비작업이 되기도 한다.

2. 해외시장 진입유형

1) 수출

간접수출은 수출 대행업체 또는 무역회사를 이용하거나, 국내에 진출해 있는 외국기업에게 물건을 판매하는 형태이다.

직접수출은 매출규모가 크고 해외시장 개척에 대한 의지가 확고한 경우에 진행한다.

공동수출은 독자적 수출 전담조직을 꾸리기에는 자원이 부족하거나 매출규모가 작을 경우 할 수 없이 해외 판촉, 수송, 유통 분야에서 다른 기업과 상호협력계약을 통해 수출하는 형태를 말한다.

피기배킹(piggy backing)은 자사의 제품과 서비스를 타 기업의 유통조직을 통해 판매하는 것을 말한다. 혼자 팔 능력이 없으면 이익이 줄더라도 어쩔 수 없이 이 방법을 선택해야 한다.

2) 계약에 의한 방식

- **계약생산**: 한 기업이 다른 외국기업에게 생산 및 제조기술을 제공하면서 특정 제품의 생산을 주문하고, 그 주문 생산된 제품을 공급 받아 현지 시장이나 제3국의 시장에 재판매하는 방식으로 투자가 필요 없고 관세장벽을 피할 수 있지만, 적합한 업체를 발견하는 것이 쉬운 일이 아니다.
- **라이센싱**: 상품 특허권이나 기술, 상호 및 상표 등과 같은 독점적 자산을 보유하고 있을 때, 독점적 자산의 사용권을 해외시장에 판매하는 방식이다. 계약생산과 마찬가지로 투자 비용이 필요 없고 신속한 시장 진입이 가능하지만, 향후 시장 개척의 가능성이 제한되고 잠재적 경쟁자가 나타난다.
- **프랜차이징**: 상표를 사용하는 업체(franchisee)는 특정한 방식으로 영업을 할 수 있는 권리를 받는 대가로 매출에 대한 일정비율의 로열티를 지불한다. 재무 투자가 적은 편이지만, 프랜차이저(franchiser)의 통제를 받게 된다.
- **합작투자**: 합작투자의 주요 목적은 제한적 자본투자, 위험분산, 현지자원 활용으로 기업들이 소유권과 기업의 경영을 분담하여 자본·기술 등 상대 기업이 소유하고 있는 강점을 이용하고, 위험을 분담한다는 점에서 상호이익적 해외투자 방식이다. 그러나 의사소통 문제, 경영활동 운영, 관리 문제로 파트너와의 갈등이 종종 일어난다.

3) 단독투자

단독투자는 투자에 대한 현지 정부의 규제가 없고, 투자에 필요한 자원이 충분할 경우 자회사를 설립함으로써 현지 생산 및 마케팅 활동을 기업이 완전하게 통제할 수 있는 경우에 취하는 방법이다. 해외 자회사의 경영활동으로 생긴 모든 이익은 본국의 모기업에 귀속된다. 단독투자에는 현지 기업인수(acquisition)와 신규설립(greenfield operations), 두 가지의 형태가 있다. 현지 기업을 인수하는 경우 신속한 시장 진입이 가능하지만 인수한 기업과의 조정문제, 경영활동의 통합 문제 등이 발생한다. 신규로 회사를 설립하는 경우 운영은 독자적일 수 있으나 사업기반을 구축해야 하기 때문에 시간이 소요되고 투자비용이 상당하다.

3. 국제경영 전략 실행

시장이 기존의 시장이냐, 새로운 시장이냐 또는 제품이 기존의 제품이냐, 새로운 제품이냐에 따라 4가지의 전략을 세울 수 있다. 그 4가지의 전략은 각각 '시장 침투', '신제품 개발', '시장 개발', '다각화'이다.

1) 시장 침투(Market Penetration)

기존 시장에서 기존 제품으로 승부하는 시장 침투 전략이다. 시장 침투 전략의 평균 성공률은 약 75% 정도인 것으로 알려져 있다. 일반적으로 시장 침투의 목적은 기존의 시장에서 추가적인 매출을 올리는 데 있으며 가장 보수적인 성장 전략이라고 할 수 있다. 이 방법은 중단기적으로 볼 때, 가장 안정적이고 수익률이 높은 대안이기는 하지만 끊임없이 변화하는 소비자의 욕구를 고려하여 반드시 지속적인 혁신 노력이 따라야 성공할 수 있다.

2) 신제품 개발(Product Development)

이 전략 대안은 정보통신 등의 하이테크 산업에서는 기업의 미래를 결정하는 핵심적인 생존 공식이다. 신제품 개발 전략의 평균 성장률은 대개 45% 정도로 알려져 있지만, 산업별로 편차가 심한 편이며 신제품들은 대부분 제품 개발의 초기 단계 즉 개념 테스팅, 프로토타입 개발, 테스트 마케팅 등에서 실패하여 사라져 가는 추세이다.

3) 시장 개발(Market Development)

시장 개발에는 기존 제품이나 서비스를 새로운 시장 부문에 도입하는 작업이 수반된다. 이 전략에는 아직 개척되지 않은 시장 부문을 식별하거나 새로운 고객에게 다가가기 위해 지리적으로 확장하는 것이 포함된다. 기업은 다양한 대상 인구통계의 선호도와 요구 사항에 맞게 마케팅 전략을 조정하거나 제품을 맞춤화해야 할 수도 있다.

또한 새로운 시장 진출은 같은 회사라 하더라도 어떤 지역으로 진출하느냐에 따라 사업의 성패의 확률이 달라지며, 같은 진출국에서도 진출 시기에 따라서 제품의 성공 확률이 다양하게 나타날 수 있다. 시장 개발 전략의 성공 확률은 약 35% 수준인 것으로 알려져 있다.

4) 다각화(Diversification)

다각화는 4가지의 대안 가운데서 가장 리스크가 높은 방법이지만 특정 기간에 특정 회사에는 가장 적합하고 가장 논리적인 성장 전략이 될 수도 있다. 다각화는 신제품으로 새로운 시장에 진출하여 기존 조직이 새로운 시장에 진출하는 조직 다각화의 25% 정도의 성공률을, 현지 시장에 있는 기존 조직을 활용하는 다각화의 경우에는 35% 정도의 성공률을 가지고 있는 것으로 평가되고 있다.

그림 10 앤소프의 제품시장 확장 그리드

	기존제품	신제품
기존시장	시장침투전략	제품개발전략
신시장	시장개발전략	다각화전략

연습문제

01. 국제경영은 무엇을 말하는 것인가?

02. 퍼뮤터가 제시한 국제기업의 네 가지 유형과 각 유형의 특징은 무엇인가?

03. 바틀렛이 제시한 국제기업의 세 가지 유형은 무엇인가?

04. 홉스테드가 문화차원이론에서 제시한 문화분류의 기준은 무엇인가?

05. 피기배킹(piggy backing)이란 무엇인가?

경영과 사람

제6장 **경영자와 리더십**

학·습·목·표

1. 경영자가 무엇인지 설명할 수 있어야 한다.
2. 한국의 경제발전에 따라 경영자의 역할이 시대별로 어떻게 변화되었는지 설명할 수 있어야 한다.
3. 경영자와 리더의 차이가 무엇인지 설명할 수 있어야 한다.
4. 대표적인 리더십 이론에 대해서 명확한 설명이 가능해야 한다.

I 경영자의 개념과 의의

1. 경영자의 개념

일반적으로 경영자(manager)라고 하면 기업의 목표를 달성하기 위해 생산, 마케팅, 인사, 재무 등과 관련된 활동을 계획·조직화·지휘·통제를 통해 기업을 경영하는 경영 주체를 의미한다. 즉, 경영자는 '조직체의 전략, 관리 및 운영 활동을 능동적으로 주관하는 사람 또는 타인 활동을 조정하고 여러 조직이 목표를 달성할 수 있도록 방향을 제시하고 조정기능을 수행하는 사람'을 의미한다.

다시 말해 경영자는 (1) 조직이 나아갈 방향을 제시해 주는 책임을 맡은 자로서 사업환경을 분석하여 이에 적절한 전략계획을 수립하고, 시기적절한 계획을 실행하여 조직의 목표를 달성하는 역할을 한다. (2) 기업 전체 혹은 각 세부 부문을 관장하고, 독자적으로 사업 단위를 책임지며 생산, 마케팅, 재무, 인사 등 라인부문과 스태프 혹은 관리부문 상호 간 빈번히 일어나는 업무상의 이견이나 갈등을 중재, 조정하는 역할을 담당한다.

따라서 경영자는 경영활동에 대한 포괄적 판단과 결정을 통해 기업 활동의 전체적인 방향을 정하고 세부기능을 조율하여 기업이 추구하는 성과를 달성하도록 촉진하는 역할을 한다.

경영활동의 내용이 복잡해져서 경영자의 수가 상당수에 이를 때 경영층 (management)이란 말을 사용할 수도 있다. 하지만 경영자나 경영층을 같은 의미로 보아도 무방할 것이다.

경영자는 기업 내 위치에 따라 각각 서로 다른 업무와 책임을 맡는다. 경영자를 계층에 따라서 일선경영자, 중간경영자, 최고경영자로 분류할 수 있다.

1) 일선경영자

일선경영자(first-line manager)는 현장경영자(supervisory manager)라고도 불린다. 이는 작업자의 활동을 감독하고 조정하는 경영자로서 기업 내에서 가장 낮은 단계의 경영자를 말한다. 일선경영자는 자신이 담당하고 있는 어떤 작업을 직접 실행하는 작업자만을 감독하고 다른 경영자의 활동에는 관여하지 않는다.

일선경영자로는 제조공장의 생산감독자, 기술감독자 또는 관리부서의 사무감독자 등을 들 수 있다.

2) 중간경영자

중간경영자(middle manager)는 최고경영자가 설정한 전반적인 경영 전략, 경영목표 등 경영철학이 회사 전체에 전달될 수 있도록 사원들과 상호작용하여 최고경영자와 일선경영자 중간에서 최고경영자를 보좌하는 역할을 수행한다.

중간경영자는 공장장, 마케팅담당 관리자, 부서장 등의 직급에 해당되는 경영자를 지칭한다. 이들은 상위에서 설정된 목적과 계획을 보다 구체적인 목표와 활동으로 전환하는 책임을 지고 있다는 의미에서 전술적(tactical) 경영자라고도 한다.

3) 최고경영자

최고경영자(top manager)는 기업의 전반적인 경영을 책임지는 경영자로서 계층상 최상층에 속하는 경영자를 말한다. 최고경영자는 회사 내 전반적인 조정과 각 부문이나 구성단위의 주요 활동을 운영·관리하는 데 가장 큰 책임이 부여된 계층이다. 최고경영자는 주로 전반적인 조직의 운영에 대하여 거시적인 관점에서 계획을 수립하고 이를 수행한다.

최고경영자는 기업의 목표달성을 위한 계획, 조직화, 지휘 통제활동 및 소비자와 같은 다양한 외부 그룹의 요구사항과 관련된 잠재적인 문제와 기회를 인식하기 위해 조직의 대내·외적 환경을 분석해야 한다. 또한 최고경영자는 변화하는 환경 속에서 새로운 시장이나 고객을 찾아 신규사업 기회를 창출해 나가야 하는 주요 임무를 맡고 있다.

최고경영자는 기업별로 각각 다른 명칭이 있다. 우리나라에서는 회장, 대표이사, 부회장, 사장, 부사장, 이사 등의 임원이 여기에 해당한다. 미국에서는 전문경영자의 성격인 최고의사결정책임자(chief executive officer: CEO)가 이 범주에 속한다.

'Chief'란 의사결정을 내리고 이에 대한 무한책임을 지는 존재를 의미한다. 'Executive'란 앞장서서 실행하는 사람을 의미한다. 훌륭한 리더가 되기 위해서는 위대한 사상가(thinker)나 달변가(talker)보다 행동가(doer)가 되는 것이 더 중요하다. 'Officer'란 의사결정을 내리고 실행하는 과정에서 높은 기준과 가치를 지켜야 하는 의무가 있는 사람을 의미한다.

2. 경영자의 필요 자질과 요구 능력

경영자가 되기 위해서는 기본적으로 세 가지 자질과 능력이 필요한데, 전문성, 업무역량, 그리고 태도/가치관이다.

- **전문성**: 전문성은 경영자로서의 직무를 수행하기 위해 필요한 전문가로서의 지식으로 해당 산업, 상품 및 서비스, 담당 기능과 업무에 대한 식견을 의미한다.
- **업무역량**: 업무역량은 전략 결정과 실행에 필요한 기술적 측면의 능력으로 정확한 상황판단으로 기회와 위험을 식별하는 분석적 능력, 그리고 기업의 목표설정과 달성을 위한 관리적 능력이 포함된다.
- **태도/가치관**: 전문성, 업무역량과 더불어 경영자에게 필요한 것은 적극적 자세, 긍정적 사고, 창의와 혁신에 대한 열정, 다양성의 수용, 문제해결을 위한 실용적 자세 등의 건설적이고도 긍정적인 태도이다.

경영자가 갖추어야 할 능력에 대하여, 드러커(P. F. Drucker)는 성실성, 도덕성, 원만한 인격, 창의성, 리더십, 솔선수범, 포용력, 설득력 등을 들었다. 버나드(C. I. Barnard)는 도덕성, 용기, 결단력, 인내력, 지구력, 그리고 지식과 설득력을 제시하였다. 경제학자 슘페터(J. Schumpeter)는 창조적 파괴과정을 두려워하지 않고 추진하여 신제품 개발, 신시장 개척 등을 이루어내는 역할이야말로 경영자로서 가장 중요한 능력이라고 보았다.

경영자가 갖추어야 하는 능력은 크게 상황판단 능력, 대인관계 능력, 현장실무 능력 등 세 가지로 구분된다.

1) 상황판단 능력(conceptual skills)

기업의 모든 이해관계와 활동을 조정하고 통합할 수 있는 능력을 말한다. 상황판단 능력은 기업을 전체적인 관점에서 바라볼 수 있고, 기업 내의 각 부분은 서로 어떤 연관성이 있으며, 한 부분에서의 변화가 기업 전체에 어떤 영향을 미칠 것인가를 예측할 수 있는 능력을 말한다. 상황판단 능력은 특히 최고경영자에게 상대적으로 더 중요하게 요구되는 경영능력이다.

2) 대인관계 능력(human relations skills)

경영자가 개인 또는 집단의 일원으로서 다른 사람이나 다른 집단과 더불어 일하고, 원활한 의사소통을 하며, 동기부여를 할 수 있는 능력을 의미한다. 이러한 능력은 경영계층에 관계없이 모든 경영자에게 요구되는 능력이다. 따라서 경영자에게는 자신의 의견을 효과적으로 전달할 수 있는 능력, 상대방을 이해하고 경청할 수 있는 자세, 협조하고 타협할 줄 아는 용기, 포용력 등이 요구된다.

3) 현장실무 능력(technical skills)

전문화된 활동을 수행하는 데 필요한 기술, 즉 특정 업무분야와 관련된 지식을 이용할 수 있는 능력을 말한다. 예를 들어, 어느 기업의 생산담당 부장은 과거에 생산과장이나 그 이하의 직급에서 생산과 관련된 업무를 수행하였을 것이다. 이때 현장실무에서 필요한 활동을 하였기 때문에 현재 중간경영자의 위치에서 그 분야와 관련된 전문적 지식을 토대로 하여 하급자를 이끌어 나갈 수 있을 것이다. 이처럼 모든 기업에서 경영자들은 현장실무와 관련된 능력을 갖고 있어야 하며, 특히 일선경영자에게 가장 중요하게 요구되는 경영능력이라고 할 수 있다.

3. 경영자의 책임

기업의 본질적인 목적은 하나의 독립된 경제적 실체로서 끊임없이 변화하는 환경 속에서 생존, 성장과 번영을 계속하기 위하여 가치를 창출해야 한다.

경영자는 대외적으로 조직의 공감을 받은 비전을 제시하고, 조직의 목표를 정하며, 이를 달성하기 위한 수단으로 전략을 선택한다. 내부적으로 조직이 최고의 기능을 발휘할 수 있도록 조직구조와 조직운영의 원칙을 설계하고, 적재를 적소에 배치한 뒤 이들의 권한과 책임을 분명히 한다. 성공경영은 최고의 인재를 널리 찾아 전권을 맡기는 것이다.

공시제도는 기업내용을 투자자 및 이해관계자들에게 공개하여 공정한 거래가 이루어질 수 있도록 한다. 자본시장은 내부자 거래나 투기세력 등에 의하여 부당이 이득이 발생할 수 있으므로 회계제도와 공시제도를 통하여 통제한다.

사회적 책임은 기업의 의사 결정이 특정 개인이나 사회 조직 내의 다양한 집단, 즉 사회 전반에 미칠 수 있는 영향을 고려해야 하는 의무이다. 경영자는 기업의 유지발전, 공정경쟁, 이윤의 공정분배, 환경, 지역사회 기여, 구성원, 고객, 주주, 지역사회, 정부, 시민사회, 거래선, 경쟁자, 환경에 대해 책임진다. 물론 기업의 사회적 책임은 법률적 책임뿐 아니라 경영적 책임 그리고 윤리적 책임까지 포함한다.

그림 1 경영자의 책임

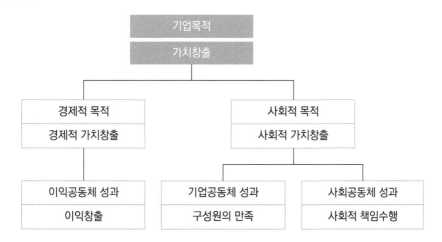

전통적으로 사회적 책임은 최저의 비용으로 제품과 서비스를 생산하여 사회에 공헌하는 일이었다. 경영자는 주주의 이익에 봉사해야 한다. 조직은 주주의 요구에 책임을 지고 다른 집단의 요구에는 관심이 없었다. 그러나 이해관계자적 관점은 기업의 목적과 이익에 영향을 받거나 주는 여러 이해관계자들에 대해 책임을 져야 한다. 적극적 관점에서 경영자는 기업과 다양한 여러 이해관련자 집단과 더 나아가 일반 대중의 상호 이익을 최대로 증진할 책임이 있다. 구체적으로 경영자가 사회적 책임을 져야 할 분야는 다섯 가지로 나눌 수 있다.

첫째, 기업의 유지·발전이다. 기업은 개인이나 대주주의 사적 소유물이라기보다 사회 시스템 또는 기구로서 존재 가치가 더 크다. 기업이 사회를 구성하는 요소로 경영자는 시스템의 유지·발전시켜야 하는 책임이 있다.

둘째, 이해관계자의 이해 조정이다. 그 기업의 의사결정에 직간접으로 영향을 받는 수많은 이해관계자들이 있다. 경영자는 모든 이해집단의 이해관계를 공평하게 조정하기 어렵다. 그렇지만 경영자는 이해집단 간의 이해충돌에 따른 문제를 조정을 해야 한다.

셋째, 사회발전에 대한 책임이다. 기업은 사회의 발전을 위하여 사회구성원의 복리 증진, 교육 및 문화활동 등을 지원해야 한다.

넷째, 자연환경 보호이다. 오염의 발생원인은 기업이므로 기업이 충분한 사회비용을 투입하여 자연환경을 보존해야 한다.

다섯째, 소비자의 권리보장이다. 소비자가 권리를 보장 받을 수 있도록 정부기관과 민간단체에서 소비자 보호운동을 하고 있다.

4. 앙트레프레너십(Entrepreneurship)의 의의

1) 앙트레프레너십의 개념

앙트레프레너십(Entrepreneurship)은 프랑스어 앙트레프레너(Entreprendre)와 영어 접미사 '-ship'을 결합하여 만든 20세기의 신조어이다. 먼저 앙트레프레너란 무엇인가에 대해 알아보아야 할 것이다. 앙트레프레너(창조적 파괴자)는 '수행하다, 시도하다, 모험하다'의 의미가 있으며(Lewis, 1983), 200년 전 중개상(between-taker 또는 go-between)이라는 뜻을 가진 말로 아무도 신경 쓰지 않는 것에서 의미 있는 무엇을 찾아낸 사람을 지칭하는 용어로 사용하였다(김종재, 2000). 18세기 프랑스 경제학자인 칸티용(R. Cantillon)은 앙트레프레너라는 용어를 처음 사용하였는데, 확실한(certain) 가격에 상품이나 원료를 구매하여 불확실한(uncertain) 가격에 제품을 판매하는 상인, 농부, 장인 등을 관찰한 후 이들에게 "위험을 감수하고 경제활동에 종사(risk bearing activity)하는 사람"으로 정의하였다. 19세기에 들어와 프랑스의 경제학자 세이(Jean Say)는 칸티용의 정의에 생산의 기능을 추가하여 앙트레프레너를 "경제적 자원을 생산성과 수익성이 낮은 곳으로부터 보다 높은 곳으로 이동시키는 사람"으로 보았다.

세이의 사상에 영향을 받은 미국의 경제학자 슘페터(Joseph Schumpeter)는 앙트레프레너를 "혁신(innovation)을 통해 창조적 파괴(creative destruction)를 주도하는 사람"으로 정의하였다. 슘페터는 혁신의 유형을 (1) 신제품의 개발, (2) 새로운 생산방식의 도입, (3) 신시장의 개척, (4) 새로운 공급자의 확보, (5) 새로운 조직의 실현 등으로 규정하였다.

Knight(1921)에 따르면 불확실성하에서는 변화에 대한 적응정도에 따라 기업이 이윤 또는 손실을 얻을 수 있고, 앙트레프레너의 선택과 능력이 이윤의 원천이 된다. 한편 피터 드러커(Peter Drucker)는 앙트레프레너를 "변화를 탐구하고, 변화에 대응하며, 변화를 기회로 이용하는 자"로 정의하였다. 이처럼 기업가(entrepreneur)에 대한 정의는 시대와 학자에 따라 다소 차이를 보이지만, OECD(1998)가 제안한 다음의 정의는 기업가에 대한 현세대의 인식을 보여주고 있다. "앙트레프레너는 경제의 변화와 성장의 주체로서 혁신적 아이디어의 생성·확산·활용을 가속화할 뿐만 아니라, 이를 통해 자원의 효율적 활용을 도모하고 경제활동의 범위를 확장하는 주체이다" 앙트레프레너(창조적 파괴자)가 가지고 있는 혁신적이며, 진취적이고 위험감수적인 특성을 수반한 앙트레프레너십은 경제주기상에서 경기하락을 다시 회복시키는 역할을 수행하며, 이것은 혁신이라는 궁극적 목표를 달성하는 데 도움을 주고 있다(Schumpeter, 1934).

Schumpeter(1934) 이후, 앙트레프레너십은 다양한 학자들에 의해 정의되고 있다(Low and MacMillan, 1988). 예를 들어, Leibenstein(1978)은 경쟁자들에 비해 진취적이고 현명하게 일을 수행할 수 있는 능력으로 정의하였으며, Kirzner(1973)는 불완전하고 불균형이 발생할 수 있는 다음 시장을 정확히 예측할 수 있는 능력과 관련지어 앙트레프레너십을 정의하였다. 유사하게 이를 정의하였지만 약간의 시각 차이를 보이고 있는 Stevenson, Roberts, and Grousbeck(1985)은 현재 통제된 자원보다는 기회지각에 의해 주도되는 것으로 앙트레프레너십을 정의하였으며, Gartner(1985)는 신생조직의 창업으로 이를 정의하였다. 이처럼 앙트레프레너십에 관한 정의는 매우 다양하다.

앙트레프레너십에 대한 개념은 현상을 바라보는 학문적인 입장에 따라서 영향을 받는다. 경제학에 기반을 둔 관점에서는 주로 시장의 불확실성과 변화에 기반한 위험을 내포한 기회, 그리고 혁신에 중점을 두고 있는 반면, 경영학자들은 새로운 조직의 출현(창업), 또는 새로운 자원의 조합과 활용 등 조직과 전략의 관점에서 앙트레프레너십을 정의하고 있다. 그리고 앙트레프레너의 특성(trait)을 바탕으로 앙트레프레너십을 정의하고 있는 심리학자들은 앙트레프레너가 일반인과는 다른 심리적 특징을 가졌을 것이라는 가정하에서 앙트레프레너의 성취욕구, 위험 감수성, 통제의 위치 등의 특성을 밝히고자 한 경우가 많다(고종길, 2009).

〈표 1〉 앙트레프레너십의 정의 관련 학자들

연구자	정의	중심내용
Knight (1921)	불확실성과 위험의 부담으로부터 생기는 이윤을 추구하는 행위	위험감수, 이윤추구
Schumpeter (1934)	생산적 요소의 새로운 조합을 발견하고 촉진하는 창조적 파괴 과정	새로운 결합촉진
Leibenstein (1968)	조직의 비효율성을 제거하고 조직의 엔트로피를 역전시키는 과정·활동	비효율성 제거, 가치창출
Stevenson (1983)	현재 보유하고 있는 자원에 구애 받지 않고 기회를 추구하는 것	기회추구
Hisrich (1985)	또다른 가치를 창조하는 과정	가치창출
Gartner (1985)	신조직의 창조(과정/활동)	조직체 창조
Drucker (1985)	새로운 부 창출 능력을 가진 기존 자원의 할당을 포함한 혁신의 한 행동	혁신(자원의 할당)
Schuler (1986)	사내기업가들의 혁신적인 위험감수 활동	혁신과 위험감수
Stevenson & Jarillo-Mossi (1986)	기회를 개발하기 위해 자원을 결합함으로써 가치를 창조하는 과정	가치창출
Amit, Glosten, & Muller(1993)	불확실하고 모호한 환경하에서 새롭고, 독특하고, 가치있는 자원의 조합으로부터 수익을 창출하는 과정	자원의 조합
Timmons (1994)	기회에 초점을 두고, 총체적 접근방법과 균형 잡힌 리더십을 바탕으로 하는 사고/추론/행동방식	기회추구 사고, 추론, 행동방식
Kao(1995)	부가가치를 창출하는 과정	가치창출
Lumpkin & Dess(1996)	조직의 신규진입	조직체 창조
Duane & Hitt(1997)	파악된 기회의 이점을 취하기 위해 자원을 수집하고 통합하는 것	자원수집과 통합, 이윤추구

Timmons (1999)	사실상의 무로부터 비전을 창출하는 능력	가치창출
김종년(2004)	실질적으로 아무것도 아닌 것으로부터 가치있는 어떤 것들을 이루어내는 인간적이고 창조적인 활동	가치창출
배종태·차민석 (2009)	현재 보유하고 있는 자원이나 능력에 구애받지 않고, 기회를 포착하고 추구하는, 사고방식 및 행동양식	기회추구 사고방식 및 행동양식

출처: 이민화(2015), 지속가능한 혁신의 리더십 기업가정신 2.0, p.24-26

2009년 마이클 루퍼트 펜네더(Michael Rupert Peneder)는 기업가정신에 대해 한마디로 정의를 내릴 수 없기 때문에 이를 모듈식 개념으로 이해해야 한다고 지적한다(〈표 2〉 참조). 모듈은 크게 3개로 구분되며 앙트레프레너가 어떤 행태(behavior)를 보여야 하고, 어떤 임무와 기능(function)을 해야 하고, 어떤 지위와 직업(occupation)을 가져야 하는지에 대해 각각 정의하고 있다.

〈표 2〉 앙트레프레너십의 모듈

	주요 특성
행태적 측면	- 기업가정신은 이윤기회의 추구와 개척임 - 기업가적 행동의 특성 i) 경험적 지식에 입각한 리더십의 발휘 ii) 불확실성하에서 의사결정 iii) 새로운 수단, 목표, 혹은 수단-목표의 관계 창출
기능적 측면	- 균형 달성(equilibrating) i) 시장에서 수급의 조정자 ii) 신기술의 채택과 확산 - 불균형 조성(disequilibrating) iii) 혁신을 통한 새로운 기회의 창출
직업적 측면	- 독립 기업가(independent entrepreneur): 자신 소유 기업을 경영 - 조직 기업가(corporate entrepreneur): 전문경영인

출처: Peneder, M. (2005). Tracing empirical trails of Schumpeterian development. In Entrepreneurships, the New Economy and Public Policy (pp. 203-221). Springer Berlin Heidelberg.

행태적 측면에서 앙트레프레너십은 이윤기회(profit opportunities)의 추구와 개척으로 정의되고, 기업가는 리더십을 발휘하고, 불확실성하에서 의사결정을 하며 새로운 사업 목표와 수단 혹은 이의 관계를 창출하는 특성이 있다. 기능적 측면에서 앙트레프레너는 시장 조정자로서 신기술의 수용과 확산을 통해 시장균형을 달성하는 기능을 수행하고, 동시에 창조적 파괴를 통해 시장불균형을 발생시키는 기능을 수행한다. 끝으로 직업적 측면에서 기업가는 자신 소유의 기업을 경영하는 독립적 앙트레프레너(independent entrepreneur)와 타인 소유의 기업을 경영하는 전문경영인과 같은 조직 앙트레프레너(corporate entrepreneur)로 구분할 수 있다.

2) 앙트레프레너와 경영자의 차이

앙트레프레너와 경영자의 차이는 다음과 같다.

〈표 3〉 **앙트레프레너와 경영자의 차이**

구분	앙트레프레너	경영자
개인성향	기회를 현실화하는 통찰력과 타인들을 사업에 동참시키려는 설득력이 강하다.	합리적이고 분석적 판단을 중시하며 실무에 능통하다.
의사결정	새로운 비즈니스를 개시할 때 현재 가용자원의 고려 없이도 시작한다.	현재 상태 유지와 자원에 근거한 의사결정을 중시한다.
위험인식	현실 안주를 거부하고 여러 가지 위험을 감수하며 자신의 비전을 실현한다.	주어진 목표와 상응한 보상에 의해 동기가 부여되며, 불확실성과 위험을 기피하는 성향이 강하다.

앙트레프레너는 위험을 용기 있게 수용하며 대응하는 영웅이며 발전의 원천이다. 한 기업, 나아가 한 나라 경제의 성공여부는 경제의 궁극적 자산인 기업가의 용기와 신념에 달려있다.

따라서 앙트레프레너는 첫째, 강한 성취욕구와 성장욕구를 가지고 있다. 다른 사람들과 같이 비교되고 평가를 받기보다는 스스로가 정한 도전적 목표 달성에 주력하고자 한다. 또한 지속적으로 새로운 목표와 기준점을 혁신하고자 한다. 그래서 도전적이고 진취적이며 무엇보다도 열정적으로 노력한다.

둘째, 계산된 위험을 감수하고 공유한다. 신사업에 대한 도전을 망설이지 않고 경영에 적극적이다. 위험을 사전에 계산하고 신중하게 빨리 결정한다. 중요한 것은 위험을 공유할 줄 알고 나아가 분산으로 최소화한다.

셋째, 높은 사업몰입도이다. 신사업의 성공을 위하여 자신의 역량(시간적, 물질적 자원 등)을 투입하고 최선을 다한다

넷째, 주도적이고 강한 책임감을 가지고 있다. 주도적으로 문제를 탐색한다. 그러면서 적극적으로 해결방안을 찾아낸다. 또 비즈니스 결과에 따라 책임을 질 줄 안다.

다섯째, 신속하고 결단하고 인내한다. 신속한 의사결정 능력과 사업의 실행력이 독보적이다. 사업의 장애요인을 극복하고 걸림돌이 되는 문제에 대한 해결에 포기함이 없이 인내할 줄 안다.

여섯째, 정직과 신용을 가지고 있다. 사업을 단기적으로 보지 않고 중·장기적인 관점에서 대응한다. 정직과 신용을 바탕으로 인간관계와 비즈니스를 균형적으로 유지하고 적극적으로 활동한다.

일곱째, 낙관적인 자세와 유머감각이 있다. 자신의 장·단점 등에 대한 냉철한 판단을 중시한다. 긍정적인 성격으로 어려운 여건에서도 유머를 잃지 않고 여유를 가지고 항상 노력한다.

여덟째, 창의성과 혁신, 자유실천의지가 있다. 항상 새로운 일과 변화를 추구한다. 일상적이고 사소한 일에 대해서도 엄격하게 자기 통제를 할 줄 안다.

아홉째, 혼자서 일하기보다 팀을 구축하여 함께 일을 추진한다. 자신이 사업을 주도하지만 후원자로서의 역할을 중시한다. 성과의 분배가 아니라 성과 그 자체를 키우고자 집중한다.

열째, 피드백을 활용하고 실패를 적절히 관리한다. 피드백을 효과적으로 활용함으로써 오류를 신속히 파악하고 재빨리 수정하며, 실패에 대하여 실망하지도 두려워하지도 않는다.

앙트레프레너십은 혁신의 기회를 감지하는 능력과 위험을 무릅쓰고 새로운 것을 시도하고자 결단하는 능력이다. 불확실한 미래에 도전하고 이에 몰입하며 불굴의 정신과 필사의 자세로 이를 성취한다. 앙트레프레너는 용기, 정열과 함께 혜안과 과학적 사고가 내포되어 있다.

▮ 리더십 이론

고대부터 지금까지 훌륭한 리더를 얻는다는 것은 이리도 어려운 일이다. 경영자(manager)는 공식적인 지위와 권위로 부하직원들에게 명령을 내리고 명령에 대한 복종을 받는 사람이다. 이에 반해 리더(leader)는 목표달성을 위해 조직원들을 이끌고 그들에게 영향력을 미치는 사람을 말한다. 경영자가 리더로서의 자질까지 갖추는 경우 성공적인 경영성과를 보다 쉽게 거둘 수 있다.

〈표 4〉 **경영자와 리더의 차이**

경영자	리더
자세한 계획을 수립 효율적인 조직구조를 만듦 매일매일의 업무상태를 확인하고 검토	현재에 안주하지 않고 도전 미래의 비전 제시 조직원들이 비전을 달성할 수 있도록 격려

리더십이란 구성원들로 하여금 목표달성을 위하여 자발적으로 노력하도록 이끌어가는 과정을 말한다. 경영자가 발휘해야 하는 경영활동상의 리더십이

란 기업의 목표를 달성하기 위해 노동자들에게 각자의 업무에 몰입하도록 유도하는 능력을 갖춘 리더를 의미한다.

오늘날 기업의 성공에 영향을 미치는 요인으로서 리더십만큼 중요한 것도 없을 것이다. 이에 따라 많은 학자들이 바람직한 경영자의 리더십모형을 다각도로 연구하여 개발하고 있다.

리더십을 이해하기 위한 연구는 1940년대 이후부터 꾸준히 이루어져 오고 있다. 초기에는 리더가 아닌 다른 사람을 리더와 비교함으로써 리더의 개인적 특성에 초점을 맞춘 리더십의 특성이론(trait theory)이 등장하였다. 여기에서는 리더를 외모, 성격 등 모든 면에서 선천적으로 타고나는 것으로 이해하였다.

그 후 유능한 리더와 그렇지 않은 리더 간에는 행동유형에서 차이가 존재한다고 보는 리더십의 행동이론(behavioral theory)이 등장하였다. 유능한 리더의 행동유형을 파악하여 효과적인 리더십모형으로 설명하고자 한 것이다.

최근에는 경영환경이 급격하게 변화하면서 단순히 리더의 행동유형을 일률적으로 설명할 수 없다고 인식하게 되었다. 이에 따라 개별상황에 따라 적합한 리더십을 발휘하여 최적의 성과를 이끌어내도록 하는 리더십의 상황이론(contingency theory)으로 발전하는 모습을 보이고 있다.

1. 특성이론

리더십 특성이론(trait theory)은 리더십에 관한 가장 오래된 접근방법이다. 리더십 특성이론에서는 리더는 리더가 아닌 사람이 갖고 있지 않은 특성을 갖고 태어난다는 것이다. 리더와 리더가 아닌 사람을 구분하는 특성으로는 신체적 특성(신장, 외모, 힘), 성격(자신감, 정서적 안정성, 지배성향), 능력(지능, 언어의 유창성, 독창성, 통찰력) 등이 있다고 보았다.

그러나 지금까지 어떤 특성들이 리더와 리더가 아닌 사람을 구분할 수 있는

가에 관한 연구에서 아직까지 일치된 견해가 없다. 리더의 개인적 특성만을 고려하여 어떠한 리더십이 효과가 있는가를 설명할 수 없기 때문에 특성이론은 오늘날 거의 활용되고 있지 않다.

2. 행동이론

리더가 자신의 역할을 수행하기 위해 노동자들에게 어떠한 행동을 보여주느냐에 따라 리더십이 얼마나 효과가 있는지 결정된다는 이론을 제시하였다. 이것이 바로 리더십 행동이론(behavioral theory)이다. 리더십 행동이론은 리더의 특성보다 행동에 초점을 두는 이론이다.

리더십 특성이론이 리더가 가지고 있는 어떤 특성을 연구하는 것이라면 리더십 행동이론에서는 리더의 특성보다는 그의 행동에 초점을 둠으로써 리더가 나타내는 반복적인 행동유형을 찾아내고 어떤 유형이 가장 효과적인지를 밝히려고 하였다. 이러한 리더의 행동양식에 초점을 둔 리더십이론 연구는 그동안 크게 세 가지로 발전되어 왔다. 첫째는 오하이오 대학(Ohio State Univ.)에서 이루어진 연구이고, 둘째는 미시건 대학(Univ. of Michigan)에서, 셋째는 블레이크와 무톤(R. R. Blake & J. S. Mouton)에 의한 바둑판 형태의 리더십모형 연구이다.

1) 오하이오 대학의 리더십 연구

미국 오하이오 대학에서 진행한 리더십 연구는 독자적으로 개발한 설문지를 통해 리더의 행동을 크게 종업원에 대한 배려(consideration)의 많고 적음과 업무주도(initiating structure)의 많고 적음으로 분류하여 네 가지 형태의 리더십 유형을 제시하였다. 이 가운데 어떤 형태의 리더십이 가장 효과적인가를 분석한 결과, 종업원에 대한 배려도 많이 하고 업무도 많이 주도하는 형태가 종업원의 만족도와 성과가 높은 것으로 나타났다.

2) 미시건 대학의 리더십 연구

미국 미시건 대학에서 진행한 리더십 연구에서는 리더의 행동을 중심으로 종업원 중심적(employee-centered) 리더십과 생산 중심적(productioncentered) 리더십으로 구분하여 리더십 효과를 조사하였다. 조사 결과를 보면 역시 하급자들의 요구에 초점을 맞춘 종업원 중심적 리더십에서 종업원 만족도와 성과가 가장 높은 것으로 나타났다.

3) 블레이크와 무톤의 연구

블레이크와 무톤(R. R. Blake & J. S. Mouton)의 연구에서는 오하이오 대학 연구를 바탕으로 어떻게 하는 것이 가장 효과적인 리더의 행동인가를 분석하였다. 이들은 사람에 대한 관심 (concern for people)과 업무에 대한 관심 (concern for production)을 두 축으로 하여 1에서 9까지 등급을 매긴 바둑판 형태의 리더십 유형(managerial grid)을 개발하였다(1은 각 차원에 대한 낮은 관심, 9는 높은 관심을 의미). 이에 따라 81개의 리더유형이 생겼으며, 이 중에서 가장 대표적인 리더십 유형을 보면 (1.1), (1.9), (5.5), (9.1), (9.9)형이다. 이를 리더십 격자(leadershipgrid)이론이라고 한다.

그림 2 블레이크와 무톤의 리더십 모형

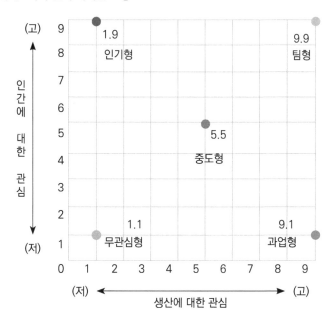

- **소극형(impoverished/1.1형):** (1.1)형의 경영자는 사람과 업무에 대한 관심이 모두 최소인 소극형이다. 이러한 경영자는 문제가 되는 일을 무관심하게 방치한 상태에서 기본적인 것만을 강조하고, 단순히 상급자의 지시를 수동적으로 받아들여서 업무를 수행하고자 한다. 과업달성에 최소한의 노력만 하는 리더이다.

- **친목 중심형(country club/1.9형):** (1.9)형의 경영자는 업무에 대한 관심은 최소이고 사람에 대한 관심은 최대인 친목 중심형이다. 이러한 경영자는 종업원들에게 안전하고 즐거운 환경을 제공하려고 노력하지만, 업무수행 측면에서는 단지 주어진 지시사항만을 그대로 이행하는 모습을 보인다.

- **일 중심형(task/9.1형):** (9.1)형의 경영자는 업무에 대한 관심은 최대이고 사람에 대한 관심은 최소인 일 중심형이다. 이러한 경영자는 매우 독재적인 리더십을 발휘하게 된다.

- **단합형(team/9.9형):** (9.9)형의 경영자는 업무에 대한 관심이나 사람에 대한

관심이 모두 높은 리더유형으로, 높은 수준의 업무성과 달성을 위하여 팀워크를 지원한다. 이러한 경영자는 기업의 목표달성 요구와 개인의 욕구를 모두 충족시킨다.

· **절충형(middle of the road/5.5형):** (5.5)형의 경영자는 사람과 업무에 대해서 절반씩의 관심을 갖는 리더십유형이다. 이러한 경영자는 기업의 목표와 종업원의 욕구 사이에 균형을 이룰 수 있도록 중간노선을 택하려고 노력한다.

모든 경영자는 자신의 리더십이 어느 유형에 속하는가를 파악하고, 관심이 부족한 측면을 보강하기 위해 노력해야 하며, 가장 이상적인 (9.9)형에 접근할 수 있도록 하여야 한다. (9.9)형이 되면 경영자 개인의 개발은 물론, 기업의 발전에도 가장 효과적으로 기여할 수 있게 된다는 것이다.

3. 상황이론

리더십에 대한 연구는 리더에게 어떤 특징이 있는가를 밝히려는 리더십 특성이론에서 시작하여 성공한 리더의 행동적 성격을 규명하려는 리더십 행동이론으로 발전하였다. 이러한 이론들은 리더 자체에만 초점이 맞추어져 있으므로 그가 어떠한 리더십 상황에 처해 있는가를 무시하였다는 한계가 있다.

그 이유는 유사한 특징과 자질을 갖춘 리더라고 하더라도 상황이 달라지면 결과도 달라질 수 있기 때문이다. 이에 따라 상황에 맞는 리더십을 발휘해야 한다는 리더십 상황이론이 개발되어 발전하였다.

리더십 상황이론(contingency theory)이란 모든 상황이나 조건에 적합한 최적의 리더십 특성이나 행동유형은 존재하지 않으므로 처해진 상황에 가장 적합한 리더십 유형을 찾으려고 하는 것을 말한다. 이러한 노력은 피들러(Fred E. Fiedler), 허쉬와 블랜차드(Paul Hersey & Kenneth E. Blanchard) 등에 의해 이루어져 왔다.

1) 피들러의 상황이론

피들러(Fred E. Fiedler)는 최초로 상황적 리더십 이론을 제시하였다. 리더의 스타일은 비교적 고정적인 것으로 쉽게 바뀌지 않는다고 전제하고, 어떤 하나의 리더십이 모든 상황에 효과적인 것은 아니라고 주장하였다. 따라서 리더에게는 상황에 따라서 인간관계적 리더십이 유리할 수도 있고 업무중심적 리더십이 유리할 수도 있다는 것이다.

피들러의 상황이론은 세 가지 요인에 따라 여덟 가지 상황을 설정하고 각 상황별로 적합한 리더십 유형을 제시하였다. 피들러가 제시한 세 가지 요인을 보면 첫 번째 요인은 리더와 구성원의 관계(leader-member relations)로 종업원들이 리더를 얼마나 지원하고 있는가를 나타낸다. 두 번째 요인은 종업원들에게 맡겨진 일이 얼마나 구조화(task structure)되어 있는가를 나타내는 것으로, 업무의 목표나 처리절차 등이 구체적으로 정해져 있을수록 구조화되어 있다고 보는 것이다. 세 번째 요인은 리더의 지위에 부여된 권력(leader position_power)으로 종업원들에게 보상을 주거나 처벌을 할 수 있는 재량권을 나타내는 것이다.

피들러는 이 세 가지 요인을 결합하여 여덟 가지 상황으로 구분하고 [그림 3]에서와 같이 각각의 상황별로 업무중심적 리더십이 유리한지, 인간관계적 리더십이 유리한지를 제시하였다.

그림 3 피들러의 상황이론

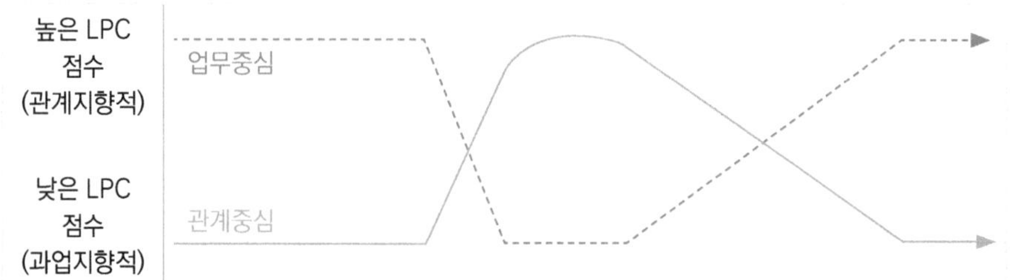

상황	1	2	3	4	5	6	7	8
리더-부하와의 관계	좋음	좋음	좋음	좋음	나쁨	나쁨	나쁨	나쁨
업무구조	구조적	구조적	비구조적	비구조적	구조적	구조적	비구조적	비구조적
리더의 지위 권력	강	약	강	약	강	약	강	약
리더의 입장	유리함				중간		불리함	
상황의 확실성	확실함				중간		불확실함	

상황적 호의성이 중간일 때(4, 5, 6단계)는 관계지향적 리더십이 효과적이고, 반대로 상황이 아주 호의적이거나 비호의적일 때(1, 2, 3, 7, 8단계)는 과업지향적 리더십이 효과적인 것으로 평가된다.

2) 허쉬와 블랜차드의 상황이론

피들러의 이론과 마찬가지로 허쉬와 블랜차드(Paul Hersey & Kenneth E. Blanchard)의 상황적 리더십 이론도 상황에 따라 리더십 유형이 달라야 한다고 주장하였다. 이들은 리더가 적절한 리더십 행동을 할 때 하급자의 특성에 초점을 맞추어야 한다는 내용을 담고 있다. 그 이유는 하급자들의 성숙 수준 내지는 준비 정도가 서로 다르기 때문에 하급자가 어떻게 받아들이는지에 따라 리더십 효과가 크게 달라지기 때문이라는 것이다.

다시 말해, 상황적 리더십 이론에서 얘기하는 부하직원들의 준비된 상태(readiness)는 바로 업무 성숙도(task maturity)와 심리적 성숙도(psychological maturity)에 따라 결정된다.

- 업무 성숙도(task maturity)는 직원들의 능력과 경험을 말하고,
- 심리적 성숙도(psychological maturity)는 책임을 받아들일 수 있는 마음 상태
  를 심리적 성숙도(psychological 말한다.

  예를 들어, 성숙 수준이 낮은 종업원들은 업무수행능력이 부족하고 경험이
부족하여 자신감이 없기 때문에 성숙 수준이 높은 종업원들과 다른 리더십 행
동이 요구된다는 것이다.

  이러한 점들을 고려하여 리더십을 [그림 4]와 같이 업무중심적 행동(task
behavior)과 인간관계적 행동(relationship behavior)의 결합에 따라 네 가지 상황
으로 구분하고, 하급자의 준비 정도(follower readiness)에 따라 적합한 리더십
유형을 제시하였다.

그림 4 허쉬와 블랜차드의 상황이론

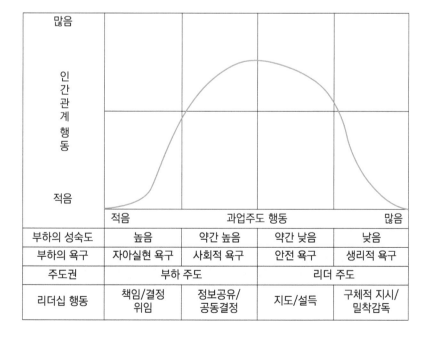

부하의 성숙도	높음	약간 높음	약간 낮음	낮음
부하의 욕구	자아실현 욕구	사회적 욕구	안전 욕구	생리적 욕구
주도권	부하 주도		리더 주도	
리더십 행동	책임/결정 위임	정보공유/ 공동결정	지도/설득	구체적 지시/ 밀착감독

- **지시형**(telling): 리더가 업무수행에 중점을 두기 때문에 세부적인 지시를 하고 철저하게 감독하는 리더십 유형을 말한다. 이렇게 업무중심적이면서 인간관계에 관심이 없는 지시형은 하급자의 준비 정도가 매우 낮은 상황에 적합하다. (업무성숙도: 낮음(unable)/ 심리적 성숙도: 낮음(unwilling))

- **코치형/지도형**(selling): 업무수행뿐만 아니라 종업원들과의 원만한 인간관계를 위해서도 많은 노력을 기울이는 리더십 유형을 말한다. 일방적인 지시나 명령보다 업무수행 방향을 충분히 설명하고 설득하여 종업원들이 받아들이도록 한다. 하급자의 준비 정도가 약간 낮은 상황에서는 이러한 지도형이 적합하다. (업무성숙도: 낮음(unable)/ 심리적 성숙도: 높음(willing))

- **지원형/참여형**(participating): 종업원들이 참여하여 업무수행 방향에 대한 종업원들의 의견이 반영될 수 있도록 하는 리더십을 말한다. 인간관계에 관심이 많으면서 약간의 업무중심적 형태인 참여형은 하급자들이 어느 정도 준비되어 있는 상황에서 적합하다. (업무성숙도: 높음(able)/ 심리적 성숙도: 낮음(unwilling))

- **위임형**(delegating): 업무와 관련된 의사결정을 대부분 종업원들에게 맡기고 그들과의 인간관계에 대해서 별다른 노력을 기울이지 않는 리더십 유형을 말한다. 이러한 위임형은 하급자가 충분히 준비되어 있는 상황에 매우 적합하다. (업무성숙도: 높음(able)/ 심리적 성숙도: 높음(willing))

허쉬와 블랜차드 이론에서는 하급자들의 성숙도를 중요한 요인으로 생각하여 성숙정도에 따라 적합한 리더십을 행사하면 하급자들의 직무수행능력이 향상될 수 있다고 보았다.

4. 경로-목표이론

로버트 하우스(Robert House)의 경로-목표이론(path-goal theory)은 1971년 〈리더 효과 성의 경로-목표 이론(A path-goal theory of leader effectiveness)〉이라는 논문을 통해 소개되었다.

이 이론의 핵심은 리더는 부하직원들에게 목표를 달성할 수 있는 길을 명확히 보여 주어야 하며, 그들이 목표를 달성할 수 있도록 정보와 자원을 제공해주어야 한다는 것이다. 경로-목표이론은 1964년 빅터 브룸(Victor Vroom)이 제시한 동기부여의 기대 이론에 기초하고 있다. 즉, 리더는 부하직원들의 성과달성에 대한 기대감과 보상에 대한 확신, 보상의 가치를 높여주는 역할을 해야 하는데, 이를 위한 네 가지 타입의 리더십이 있다.

1) 지시형 리더십(Directive Leadership)

부하직원들에게 직무를 명확히 전달하는 유형으로 업무 규정을 강조한다. 업무능력이 낮은 직원, 모호한 업무를 하는 직원들에게는 긍정적으로 작용하여 동기를 향상시키지만, 업무능력이 높고, 이미 업무가 명확한 상태에서는 오히려 부정적으로 작용하여 직원들의 동기와 만족도를 크게 저하할 수 있는 위험이 있다.

2) 지원형 리더십(Supportive Leadership)

직원들의 복지를 신경 쓰고, 친구 같은 관계를 중요시하는 리더십 유형으로 욕구불만, 좌절감 등을 느끼는 부하직원들의 사기를 진작할 수 있다.

3) 참여형 리더십(Participative Leadership)

의사결정과정에 직원들을 참여시키고 그들의 의견을 진지하게 고려해주는 리더십 유형으로 회사에 강한 애착을 가지고 있거나, 자율욕구 혹은 성취욕구가 강한 직원들의 만족도와 동기를 크게 진작할 수 있다. 그러나 직원들의 업무가 이미 상당히 구조화되어 있고, 자신들의 업무를 명확히 이해하면서 잘 수행하고 있는 경우에는 그다지 효과를 보지 못한다.

4) 성과지향형 리더십(Achievement-Oriented Leadership)

직원들이 최고의 성과를 달성할 수 있도록 도전적 목표를 설정해주고, 스스로 자신의 성과지향형 리더십 능력에 자신감을 가질 수 있도록 유도하는 유형의 리더십이다. 창의적인 업무를 수행 하는 직원들의 자신감과 동기를 증진하는 데 큰 기여를 할 수 있다.

5. 리더-멤버 교환이론

리더-멤버 교환이론(LMX: Leader-Member eXchange theory)은 프레드 댄서로(Fred Dansereau), 조지 그랜(George Graen), 윌리엄 하가(William Haga)가 1975년 〈리더십 에 대한 수직적 쌍연결 관계(A vertical dyad linkage approach to leadership in formal organizations)〉라는 논문을 통해 소개한 이론이다.

기업 내에서 리더는 한정된 자원과 시간을 가지고 있다. 따라서 구성원 모두에게 똑같은 관심과 피드백을 제공할 수가 없다. 리더는 평소 개별 구성원과의 상호관계에 근거하여 구성원들을 내집단(in-group)과 외집단(out-group)으로 분류한다. 리더는 내집단 구성원들과 더 많은 상호작용을 하면서 신뢰를 형성하고, 내집단에 속한 구성원들에게 더 많은 시간과 관심, 자율성, 배려를 제공한다. 이와 같은 리더의 행동은 내집단 구성원들의 리더에 대한 긍정적인 평가, 높은 업무 만족도, 업무성과 향상, 리더로부터의 높은 고과점수, 빠른 승진, 연봉 인상 등과 같은 긍정적인 결과로 이어질 가능성이 높다. 반면 외집단에 속해 있는 구성원들은 주어진 업무만을 담당하고 리더와는 공식적이고 형식적인 관계만을 유지하는 데 머무른다. 이와 같이 리더와의 관계가 소원한 경우 좋은 성과를 얻기가 쉽지 않다.

그림 5 리더-멤버 교환 이론

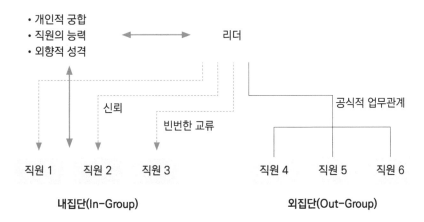

6. 변혁적 리더십

변혁적 리더십(transformational leadership)은 1978년 정치학자 제임스 번스 (James Burns)가 《리더십(Leadership)》이라는 저서에서 정립한 개념으로 권력의 행사라고 인식되던 기존의 리더십을 구성원의 욕구를 만족시키는 과정이라고 재해석했다는 데에 큰 의의가 있다.

변혁적 리더십의 특징은 조직 구성원의 창의성을 강조하고, 책임의 분권화를 지향한다는 데 있다. 직원들을 통제, 관리한다기보다는 멘토로서 직원들의 영감과 창의성을 자극하고, 무엇이든 할 수 있다(can do)라는 의식을 불어넣으며, 부하 직원들의 자신감을 고취하는 것이 리더의 주된 역할이다. 번스는 변혁적 리더십(transformational leadership)과 거래적 리더십(transactional ledership)을 다음과 같이 비교하였다.

〈표 5〉 거래적 리더십과 변혁적 리더십 차이

거래적 리더십 (TAL: TransActional Leadership)	변혁적 리더십 (TFL: TransFormational Leadership)
리더와 멤버는 타산적 이해관계에 기반 업무역할과 요구사항을 명확히 전달 성과 및 노력에 따르는 보상 강조 안정지향적 규정, 법규를 강조하고 일탈행위를 감시	리더와 멤버는 공동목표를 추구 비전 제시, 자존감 고취 영감, 문제해결 능력, 가치 내면화 강조 변화 지향적 개인적 관심과 조언을 제공

이후 버나드 배스(Bernard Bass)가 1985년《리더십과 기대이상의 성과(Leadership and performance beyond expectations)》라는 저서를 통해 번스의 개념에 심리학적인 근거를 제시하고 실제 상황에서 변혁적 리더십이 부하직원들의 동기와 성과에 미치는 영향을 연구함으로써 변혁적, 거래적 리더십을 한 단계 더 발전시켜 현재까지 가장 영향력 있는 리더십 이론으로 정립했다.

배스가 발전시킨 리더십 개념과 번스가 주장한 리더십 개념의 가장 큰 차이점은 두 리더십 간 상호배타성이다. 번스(Burns)는 변혁적 리더십(transformational leadership)과 거래적 리더십(transactional leadership)을 서로 반대되는 개념이라고 해석한 반면, 배스(Bass)는 이 두 개념을 동일한 차원에서 언결할 수 있는 상호배타적이지 않은 개념이라 주장하였다. 즉, 현실에서 실제 리더들은 변혁적 리더십과 거래적 리더십 양극단에 있는 것이 아니라 그 사이에 존재하며, 두 리더십을 적절히 조합하여 성과를 달성하고 있다는 것이다.

⊨ 연습문제

01. 관리자와 리더의 차이는 무엇인가?

02. 리더 성향이론과 리더에 대한 행동적 접근 방법의 차이점은?

03. 피들러의 상황모형에 대해서 간단히 설명하라.

04. 허쉬와 블랜차드의 상황적 리더십 이론의 핵심내용은 무엇인가?

05. 하우스의 경로-목표이론의 핵심은 무엇인가?

06. 번스와 배스의 변혁적 vs. 거래적 리더십의 가장 큰 차이점은 무엇인가?

제7장 **조직 구성원의 이해**

1. 조직 구성원의 성격을 분석하는 데 어떤 기준을 적용할 수 있는지 대표적인 분석틀을 설명할 수 있어야 한다.
2. 조직 구성원의 태도와 업무 만족도 간 관계를 설명할 수 있어야 한다.
3. 감정노동이란 무엇인지 설명할 수 있어야 한다.
4. 조직 구성원들이 보일 수 있는 다양한 지각적 오류에 대해서 설명할 수 있어야 한다.

▌ 조직 구성원의 성격

1. 성격구조

성격은 '개인의 환경에 대한 적응을 결정짓는 특징적인 행동패턴과 사고양식'으로 정의하고 있다(Allport, G. W., 1921). 이 정의에서 보면 '행동과 사고'라는 용어가 나오는데 인간의 성격은 우리 눈으로 직접 볼 수 있는 것이 아니라 외부로 드러난 행동과 사고유형을 통해 역으로 추론하는 것이다.

지그문트 프로이트(Sigmund Freud, 1856-1939)의 구조 모델에 따르면, 성격은 행동을 지배한 3가지 시스템인 원초아(id), 자아(ego), 초자아(super-ego)로 구성되어 있으며 이것들은 상호작용한다. 출생과 동시에 나타나는 원초아는 성격의 가장 원초적인 부분으로 자아와 초자아도 여기에서 발달한다. 원초아는 가장 기본적인 생물학적 충동으로 구성되어 있다.

아이가 성장할 때, 자아가 발달하기 시작한다. 아이는 자신의 충동이 언제나 즉각적으로 충족될 수 없다는 것을 알게 된다. 성격의 한 부분인 자아는 어린 아동이 현실의 요구를 고려하는 것을 배우면서 발달한다. 자아는 현실원리에 따르기에 충동의 만족은 그 상황이 적절할 때까지 지연되어야 한다는 것을 아이에게 말해준다. 따라서 자아는 본질적으로 성격의 집행자로 원초아의 요구, 현실 그리고 초자아의 요구 사이에서 중재한다.

초자아는 행위가 옳고 그른지를 판단한다. 초자아는 사회의 가치와 도덕에 관한 내면화된 표상이다. 초자아는 개인의 양심과 도덕적으로 이상적인 사람에 관한 이미지이다. 프로이트에 의하면, 초자아는 아동 중기 동안 부모가 주는 상과 처벌에 대한 반응 그리고 동일시 과정을 통해 형성된다.

성격의 이러한 세 가지 성분은 종종 갈등을 일으킨다. 자아는 원초아가 원하는 충동의 즉각적 만족을 지연시킨다. 초자아는 원초아와 자아 두 성분 모두와 싸우는데, 이는 원초아와 자아의 행동에 도덕적 요소가 부족하기 때문이다. 매우 잘 통합된 성격의 경우, 자아는 안정적이면서 융통성 있는 통제를 유지하고 현실원리가 지배한다. 프로이트는 원초아의 전부와 자아와 초자아의 대부분이 무의식에 있고, 자아와 초자아의 작은 부분만이 의식적이거나 전의식적이라고 제안하였다.

다시 말해, 원초아(id)는 출생 시부터 존재하는 추동(drive)을 그 속에 포함하고 있는데, 이것은 우리의 신체적 요구, 욕구, 욕망, 그리고 특히 성적 추동과 공격적 추동인 충동의 원천이 되는 것이다. 이 원초아는 어떤 종류의 충동을 불문하고 즉각적인 만족 추구를 동기화하는 심리적 힘인 쾌락원리(pleasure principle)에 따라 작동한다.

자아(ego)는 외부세계와의 접촉에서 발달되어 나오는 것으로서 생의 현실적인 요구를 처리할 수 있게 해주는 성격 부분이다. 이 자아는 사람으로 하여금 요구의 즉각적인 만족을 지연할 수 있게 하고, 현실 세계에서 효과적으로 기능할 수 있게 해주는 통제 기제인 현실원리(reality principle)에 따라 작동한다. 즉, 현실 원리란 적절한 대상이나 환경조건이 나타날 때까지 원초아에서 생긴 긴장의 발산을 지연시키려는 능력을 말한다.

초자아(superego)는 문화적 규칙의 내면화를 반영하는 심리체계로서 주로 부모가 그들의 권위를 행사하는 과정에서 학습된다. 이 초자아는 우리의 행동, 사고, 환상을 규제하고 통제하는 일단의 지침, 내적 기준, 기타 행위규범 등으로 구성된다. 이것은 일종의 양심으로서 작용한다. 그에 의하면 초자아는 사람들이 발달과정 동안 갈등을 해결하면서 발달한다고 생각했다.

Freud는 이 세 가지 마음의 체계들 간 상호작용의 상대적 강도가, 즉 어떤 체계가 더 우세한가가 한 개인의 성격의 기본 구조를 결정한다고 본다(Schacter, Gilbert & Wegner, 2011).

1) 호나이의 성격 이론

Freud의 동료들 중 몇몇은 성격이 본능적이고 성적이라는 Freud의 생각에 동의하지 않고, 대신에 사회적 관계가 성격형성과 발달에 기본이라고 믿었다. 카렌 호나이(Karren Horney, 1885-1952)는 불안에 흥미를 두었고, 특히 불안한 감정을 극복하려는 개인의 욕망에 관심을 두었다. 그는 인간의 성격을 순응, 공격, 이탈의 3가지 성격 집단으로 분류하였다.

(1) 순응적(compliant) 성격

이에 해당하는 개인은 타인을 향해 움직이는 사람으로, 사랑받고 인정받기를 바라는 경향이 강하다.

(2) 공격적(aggressive) 성격

이에 해당하는 개인은 타인에 대항해 행동하는 사람으로, 남보다 우위에 서려 하고 칭찬을 들으려는 경향이 강하다.

(3) 이탈적(detached) 성격

이에 해당하는 개인은 타인으로부터 멀어지려는 사람으로, 독립적이고 자기 충족적이며 자유로워지려는 경향이 강하다.

2) 특질론

특질론은 사람들을 그들의 지배적인 특성 또는 특질에 따라 분류하는 것이다. 심리학자에 의하면, 특질(trait)은 '한 개인을 다른 사람과 비교적 영속적이며 일관되게 구분해 주는 어떤 특성'이다. 특질론은 사람들의 성향을 형용사로 기술하며, 사람들의 성격은 형용사로 표현된 특정한 특질들의 결합으로부터 나타난다. 예를 들어 사람은 자신의 성격이 어떠냐는 물음에 '보수적인', '외향적인', '침착한', '사교적인' 등의 형용사를 사용하여 답하곤 하는데, 이것이 바로 특질이며, 이러한 특질들의 결합(안정적이고, 외향적이며, 사교적인 등)이 성격으로 나타난다.

Fisk(1949)는 Cattell의 16개 요인을 이루는 특성들을 요인 분석한 결과 다섯 개의 요인으로 나누어질 수 있다는 것을 처음으로 발견하였고 이러한 요인을 각각 '사회적 적응성', '동조성', '성취의지', '정서적 통제', '지적추구'라고 명명하였다. 이러한 명칭은 현재 성격 5요인 모델의 기초가 되었다. 그 당시에는 Cattell의 의견이 지배적이었기 때문에 Fisk의 이론은 크게 주목받지 못했다. 이후 Tupes와 Christal(1961)이 양극으로 구성된 30개의 형용사 짝을 사용하여 요인분석을 실시한 결과, Fisk와 마찬가지로, 5개 요인으로 설명하는 것이 적절하다고 밝혔다. 그들은 5가지 요인을 외향성, 우호성, 신뢰성, 정서적 안정성, 문화라고 명명하였다(조영란, 2006 재인용).

연이어 Norman(1963)이 5요인 모델을 공식적으로 학계에 제안함으로써 5요인 모델이 주목받기 시작했다. 그는 5개의 요인을 '외향성', '신경성', '성실성', '친화성', '교양'으로 명명하였다. 이러한 5요인 모델을 연구하는 데 세 가지 접근법이 사용되었다.

첫 번째 방법은 사전에 수록된 성격을 나타내는 특성들을 기초로 하여 성격의 구조를 알아내는 것이다. Cattell(1946)은 이러한 방법을 통하여 35개의 척도를 개발했다. 하지만 다른 연구자들의 분석을 통해 5개의 차원이 더 적절하다는 것이 밝혀졌다.

두 번째 방법은 여러 가지 다른 성격 이론에 기초한 성격 검사를 분석하여 성격의 요인을 찾아내는 것이다. 이러한 방법으로 많은 연구자들이 기존의 성격 검사의 차원과 5요인 관계분석을 통해 5요인이 적절함을 밝혔다.

마지막으로, 세 번째 방법은 자기 보고, 배우자, 동료 선생님, 상담가 등의 주변 사람들로부터의 의견을 분석하여 성격의 차원을 밝혀내는 것이다. McCrae와 Costa(1985, 1987)는 자기보고식의 검사지를 이용하거나 관찰자에 의한 보고를 기초로 한 평가에서 5요인 성격구조를 가장 잘 설명한다는 것을 알려주었다(Mount & Barrick, 1995).

이들은 5개 요인 중 '교양'을 지적인 면뿐만 아니라 창의적이고 도전적인 면도 포함하고 있다고 보아서 '개방성'이라고 명칭을 변경하였다. 또한 이들은 수백 명의 남녀를 대상으로 6년여간 종단연구를 시행한 결과 5개 차원은 세월의 변화에도 안정적으로 성격을 설명하는 요인임을 밝혔다(Costa & McCrae, 1998).

1980년대 말 Goldberg는 Norman(1963)이 정리한 어휘 목록의 성격 묘사용 형용사들을 검토하고 분류하여 객관적이고 신뢰할 만하고 타당성이 입증된 표준화된 검사법을 만들어 5요인 성격특성(Big Five)을 완성하였다. 그는 자신의 연구결과뿐만 아니라 다른 사람들의 연구를 검토하고 그 결과들의 일관성에 감명을 받은 후 "개인차를 구조화하기 위한 모델은 'Big-Five' 차원을 어느 수준에서건 포함해야 할 것"이라고 제안했다. 그 후, Big-Five 라는 용어가 통용되기에 이르렀다.

이렇듯, 외국뿐 아니라 국내에서도 많은 성격 연구에서 가장 각광받고 설득력 있는 이론으로 여겨지고 있는 성격특성 5요인 검사는 가장 자주 사용되는 검사도구이다.

〈표 6〉은 다양한 평가 도구를 사용해 요인분석한 결과, 신뢰성 있게 나타나는 5개의 특질요인(Big-5요인)을 나타낸다. 제시된 형용사 쌍은 각 요인을 잘 나타내는 특질 척도의 예들이다(McCrae & Costa, 1987).

〈표 6〉 대표적인 5개 특질 요인

특질요인	대표적인 특질척도
신경성	침착한-걱정 많은, 강인한-상처를 잘 입는, 안정된-불안정한
외향성	위축된-사교적인, 조용한-말 많은, 억제된-자발적인
친화성	성마른-성품이 좋은, 무자비한-마음이 따뜻한, 이기적-이타적
성실성	부주의한-조심스러운, 믿을 수 없는-믿을 만한, 게으른-성실한
개방성	인습적인-창의적인, 무사안일한-대담한, 보수적인-자유로운

(1) 신경성(Neuroticism: N)

신경성은 정서적 불안정, 민감성, 불안감, 피로감, 긴장의 정도를 나타내는 것으로 걱정이 많고 긴장되어 있고, 불안하고 우울하고 의기소침하고 까다롭다. 반대의 특성을 나타내기 위한 개념을 '정서적 안정성'이라고 부른다. 즉 정서적으로 안정되어 있는지, 세상을 통제할 수 있는지, 세상은 위협적이지 않다고 생각하는지의 경향성을 알아볼 수 있다. 신경성 척도가 낮은 사람들이 반드시 긍정적인 정신건강 수준이 높은 것은 아니지만 일반적으로 안정성이 높은 사람은 스트레스와 긴장상태를 잘 극복하고 갈등을 심화시키지 않는다.

(2) 외향성(Extraversion: E)

외향성은 타인과의 교제나 상호 작용을 원하고 타인의 관심을 끌고자 하는 정도를 나타낸다. 외향성 요인과 관련된 특성은 다양하고 새로운 사람들과 관계를 쉽게 진행할 수 있고 자신의 감정을 자유스럽게 이야기할 수 있다.

이러한 외향성은 적극성 사교성, 자기 주장성, 활동성, 주도성 등이 있다.

외향성 척도가 높은 사람은 사교적이고 모임을 좋아하며 적극적이고 자기 주장이 강하다.

(3) 친화성(Agreeableness: A)

친화성은 타인과 편안하고 조화로운 관계를 유지하는 정도를 나타내는 것이다. 높은 점수를 보이는 사람은 정중하고 협조적이고 관대하고 양보심이 많고 세심한 배려를 해주고, 부드러운 마음을 가지고 이타적인 특성을 지닌다.

전체적인 화합을 중시하고, 주변 사람들을 신뢰하여 조직 구성원들과 원만한 관계를 잘 형성하고 유지해 간다. 낮은 점수를 보이는 사람은 자기중심적인 성향이 강하고 적대적이고 질투심이 많은 특성을 지닌다.

(4) 성실성(Conscientiousness: C)

성실성은 사회적 규범, 원칙들을 기꺼이 지키려는 정도를 나타낸다. 안정적이고 계획적이며 믿음직스러운 특성과 미래 지향적, 목적 지향적인 특성을 보인다.

성실성 요인에서 높은 점수를 보이는 사람은 자신에게 주어진 일과 목표달성에 관심과 노력을 집중해서 열심히 일하고, 책임감이 강하고 목적 지향적이다.

(5) 개방성(Openness: O)

개방성은 지적 자극, 변화, 다양성을 좋아하는 정도를 나타낸다. 개방성이 높은 사람이 반드시 지능이 높은 것은 아니지만 상상력이 풍부하고, 창의적이고 호기심이 많고 새로운 것에 개방적이고, 지적으로 민감한 경향성을 보인다.

즉 조직생활에서 새로운 정보를 잘 받아들이고 변화에 대한 수용도도 높다.

이러한 특징은 가정환경, 교육, 문화적 배경 등에 영향을 받는 경우가 많은 것으로 알려져 왔으며 학문적인 성취지향과도 관련이 있는 특징이다.

한 가지 재미있는 연구결과가 발표되었는데 외향적인 사람들이 내향적인 사람들보다 구직 면접에서 거짓말을 더 많이 한다는 것이다.

사람들이 로맨틱한 파트너, 친구, 동료들을 고를 때 항상 첫 번째 대상이 되는 사람들은 사회적 순응성이 높은 따뜻한 사람들이다. 사회적 순응성 혹은 우호성이 높은 사람들은 그렇지 않은 사람들보다 항상 선호의 대상이 되는데 이 때문에 그들은 사람들을 상대하는 고객 서비스 등의 업무에서 뛰어난 업무 능력을 보인다. 사람들과의 충돌을 싫어하기 때문에 대부분 순응적이고 규칙을 잘 따르며 회사에서 일탈 행위를 하는 경우가 거의 없다. 또한 동료들을 자발적으로 도와주는 조직시민행동(OCB: Organizational Citizenship Behavior)[1]을 보여 회사 성과에 기여를 한다. 보통 우리가 말하는 '사람 좋은' 그런 부류인데 우호성이 높은 사람들의 경우, 경력개발 특히 수입 측면에서 그다지 좋은 결과를 얻지는 못한다고 한다.

성실성은 학교와 기업 모두에서 한 개인의 성과를 강하게 예측해주는 성격 특성이다. 성실성이 높은 사람들은 업무목표를 달성하기 위해 조직에서 요구하는 행동기준에 부합하고자 노력한다. 이러한 특성은 거의 모든 직무영역에서 높은 성과로 연결되어 기업이나 상사의 입장에서도 가장 중요시하는 성격 혹은 개인 자질이라고 할 수 있다.

신경성은 업무와 삶의 만족도, 그리고 스트레스와 가장 강한 상관관계를 가진다. 이는 감정적으로 안정된 사람들이 보다 긍정적이고 낙관적이기 때문

---

[1] 회사에서 공정하게 대우를 받고 회사에 믿음을 가지고 있는 만족도가 높은 직원들의 경우는 보통 업무에서 요구하는 기대치 이상의 행동을 보이게 되는데 이를 조직시민행동(OCB: Organizational Citizenship Behavior)이라 한다. 아침 일찍 출근해서 동료들을 위해 커피를 미리 준비한다거나 혹은 결근한 동료의 업무를 자발적으로 처리해주는 행동 등이 조직시민행동의 예가 된다.

에 부정적 감정을 덜 느끼기 때문이다. 따라서 감정적으로 불안정한 사람들보다 행복할 확률이 더 높다. 감정적으로 불안정한 사람들은 모든 일에 과민반응을 보이고 물리적 혹은 정신적 스트레스에 상당히 약하다. 따라서 감정적으로 불안정한 직원들을 다루는 것이 상급자에게는 그다지 녹록한 일이 아니다.

Big 5 모델의 마지막 요소인 개방성이 높은 사람들은 창의성이 높고, 애매모호한 상황이나 변화를 그렇지 않은 사람들보다 편안하게 받아들이기 때문에 회사생활을 하면서 경험하게 되는 수많은 변화에 잘 적응한다. 외부 변화에 민감하며, 보통 과학, 예술 방면에서 높은 창의성을 보이는데 기업에서의 리더십 역시 창의성의 역할이 상당히 중요하기 때문에 개방적인 사람들은 기업에서도 뛰어난 리더가 될 확률이 높다.

기업에서 구성원의 성격이 어떤 함축성을 가지고 있는지 정리해보자. 외향적인 사람들은 사회성이 좋고, 우호성이 높은 사람들은 대인업무에 적당하다. 성실한 사람들은 업무지식 개발에 열심이고, 매사 노력을 하기 때문에 당연히 좋은 성과를 낸다. 감정적으로 안정된 사람들은 높은 업무 만족도를 보이고, 개방적인 사람들은 창의적이며 좋은 리더가 될 수 있다.

3) MBTI(Myers & Briggs Type Indication)

칼 구스타프 융(Carl Gustav Jung, 1875–1961)의 심리유형론에 근거하여 Myers와 Briggs가 개발한 MBTI(Myers & Briggs Type Indication)[1] 성격유형 검

---

1 캐서린 쿡 브릭스(Katharine C. Briggs)와 그의 딸 이사벨 브릭스 마이어스(Isabel B. Myers)가 칼 융의 성격 유형 이론을 근거로 개발한 성격유형 선호지표이다. 이 검사는 제2차 세계 대전 시기에 개발되었다. MBTI를 활용한 검사는 좋고(효율적) 나쁜(비효율적) 성격을 구별하는 것이 아니라 환경이라는 변수를 개입함으로써 사람들의 근본적인 선호성을 알아내고 각자의 선호성이 개별적으로 또는 복합적으로 어떻게 작용하는지의 결과를 예측하여 실생활에 도움을 얻고자 하는 개인의 어떤 특성을 나타내는 제시도(indicator)이다(김정택 · 심혜숙, 2000). MBTI 활용은 개인의 심리적 특성인 성격유형의 차이를 이해하고 수용하는 역동을 통하여 대인관계 능력을 향상시킬 수 있다고 보았다. MBTI 활용으로 성격과 잠재력

사 도구는 자기이해와 타인이해 및 수용에 효과적이며 상대방을 이해하는 데 활용할 수 있는 성격의 선호유형을 찾는 검사 도구이다.

MBTI의 바탕이 되는 Jung의 성격이론의 요점은 각 개인이 외부로부터 정보를 수집하고(인식기능), 자신이 수집한 정보에 근거해서 행동을 위한 결정을 내리는 데 있어서(판단기능) 각 개인이 선호하는 방법이 근본적으로 다르다는 것이다. Jung은 인간의 행동이 겉으로 보기에는 제멋대로이고 예측하기 힘들 정도로 변화무쌍해 보이지만, 사실은 매우 질서정연하고 일관성이 있으며 몇 가지의 특징적인 경향으로 나뉘어져 있음을 강조하였다(Jung, 1976). 심리학적 유형론의 특징은 심리적 경향성 간의 역동적(力動的)인 관계를 중시하는 데 있다. 그는 이 경향성을 일반적인 태도에서 보이는 '내향적 태도와 외향적 태도', 정신기능을 중심으로 하는 '감각과 직관' 및 '사고와 감정'의 기능으로 분류하였다.

Jung은 인간의 심리적 에너지가 그 사람의 내부에서 연유되는가 또는 외부에서 연유하는가에 따라서 어떤 사람은 내향성, 어떤 사람은 외향성이 된다고 보았다. 그는 인간이 외부환경을 대하는 방법에도 각기 개인차가 있는데, 이는 바로 이런 독특한 마음의 기능에서 연유되는 것으로 해석하였다. 내향적, 외향적 태도의 구별에 대해 Jung은 개체의 주체(subject)와 객체(object)에 대한 태도에 따라서 구분할 수 있다고 보았다. 개인의 태도가 객체를 주체보다 중요시하면 그는 외향적 태도를 취한다고 말할 수 있고, 반대로 객체보다도 주체를 중요시하면 그는 내향적 태도를 취한다고 할 수 있다. 예를 들면 미술 전람회에 가서 어떤 그림이 좋다고 말할 때, 그 이유가 전날에 본 신문에서 평이 좋았거나 그 화가가 유명하기 때문이라면 그의 태도는 외향적이다. 그는 객관적으로 좋다는 평가를 내렸기 때문이다. 그러나 신문의 평이 좋고 그 화가가 세상에 잘 알려져 있다고 해도, 내가 보기에는 좋지 않았다고 한다면 그의 태

을 발견, 개발함으로써 건강한 자아정체감이 형성될 수 있다.

도는 내향적이다. 그의 판단의 기준은 객관적인 기준보다 자기의 주관이기 때문이다. 이러한 기능의 선호성은 인간이 태어날 때부터 타고 나는 것이며, 이러한 근본적인 선호성도 각기 다른 심리유형을 지닌 인간의 개인차에 의해 잘 설명될 수 있는 것으로 보았다. 그는 또한 이러한 선호성은 어떤 민족이나 문화를 막론하고 모든 인간에게 본질적인 것으로 믿었다(Jung, 1923).

또한 Jung은 인간의 정신기능을 인식기능인 '감각과 직관', 판단기능인 '사고와 감정' 기능으로 분류하고, 인식기능을 비합리적인 정신기능, 판단기능을 합리적인 정신기능으로 보았다. 왜냐하면 인식기능은 옳고 그름의 판단과정을 거치지 않고 직접적으로 무엇을 감지하는 기능이므로 비합리적인 기능으로 보았고, 판단기능은 규준에 따라 판단하고 결정하는 과정이므로 합리적인 기능으로 여겼다.

Myers와 Briggs는 MBTI를 개발하면서, Jung이 간략하게만 언급하고 넘어간 JP지표도 하나의 독립된 지표로 첨가하였다. Jung은 이 JP지표에 대해 "판단형의 사람(J형)은 대개 판단하는 성향을 가지고 있어서 의식적 성격측면을 잘 파악하고, 인식형(P형)의 사람은 무의식의 영향을 받는다. 왜냐하면 판단(J)은 정신현상의 의식적 동기에 더욱 관심을 가지고 있고, 인식(P)은 단지 일어난 일을 기록하기 때문이다"라고 하였다. Jung은 이러한 각 기능에서의 방향의 결정은 선천적이라고 생각하였다. 그는 각 기능의 양극선상에서 개개인에 따라 어느 한쪽으로 더 기울어지며, 이에 따라 개인의 차이점이 드러나는 고유의 성격유형이 나타난다고 보았다. 그는 또한 인간이 자신의 선천적 경향을 알고 활용할 때 심리적인 쾌적감이 따른다고 보았고, 반면 자신의 선천적 경향을 거슬러야 하는 상황에서 오랫동안 살아갈 때는 심리적인 탈진감이 오게 된다고 하였다. 이것은 마치 선천적으로 오른손잡이인 사람이 왼손을 써야 하는 상황이 되면 서툴고 어색하고 왼손을 쓰고 있다는 의식을 많이 하게 되는 것과 마찬가지로, 의식을 많이 한다는 것은 그만큼 심리적인 에너지의 소모가 많다는 표시이기도 한 것이다. Jung은 인간은 자기의 타고난 선호 방향을 따라 익숙하게 살아갈 때 그 반대 방향 역시 개발할 수 있다고 보았고, '자기 실현'은 자기에게 묻혀 있는 것을 개발하여 통합하는 것이라고 말하고 있다. 즉, 의식과 무의식의 통합과정이 개인의 성숙과정이라고 보았다.

MBTI는 이와 같은 Jung의 입장에 바탕을 두고, 개인이 쉽게 응답할 수 있는 자기보고를 통해 인식하고 판단할 때의 각자 선호하는 경향을 찾고, 이러한 선호경향들이 개별적으로 또는 여러 경향들이 상호작용하면서 인간의 행동에 어떠한 영향을 미치는가를 파악하여 실생활에 응용할 수 있도록 제작된 도구이다.

그림 6 MBTI 선호지표

외향(E) Extroversion	에너지의 방향(주의 초점) ◄───────►	내향(I) Introversion
감각(S) Sensing	정보수집(인식의 기능) ◄───────►	직관(N) Intuition
사고(T) Thinking	판단과 결정(판단의 기능) ◄───────►	감정(F) Feeling
판단(J) Judging	이해양식(생활 양식) ◄───────►	인식(P) Perceiving

[그림 6]과 같이 각 선호지표에 대해 자세히 살펴보면 다음과 같다.

(1) 외향성(Extroversion) – 내향성(Introversion)

외향성과 내향성의 지표는 개인의 주의집중과 에너지의 방향이 인간의 외부로 향하는지 내부로 향하는지를 나타내는 지표이다. Jung은 외향성과 내향성이 상호보완적인 태도임을 강조했다.

외향성의 사람들은 주로 외부세계를 지향하고 인식과 판단에 있어서도 외부의 사람이나 사물에 초점을 맞춘다. 또한 바깥에 나가 활동을 해야 활력을 얻는다. 이들은 행동 지향적이고, 때로는 충동적으로 사람들을 만나며, 솔직하고 사교성이 많고 대화를 즐긴다.

내향성의 사람들은 내적 세계를 지향하므로 바깥 세계보다는 자기 내부의 개념(concept)이나 생각 또는 이념(idea)에 더 관심을 둔다. 관념적 사고를 좋아하고, 자기 내면세계에서 일어나는 것에 의해 에너지를 얻으며 주로 생각을 하는 활동을 좋아한다.

(2) 감각형(Sensing) – 직관형(Intuition)

감각형과 직관형의 지표는 정보를 인식하는 방식에서의 경향성을 반영한다.

감각기능을 선호하는 사람들은 모든 정보를 자신의 오관에 의존하여 받아들이는 성향이 있다. 이들은 현재 이 상황에서 주어져 있는 것을 수용하고 처리하려고 하며 실제적이고 현실적이다. 또한 자신이 직접 경험하고 있는 일을 중시하며 관찰능력이 뛰어나고 세세한 것까지 기억을 잘하며 구체적이다.

감각형의 사람은 순서에 입각해서 차근차근 업무를 수행해 나가는 성실근면형이나, 세부적이고 구체적인 사실을 중시하는 경향으로 인해 전체를 보지 못할 위험이 있다. 또한 사물, 사건, 사람을 눈에 보이는 그대로 시작하려는 경향이 있으며, 사실적 묘사에 뛰어나다.

직관기능을 선호하는 사람들은 오관보다는 통찰, 소위 말하는 육감이나 영감에 의존하여, 구체적인 사실이나 사건보다는 이면에 감추어져 있는 의미, 관계, 가능성 또는 비전을 보고자 한다. 이들은 세부적이고 구체적인 사실보다는 전체를 파악하고 본질적인 패턴을 이해하려고 애쓰며 미래의 성취와 변화, 다양성을 즐긴다. 직관형의 사람은 상상력이 풍부하고, 이론적이고, 추상적이고, 미래지향적이며 창조적이다. 그러나 구체적인 것을 떠나 전체를 보려고 하기 때문에 세부적인 것은 간과하기 쉽고, 실제적, 현실적인 면을 고려하지 않고 새로운 일 또는 복잡한 일에 뛰어들기도 한다.

(3) 사고형(Thinking) – 감정형(Feeling)

사고와 감정기능은 인식된 정보를 가지고 판단을 내릴 때 쓰는 기능이다.

사고형은 객관적인 기준을 바탕으로 정보를 비교 분석하고 논리적 결과를 바탕으로 판단한다. 인정에 얽매이기보다 원칙에 입각하여 판단하며, 정의와 공정성, 무엇이 옳고 그른가에 따라 판단한다. 따라서 인간미가 적다는 얘기를 들을 수 있으며 객관적 기준을 중시하는 과정에서 타인의 마음이나 기분을 간과할 수 있다.

감정기능을 선호하는 사람은 친화적이고, 따뜻한 조화로운 인간관계를 중시한다. 객관적인 기준보다는 자기 자신과 다른 사람들이 부여하는 가치를 중시하여 판단한다. 즉, 논리 분석보다는 자기 자신이나 타인에게 어떤 영향을 줄 것인가 하는 점을 더 중시하며, 원리원칙보다는 사람의 마음을 다치지 않게 하는 데 더 신경을 쓴다. 이러한 성향으로 사람과 관계된 일을 결정해야 할 때 우유부단하거나 어려움을 겪을 수 있다.

(4) 판단형(Judging) – 인식형(Perceiving)

판단과 인식은 외부세계에 대한 태도나 적응에 있어서 어떤 과정을 선호하는가를 말한다.

판단형은 의사를 결정하고 종결을 짓고 활동을 계획하고 어떤 일이든 조직적 체계적으로 진행하기를 좋아한다. 판단형은 계획을 짜서 일을 추진하고 미리 준비하는 편이며, 정한 시간 내에 마무리해야 직성이 풀린다. 외부행동을 보아도 빈틈없고 단호하며 목적의식이 뚜렷하다.

반면, 인식형은 삶을 통제하고 조절하기보다는 상황에 맞추어 자율적으로 살아가기를 원한다. 또한 자발적이고 호기심이 많고 적응력이 높으며, 새로운 사건이나 변화를 추구한다.

판단형은 한 가지 일을 끝내지 않고는 잠을 못 이루는 사람들이다. 이에 비

해 인식형은 한꺼번에 여러 가지 일을 벌이지만, 뒷마무리가 약하다. 판단형
은 인식형을 굼뜨고 답답하게 보며, 인식형은 판단형을 보고 성급하고 여유가
없고 조급하다고 보는 경향이 있다.

4) 기타 성격이론

조직 내의 행동을 이해하는 데 중요한 몇 가지 성격요소가 있는데 간단히
살펴보자.

(1) 통제감(locus of control)

통제감은 사람들이 스스로의 삶과 운명을 결정할 수 있다고 믿는 정도를
일컫는 것으로 내적 통제감(internal locus of control)과 외적 통제감(external lo-
cus of control)으로 나뉜다. 스스로 운명을 결정한다고 믿는 사람들은 내적 통
제감이 강한 것이고, 모든 것이 운명에 달렸다, 팔자라고 믿는 사람들, 사주
팔자를 보러 점집에 다니기를 좋아하는 사람들은 외적 통제감이 강한 것이다.
'영웅이 역사를 만드는가, 역사가 영웅을 만드는가?'라는 질문을 했을 때, 영
웅이 역사를 만드는 것이라고 대답한다면 당신은 내적 통제감이 강하고, 역사
가 영웅을 만드는 것이라고 대답한다면 당신은 외적 통제감이 강하다고 할 수
있다. 마찬가지로 스스로 미래를 개척한다고 생각하는지, 미래에 수동적으로
적응해야 한다고 생각하는지에 대한 기업들의 상이한 관점은 외부환경과 미
래에 대한 기업의 대응방식을 완전히 바꾸어 놓을 수 있다.

(2) 자기점검(self-monitoring)

자기점검은 외부에서 요구하는 상황에 맞추어 스스로의 행동을 부합시키는
능력을 말한다. 사막에 데려다놔도 잘 살 것이라고 일컫는 사람들은 자기점검
이 강한 사람들이다. 이런 사람들은 환경 적응력이 상당히 뛰어나기 때문에

고과평가에서 높은 점수를 받고, 회사에서 요직을 차지하는 경우가 많다. 그러나 어디에 가도 잘 적응하기 때문에 회사에 대한 몰입도, 즉 현재 몸담고 있는 회사에 계속 머무르겠다는 성향은 낮은 편이다. 카멜레온 같은 지나친 적응성과 처세술은 믿을 수 없다는 인상을 줄 수도 있기 때문에 자기점검 및 적응능력이 탁월하더라도 때로는 이를 적당히 표출하는 것이 오히려 경력에 도움이 될 수도 있다.

(3) 타입 A와 타입 B

타입 A와 B로 나뉘는 성격이다. 타입 A 성격을 지닌 사람의 전형적인 특징은 끊임없이 빨빨거리는 것이다. 짧은 시간 안에 더 많은 것을 하려는 성향이 몸에 배어 있는 사람들로 참을성이 부족하다. 잠시도 가만히 있지를 않고, 끊임없이 움직인다. 한 번에 두 가지 이상의 생각, 일을 하고, 시간이 아깝기 때문에 걸음도, 먹는 것도 빠르다. 여가를 즐길 줄도 모르고 성과를 올리는 데 온 신경이 모여 있다. 타입 B 성격은 타입 A와는 정반대의 느긋한 성향을 보인다.

기업에는 각기 서로 다른 성격을 가진 수많은 다양한 사람들이 모여서 일을 한다. 각 성격의 장단점을 파악하고 이에 맞게 적절히 인력을 배치하고 자신의 장점을 최대한 활용하도록 도와주어야 할 것이다. 예를 들어, 차분하고 집중력이 강한 내향적 성격의 직원을 대고객업무에 배치한다면 그 직원은 자신의 장점을 살리지 못하고 무능한 직원이 될 수도 있다. 자기점검이 강한 직원의 경우 조직몰입도가 낮은 반면 뛰어난 대인관계 및 영업, 협상 능력을 지닌 경우가 많다. 이들을 영업업무에 배치하여 그들의 강점을 활용하는 동시에 적절한 보상 등으로 조직 몰입도를 높여 우수인력을 지속적으로 유지하는 것 또한 경영자의 능력이다.

Ⅱ 조직 구성원의 태도와 감정

1. 태도

태도(attitude)는 어떤 상황, 사람에 대한 평가 또는 판단을 일컫는 것으로 인지적, 감정적, 행동적 측면으로 나뉜다. 인지적 태도는 상황과 사람에 대한 견해나 생각을 말하며, 감정적 태도는 감정 혹은 느낌을, 그리고 행동적 태도는 어떤 사람이나 상황에 대하여 특정적 방향으로 반응하고 행동하고자 하는 의도를 말한다. 사람들의 태도는 행동과 밀접한 관련이 있다.

1957년 미국 심리학자인 레온 페스팅거(Leon Festinger, 1919-1989)는 인지부조화 이론(cognitive dissonance theory)을 만들었다. 인지 부조화 이론은 사람들의 내적 일관성에 초점을 맞췄다. 불일치를 겪고 있는 개인은 심리적으로 불편해질 것이며, 이런 불일치를 줄이고자 하거나, 불일치를 증가시키는 행동을 피할 것이다. 개인이 이러한 인지부조화를 겪을 때 공격적, 합리화, 퇴행, 고착, 체념과 같은 증상을 보인다고 알려져 있다. 간단하게 설명하면 내 생각과 바깥 현상이 나를 경우 처음에는 괴로워하다 결국에는 자신의 생각을 바깥 현상에 끼워 맞추려 하는 것으로, 아전인수(我田引水), 자기합리화라고 할 수 있다.

이제부터 기업에서 보편적으로 나타나는 구성원들의 태도에는 어떤 것이 있는지 살펴보자.

1) 조직 몰입

조직에 대한, 그리고 조직의 목표에 대한 인식을 분명히 한 상태에서 그 조직에 남아 조직의 일원이 되고자 하는 바람의 정도를 조직 몰입(organizational commitment)이라고 한다. 조직 몰입도는 세 가지 측면으로 나눌 수 있다. 조

직에 남아있는 이유가 조직에 대한 강한 애정으로 인한 것이면 감정적 조직
몰입(affective organizational commitment), 생계, 경제적 가치를 위한 것이면 지
속적 조직 몰입(continuance organizational commitment), 자신이 떠난 이후에 회
사에 미칠 피해 등으로 인한 걱정, 도덕적, 윤리적 책임감 때문이라면 규범적
조직 몰입(normative organizational commitment)이 강한 것이 라고 할 수 있다.
하지만 고용업체, 혹은 회사에 대한 몰입보다는 본인이 소속된 전문직종에 대
한 직업적 몰입도(professional commitment)가 점점 강해지고 있는 현대사회에
서 조직에 대한 몰입도는 과거에 비해 그 중요도가 낮아지고 있다.

2) 지각된 조직 지원

지각된 조직 지원(POS: Perceived Organizational Support)은 회사가 직원들의
공헌을 가치 있게 생각해주고, 인정해주며, 자신들의 복지를 신경 써주고 있
다고 직원들이 믿고 있는 정도를 말한다. 기업에서는 보상이 공평할 때, 직원
들을 의사결정과정에 참여시켜줄 때, 상급자가 부하직원들의 의견을 지지해
줄 때 직원들의 지각된 조직 지원의 정도가 상승하고 궁극적으로 조직 몰입도
와 성과가 향상된다.

3) 직무 만족도

직무 만족도(job satisfaction)는 직원들의 업무, 동료 그리고 임금에 대한 만
족도 모두를 포함하는 개념이다. 보통 직원들의 만족도를 높이는 요소로는 도
전적이고 성취욕을 느끼게 하는 업무, 공정한 보상, 쾌적한 업무환경, 자신을
지지해주는 동료 등이 있다. 연구 결과에 따르면, 현재 받는 임금이 편안한 삶
을 누릴 수 있는 정도에 이르게 되면 직무 만족도에 큰 영향을 미치지 않는다
고 나타난다.

미국의 경우 연봉 5만 달러 이상이 되면 5만 달러를 받으나 혹은 그 이상을

받으나 업무에 대한 만족도에는 별다른 차이가 없는 것으로 나타났다. 물론 높은 연봉을 받을 경우 그보다 낮은 연봉을 받는 것보다 더 편안한 삶을 누리고, 더 행복해질 수는 있다. 그러나 삶에 대한 행복지수가 높아진다고 업무 만족도가 올라가지는 않는다는 얘기다. 직무 만족도는 개인의 성향에 의해서도 영향을 받는다. 성향 자체가 부정적인 사람들은 업무에 쉽사리 만족하지 못한다. 따라서 천성적으로 부정적이거나 행복을 쉽게 느끼지 못하는 직원을 둔 경영자에게는 이런 직원들을 어떻게 다루느냐가 큰 과제가 되기도 한다. 직무에 불만족을 느끼는 경우 직원들은 보이는 반응을 살펴보자.

그림 7 **직무불만족에 따른 조직 구성원의 반응**

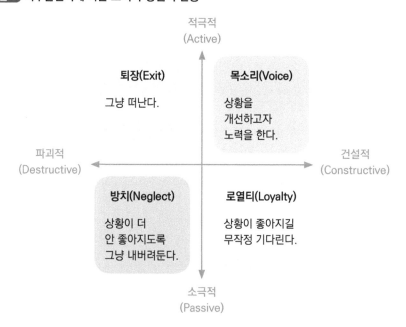

가장 적극적이고도 건설적 반응은 불만족스러운 여건을 향상시키기 위해 자신의 견해를 피력하는 것이다(voice).

소극적이고 건설적 반응은 본인의 업무에 충실히 임하면서 상황이 나아지기를 꾸준히 기다리는 것이고(loyalty),

소극적이고도 파괴적 반응은 상황이 더 안 좋아지도록 그냥 방치하는 것 (neglect)으로 보통 회의에 참석하지 않는다거나 결근을 한다거나 하는 소극적 저항의 행태로 나타난다.

가장 적극적이고 파괴적 반응은 조직을 그냥 떠나는 것이다(exit).

2. 감정

사람이 느끼는 정서(affect)는 감정과 기분을 포함하는 개념이다. 감정(emotion)은 특정인 혹은 특정 상황에 대한 강렬한 느낌이고, 기분은 감정보다는 약한, 특정 자극이 없을 때의 막연한 느낌이다. 기분에 비해서 지속시간이 짧고, 선행사건이 분명히 지각되며, 대상이 뚜렷하고 독특한 얼굴 표정과 강렬한 생물학적 과정을 수반하며, 행동(준비성)에 변화를 가져온다. 예를 들어 누구 때문에 화가 났다, 공포를 느낀다, 슬프다, 기쁘다, 혐오스럽다, 놀랐다 등은 특정 대상이 있을 때 느끼는 것으로 감정이라고 일컫는다.

이에 반해 기분(mood)은 일시적이지만 정서에 비해 비교적 오랫동안 유지되며, 뚜렷한 선행사건을 지각하지 못하는 경우가 많고 고유한 표현행동이나 생물학적 과정에 변화가 없으며 판단 및 결정과 같은 인지과정에서의 변화를 초래한다. 왜 그런지 모르겠지만 오늘 왠지 우울하다거나 기분이 좋다 등 특정 자극이 없음에도 불구하고 생기는 느낌이다. 사람의 기분은 날씨, 요일, 시간 등에 의해서도 영향을 받곤 한다.

1) 감정 노동

감정 노동이란, 단순하게 단어 뜻으로 보면 사람이 개인적인 경제적인 이득을 취하기 위해 마음을 써서 정신적 노력을 들이는 행위라고 풀이할 수 있다. 이러한 노동의 전통적인 개념은 육체적 측면에서 인식되어 왔으나 산업

구조가 1차, 2차를 넘어선 3차 서비스 산업으로 급속히 확대되면서 육체적인 면에서 정신적인 측면까지 확장되어 왔다. 마르크스는 《자본론(제1권)》에서 노동에 대해 인간과 자연 사이의 한 과정, 즉 인간이 자연의 재료 변환을 그 자신의 행위에 의하여 매개하고, 규제하고, 통제하는 과정이라고 정의하였다(임석진 外, 철학사전, 2009). 그러나 1970년대 사회, 심리학자들을 중심으로 종업원의 감정도 노동의 일부로 볼 수 있다는 문제가 제기되기 시작하였고, Hochschild(1979)는 감정노동이라는 용어를 다양한 서비스 분야의 종사자들이 주어진 업무로서 고객들과의 직접적인 상호작용 과정에서 자신의 감정을 관리하고, 적절한 감정을 표출하는 형태의 노동 즉, '외적으로 표출되는 표정 및 몸짓을 연기하기 위해 감정을 관리하는 것'이라고 정의하였다. 그리고 1983년 델타 항공사 승무원을 대상으로한 연구를 토대로 저술한 《정서관리(The Managed Heart: Commercialization of Human Feeling)》라는 저서에서 서비스 종사자들에서 그들이 직무 수행 시점에서 사회적, 조직적 규범에 맞는 친절, 공손함 등의 긍정적 감정을 의도적으로 통제, 조절하려 한다는 연구결과에 착안하여 육체노동(physical labor)이나 정신노동(intellectual labor)과는 구별되는 다른 노동의 형태인 감정노동(emotional labor)이 존재한다고 주장하였다. 여기서 Hochschild(1983)는 감정노동의 개념을 직무특성에 초점을 두고 분류하였으며, 이에 기초하여 항공사 승무원, 웨이터 등 감정 노동 정도가 높은 직무리스트 44가지를 제시하였다. 이와 같은 분류를 통해 감정노동과 관련된 직무가 대부분 고객접점에서 고객응대 등 직접적인 서비스를 제공하는 것과 관련되어 있음을 알 수 있었다.

후속연구에서 Hochschild(1983)의 감정노동 개념을 보완하여 Ashforth & Humphrey(1993)는 '특정한 상황에 맞춰 적절한 감정을 표현하는 행위'를 감정노동이라고 정의하며 감정노동을 적합한 감정을 표현하는 행동이며 인상관리의 한 형태라고 보았다. 이 연구는 감정조절과정(emotion regulation)에서 표면행동과 내면행동 이외에 표면행동과 내면행동이 일치하는 실제 감정의 표현인 진심 행동(genuine acting)이 있다고 하였다.

Morris와 Feldaman(1996)은 표현행동과 관련된 다양한 차원들을 근거로 감정노동이 종업원이 고객과의 서비스거래 과정에서 조직이 요구하는 감정들을 표현하기 위한 노력, 계획 및 통제라고 개념화하면서 개인특성 및 작업환경 요인의 중요성을 주장하였다.

Grandey(2000)는 감정노동을 '조직의 목표를 달성하기 위해 종업원이 감정표현의 통제나 조절하려는 노력'이라고 정의하였으며, 감정노동은 종업원들이 고객과의 접점에서 자신의 감정에 대한 관리를 조직으로부터 요구와 통제를 받게 되는 노동(구미현, 2002)으로 보거나 '고객만족과 조직의 목표를 달성하기 위해 자신의 감정과 표현을 전략적으로 통제하거나 조절하는 행위'라고 정의한 학자도 있다(이수행, 2014).

이렇듯 감정노동에 대한 견해는 학자들마다 조금씩 차이는 보이고 있으나 앞서 화두에서 언급했듯이 공통적으로 감정노동이란 종업원이 조직의 성과나 효율성을 향상시키기 위한 서비스 과정에서의 감정을 조절하는 행위라는 데는 큰 이견이 없는 듯하다(유정아, 2011).

기업활동에서 감정은 어떤 기능을 할까? 우선 회사생활을 하면서 업무 스트레스, 개인적 불미스러운 상황으로 인한 불쾌한 감정을 상사에게, 동료에게 또는 고객에게 그대로 드러낸다고 상상해보자. 자신의 감정, 특히 부정적 감정을 여과없이 공공연하게 표출하는 것은 자신의 사회적 위치, 평판에 큰 타격을 입힐 가능성이 크다.

즉 대부분의 조직 구성원들은 감정 부조화(emotional dissonance)를 겪는 경우가 많다. 사람의 감정은 실제 마음속에서 일어나는 실제감정(felt emotion)과 사회생활을 하면서 요구되는 전시감정(displayed emotion)이 있다.

이 때문에 우리는 회사생활을 하면서 육체적 노동뿐이 아닌 감정노동(emotional labor)을 하게 된다. 감정노동은 회사생활을 하면서 대인관계에서 직원들이 바람직한 감정을 표출해야만 하는 상황에서 발생한다. 표면연기이든 심화연기이든 직원들이 실제 느끼는 감정과 요구되는 감정의 괴리를 느끼는 순간 감정노동이 시작된다.

2) 정서 사건 이론(AET: Affective Event Theory)

근무환경과 직원의 행동이 연결되는 정서 사건 이론은 Affective 과정을 설명하는 이론으로 업무 특성과 업무에서 요구되는 상황(situation)이 매일매일 일상적으로 반복되는 소소한 사건에 영향을 주고, 이런 소소한 사건들이 직원들의 긍정적, 혹은 부정적 정서에 영향을 미치면서 업무 만족도와 업무 성과로 이어지는 과정을 설명하는 이론이다. 근무환경, 업무 특성에 따라 매일 일어나는 작은 사건들의 모양새가 달라지고, 매일 느끼는 소소한 정서적 반응들이 쌓여서 업무에 대한 태도가 형성되는데, 강도가 낮더라도 부정적 정서를 매일 경험하는 사람은 높은 강도의 부정적 정서를 어쩌다가 한 번 경험하는 사람보다 업무 만족도가 낮을 확률이 더 높다.

또한, 같은 상황에 놓여도 더 능숙하게 상황에 대처하는 사람이 있는데, 이는 감정 지능(emotional intelligence)이 높기 때문이다. 감정 지능은 환경의 요구와 압박에 대처하는 비인지적 능력의 종합으로 자기감정평가(self-emotions appraisal), 타인감정평가(others-emotions appraisal), 감정활용(use of emotion)과 감정통제(regulation of emotion) 능력으로 평가된다.

• 자기 스스로의 감정을 잘 파악하는 것은 자기감정평가 능력이 높은 것이고,
• 다른 사람의 마음을 잘 이해하는 것은 타인감정평가 능력이 높은 것이며,
• 스스로를 독려하여 언제나 최선을 다할 수 있도록 하는 것은 감정활용 능력이 높은 것이고,
• 화가 난 상황에서도 냉정함을 유지할 수 있는 것은 감정통제 능력이 높은 것이다.

이러한 감정 지능은 일반 직원들뿐 아니라 회사 구성원들을 이끌고 동기부여를 해야 하는 리더들이 특히 중요하게 갖추어야 할 능력이라고 할 수 있다.

3. 지각과 오류

지각(perception)은 사람들이 그들을 둘러싸고 있는 환경과 상황에 의미를 부여하기 위해 감각 정보(sensory input/information)를 해석하는 과정이다. 사람들의 행동은 현실 자체가 아니라 사람들이 현실이라고 인지하는, 그래서 현실이라고 믿는 것에 기초하기에 지각과정은 인간 행동의 이해에 매우 중요하다.

1) 기본적 귀인 오류

귀인 이론(attribution theory)은 우리가 행동에 부여하는 의미에 따라서 사람들을 다르게 판단하는 방식을 설명해준다. 사람들은 다른 사람의 행동을 보았을 때 그 행동이 내적 요인에 의해서 비롯된 것인지 외적 요인에 의해서 비롯된 것인지 판단하고자 한다. 내적 요인은 그 사람이 통제할 수 있는 요인이고, 외적 요인은 그 사람이 통제할 수 없는 요인이다.

그런데 우리는 보통 상황을 알아보기도 전에 사람을 먼저 비난하는 경우가 많다. 이는 외부 요인을 과소평가하고 내적 요인의 영향을 과대평가하기 때문인데, 이때 우리는 기본적 귀인 오류(fundamental attribution error)를 범하고 있는 것이다. 예를 들어보자. 오늘 한 학생이 지각을 했다. 우리는 보통 "무슨 일 있었니?"라는 질문보다는 "너는 왜 이렇게 늦게 다니니?"라는 질문으로 기본적 귀인오류를 저지른다. 지각의 탓을 외부적 상황 발생보다는 내적 요소, 즉 사람의 탓으로 돌리고자 하는 행동이다. 우리가 쉽게 범하는 인지적 오류에 대해 살펴보자.

2) 자기기여 편향(Self-serving Bias)

"내 탓이 아니오!" 성공은 내부 요소, 즉 자신의 공으로 돌리고, 반면 실패는 외부 요소, 즉 남 탓을 하는 것을 말한다. 예를 들어보자. 중간고사에서 어떤 학생이 시험을 잘 보았다. 그 학생은 자신이 공부를 열심히 했다고 생각한다. 반면 시험을 못 보면 안 배운 데에서 나왔다거나 시험이 너무 어려웠다며 시험 문제를 낸 선생님 탓을 한다.

3) 후광 효과(Halo Effect)

후광 효과란 일반적으로 어떤 사물이나 사람을 평가할 때 그 일부의 긍정적, 부정적 특성에 주목해 전체적인 평가에 영향을 주어 대상에 대한 비객관적인 판단을 하게 되는 인간의 심리적 특성을 말한다. 후광 효과는 일종의 사회적 지각의 오류라고 할 수 있는 현상이다.

이러한 후광 효과는 관계적인 상황, 학교, 직장과 같은 다양한 맥락에서 매우 보편적으로 나타난다. 사람들은 매력적인 사람이 지적이고, 사교적이고 외향적이며, 자신감이 높다고 생각하는 경향이 강하다(김혜숙, 1993). 그런데 매력적인 얼굴에 대한 고정관념은 지능이나 적응과 같은 인지적 능력보다는 외향성, 자신감 같은 사회적 역량을 지각하는 데 더 강한 반면 진실성이나 타인에 대한 배려에 대한 평가에는 큰 영향을 미치지 않는 것으로 보인다(Eagly et al., 1991).

후광 효과와 반대로, 우리는 외적 매력이 낮은 사람들이 덜 사교적이고, 덜 이타적이며, 덜 지적일 것이라고 생각한다(Griffin & Langlois, 2006). 이것을 부정적 후광 효과 혹은 악마 효과(devil effect)라고 한다.

4) 상동적 태도(Stereotyping)

상동적 태도란 일종의 '고정관념'이라고도 하는데 타인에 대한 평가가 그가 속한 사회적 집단에 대한 지각을 기초로 해서 이루어지는 것을 말한다. 즉, 특정 자질이나 행동을 집단의 모든 구성원에게 일반화하는 경향으로 이것은 개인 간에 분명히 있는 차이를 무시하고 그들을 유형화함으로써 발생하는 지각적 오류이다.

상동적 태도는 종족, 출신지역, 특정집단, 나이, 성별 등과 관련하여 많이 나타나는데, 이러한 상동적 태도는 많을 경우에 인간관계에서 타인지각 시 편견을 가지게 하여 판단을 그르치게 만들지만, 인간관계의 복잡성을 줄여 주는 긍정적인 기능도 한다. 즉, 어떤 집단에 대해서 사람들이 가지고 있는 속성에 대해 사람들 간에 어느 정도 합의가 이루어지고 있다는 것이다. 그러나 어떤 특정한 집단에서 상당히 많은 사람들이 어떤 공통된 특성을 가졌다고 해서 그 구성원 개개인을 평가할 경우 상동적 태도는 지나치게 단순한 평가를 내리게 하고 판단의 오류를 가져오는 것이다. 이러한 상동적 태도는 한 집단의 여러 구성원들과 접촉한 경험이 많을수록 줄어들며, 논리적 체계나 도덕적 기준에 의하여 바뀔 수 있다.

5) 선택적 지각(Selective Perception)

선택적 지각은 환경으로부터의 모든 자극을 다 감지하지 않고 개인의 준거체계에 따라 자신과 일관성 있는 자극만 수용하려는 경향을 말하는 것으로, 정보를 객관적으로 모두 받아들이지 않고, 자신의 기존의 인지체계(지식, 가치관)와 일치하거나 자신에게 유리한 것만 선택적으로 받아들이는 것을 말한다. 그에 대한 사례로는 사람은 자신이 좋아하는 이야기나 칭찬만을 기억하고, 강의시간에 교수님의 목소리보다 옆 친구의 소곤거리는 목소리가 더 잘 들리는 것을 들 수 있다.

6) 임의적 오류(Randomness Error)

아무런 규칙이 없이 임의적으로 발생한 사건에 의미를 부여하는 인지과정상의 오류이다. 예를 들어 지난번 시험 전날 머리를 안 감았더니 시험에서 좋은 성적을 받았다 치자. 무의식적으로 시험 전날 머리를 안 감으면 시험에서 좋은 성적을 받는다는 인과관계를 만들어내어 이번 시험에도 전날에는 머리를 안 감아야겠다는 생각을 하게 된다.

우리는 이와 같이 현실을 현실로 직시하지 않고 자신의 방식대로 해석하고 받아들이는 수많은 오류를 저지르면서 살고 있다. 우리들이 인지하고 판단하고 해석하는 사실이라고 믿는 상황이 진짜 현실인지, 다른 사람들도 그렇게 받아들이고 있는지 다시 한번 신중히 고려하면서 행동해야 한다. 상황을 객관적으로(혹은 다른 사람들도 납득할 수 있는 방식으로) 판단하고 이에 맞는 행동을 하는 것 역시 경영자가 반드시 갖추어야 할 덕목이다.

우리는 이와 같이 현실을 현실로 직시하지 않고 자신의 방식대로 해석하고 받아들이는 수많은 오류를 저지르면서 살고 있다. 우리들이 인지하고 판단하고 해석하는 사실이라고 믿는 상황이 진짜 현실인지, 다른 사람들도 그렇게 받아들이고 있는지 다시 한번 신중히 고려하면서 행동해야 한다. 상황을 객관적으로(혹은 다른 사람들도 납득할 수 있는 방식으로) 판단하고 이에 맞는 행동을 하는 것 역시 경영자가 반드시 갖추어야 할 덕목이다.

경영자들의 의사결정 편향

프랑스 최고 경영대학원 HEC Paris의 전략 교수인 올리비에 시보니(Olivier Sibony)는 《선택 설계자들》이라는 저서를 통해 경영자들이 의사결정하는 데 반드시 고려해야 하는 의사결정 편향의 5가지 유형을 소개하였다.

(1) 패턴인식 편향

- **확증 편향**: 자신의 가설을 지지하는 사실은 주목하고 아닌 것은 무시
- **경험 편향**: 자신의 경험에 비추어 상황을 유추
- **챔피언 편향**: 정보의 가치보다 정보 전달자의 평판을 중시
- **생존자 편향**: 실패 사례는 쏙 빼고, 성공 사례에만 기초해 결론을 내림

(2) 행동중심 편향

- **자기과신**: 자신의 능력을 과도하게 평가, 난 탁월해!
- **비현실적 낙관주의**: 계획을 어긋나게 할 상황들을 충분히 고려하지 않음
- **과도한 정확도**: 추정과 예측을 지나치게 신뢰
- **경쟁자 무시**: 경쟁자의 잠재적 능력을 간과

※ 더닝 크루거 효과(Dunning Kruger effect)

본인의 무능력에 대한 통찰이 없는 상태로 지식과 전문성이 부족한 사람들이 자신의 실력을 과대평가하는 것을 말한다. 한마디로 1밖에 모르면서 10을 알고 있다는 강렬한 믿음을 말한다.

◆ **실험 1:**

심리학 수업에서 본인이 시험을 얼마나 잘봤는지 질문한 결과, 하위 25% 학생들이 시험 성적을 크게 과대평가하는 것으로 나타남(Dunning et al., 2003)

◆ **실험 2:**

지역 대학 토론 토너먼트 참여 학생 중 예선전 하위 25%에 속하는 학생들을 대상으로 질문한 결과, 그들은 경기의 60%를 이겼다고 생각. 그러나 실제 이긴 경기는 20%(Ehrlinger et al., 2008)

◆ **실험 3:**

약대생을 대상으로 본인의 성과 예측과 실제 성과점수 간 차이를 비교한 결과, 하위 25%에 속한 학생들의 예측 점수와 실제 점수의 차가 가장 크게 나타남(Austin et al., 2008)

(3) 관성 편향

- **자원배분 관성**: 우선순위가 바뀔 때 자원배분에 소극적
- **현상유지 편향**: 현재 상태를 유지하려 함
- **몰입상승**: 실패한 행동을 계속 되풀이함
- **손실회피**: 같은 양의 이득보다 손실을 더 강렬하게 느낌
- **비합리적 위험 회피**: 실패의 비난에 대한 두려움으로 합리적 위험을 거부
- **불확실성 회피**: 알려지지 않은 위험보다 위험수준이 더 높은 계량화된 위험을 선호

(4) 사회적 편향

- **집단사고**: 집단 속에 있을 때 의심이 들어도 다수의 의견에 따름
- **집단 극단화**: 집단 속에서는 평균적인 관점보다 더 극단적 결론에 이르는 현상
- **정보 폭포**: 집단 속에서 말하는 순서가 논의 결과에 영향을 미치는 현상

(5) 이익 편향

- **자기위주 편향**: 자신의 이익과 부합하는 관점을 신뢰
- **현재 편향**: 미래보다는 현재와 단기적 관점을 지나치게 중시
- **소극적 행동 편향**: 적극적 행동의 오류보다 소극적 행동의 오류에 더 관대

향후 중요한 상황에서 더 나은 의사결정을 하기 위해 다음의 기법들을 활용해보자.

(1) 대화를 끌어내라

- 인지적 다양성과 충분한 시간 보장
- 관점들의 미묘한 차이를 부각하고, 악마의 변호인(devil's advocate)을 지정
- 의제를 확실히 정하고, 잠재적 실패를 미리 분석

(2) 다양한 관점을 촉진하라

- 여과되지 않은 전문가와 외부의 이의 제기자를 구할 것
- 새로운 자료를 통해 기존의 신념을 바꿀 것
- 반대자 역할을 하는 레드팀을 만들 것

(3) 의사결정 과정의 역동성을 촉진하라

- 거리낌 없이 말하는 문화 만들기
- 실패할 권리는 인정하되 실수할 권리는 인정하지 말기
- 이해 충돌이 없는 이너서클에서 의사 결정하기

7) 자기충족예언(self-fulfilling prophecy)

자기충족예언은 사회심리학적 현상의 하나로, 누군가 어떤 일이 발생한다고 예측하거나 기대하는 것인데, 이러한 예측 혹은 기대가 실현되는 것은 순전히 자신이 그렇게 될 것이라고 믿고서 행동을 믿음에 따라 맞춰가기 때문이다. 다시 말해, 자신에 관한 혹은 타인으로부터 받는 예언들이 현실화된다는 의미이다. 이를 '피그말리온 효과(Pygmalion effect)'라고도 한다.

피그말리온 효과는 자신이 만든 조각상을 사랑한 피그말리온(Pygmalion)에 대한 신화에서 유래했다. 조각가였던 피그말리온은 아름다운 여인상을 조각하고, 그 여인상을 갈라테이아(Galatea)라 이름 지었다. 세상에 있는 다른 여자들은 눈에 차지 않고, 자신의 조각상인 갈라테이아의 아름다움에 푹 빠져 진심으로 사랑하게 되어버린 그는 미와 사랑의 여신 아프로디테(Aphrodite: 비너스로 더 잘 알려져 있음)에게 조각상을 사람으로 만들어 아내가 되게 해달라고 간절히 기도하였다. 아프로디테는 피그말리온의 간절한 기도에 감동하여 갈라테이아에게 생명을 불어넣어 주었다. 조각상 갈라테이아는 사람이 되어 피그말리온과 결혼해 아들까지 낳았다고 한다.

이처럼 다른 사람의 긍정적 기대와 관심이 긍정적 행동을 이끌어낸다는 피그말리온 효과는 정말일까?

1964년 하버드대학교 사회심리학과 교수 로버트 로젠탈(Robert Rosenthal)은 미국 샌프란시스코의 한 초등학교 학생들을 대상으로 '피그말리온 효과'에 대한 실험을 하였다. 피그말리온 효과가 교육학적으로도 정말 효과가 있는지 궁금했던 로젠탈은 한 초등학교 전체 학생들을 대상으로 지능검사를 하고, 지능검사 결과와 전혀 상관없이 무작위로 20%의 학생을 뽑은 후, 그 명단을 교사에게 전달하며 지적능력이 높은 상위 20% 학생들이라고 교사가 믿도록 하였다.

8개월이 지난 후 이전과 똑같은 지능검사를 다시 실시한 결과, 그 명단에 속한 학생들의 점수가 실제로 높아지고, 학업성적도 향상되었다. 명단에 오른 학생들에 대한 교사의 격려와 기대가 학생들의 성적 향상에 실제로 영향을 미친다는 사실을 증명하였다. 로버트 로젠탈은 군인, 사관생도, 기술자 등을 대상으로 같은 실험을 하였고, 이와 비슷한 결과를 얻었다. 이후 이를 로젠탈 효과(Rosenthal effect)라고 부르게 되었다.

피그말리온 효과의 반대는 스티그마 효과(stigma effect)이다. 한번 나쁜 사람으로 찍히면 스스로 나쁜 행동을 지속하게 되는 효과로 '낙인효과'라고도 한다.

⊨ 연습문제

01. Big 5 모델에서 제시하는 다섯 가지 성격은?

02. 타입 A와 타입 B의 성격은 무엇을 말하는가?

03. 인지 부조화(cognitive dissonance)와 감정 부조화(emotional dissonance)는 무엇인가?

04. 조직시민행동(OCB)이란 무엇인가?

05. 우리가 쉽게 범하는 지각적 오류에는 어떤 것이 있는가?

제8장　**조직 구성원의 동기부여**

학·습·목·표

1. 동기란 무엇인지 구체적으로 설명할 수 있어야 한다.
2. 조직 구성원들의 동기를 설명할 수 있는 고전 동기이론에는 어떤 것들이 있는지 대표적인 이론들을 나열하고 설명할 수 있어야 한다.
3. 조직 구성원들의 동기를 설명할 수 있는 현대 동기이론에는 어떤 것들이 있는지 대표적인 이론들을 나열하고 설명할 수 있어야 한다.

Ⅰ 동기의 의의

동기(motivation)란? 움직인다는 뜻을 가진 라틴어, 모베레(movere)에서 나온 말이다. 목적을 달성하기 위해 노력하는 강도, 방향, 끈기를 설명하는 개념으로 강도(intensity)는 얼마나 열심히 하는지, 방향(direction)은 어떤 방식으로 하는지, 끈기(persistence)는 얼마나 오래 지속적으로 유지하는지를 말한다. 동기란 한마디로 내가 왜? 이 일을 하는지를 말하는 것이다. 사람의 동기를 설명하는 데에는 여러 가지 이론들이 있다. 예를 들어, 욕구이론(needs theories)의 기본 가정은 인간은 무엇인가에 만족하지 않을 때, 무언가 필요한 게 있을 때 동기가 생긴다는 것이다.

인간의 동기를 설명하는 주요 고전 및 현대 이론을 살펴보자. 고전과 현대 이론 모두 인간의 동기와 욕구를 설명하고 있지만, 고전 이론이 인간의 기본 욕구와 동기들의 내용. 그리고 그 구성요인들을 찾아내고 체계적인 분류체계를 제시하려고 하는 데 반하여, 현대 이론은 동기의 유발과정에 대한 심리학적 설명을 제시하는 것을 목표로 한다. 이런 연유로 고전 이론들을 동기의 내용이론(content theories of motivation), 현대 이론들을 동기의 과정이론(process theories of motivation)이라고 부르기도 한다. 비록 제시된 시기에 따라 동기의 내용이론들을 고전적 이론이라고 지칭하고 있으나 동기에 대한 내용적 과정적 접근 모두 경영학적 관점에서 유용한 접근 방법으로 기업의 목표 달성, 구성원 관리 차원에서의 인간의 동기 과정, 근로자들의 작업 동기를 설명함으로써 경영자들에게 직원 동기부여에 관한 시사점을 제공한다.

1. 동기의 개념

동기는 '행동을 일으키는 충동력(driving force)(Edward, 1981)'이나 '사람들을 행동으로 유도하는 원동력(Schiffman and Kanuk, 1987)', '유기체가 행동을 하도록 활력을 부여하고, 특정 목적을 성취할 수 있도록 행동 방향을 결정해 주는 내적 상태(Neisser, 1967: 10)' 등으로 정의되어 왔다. 철학적으로는 "인간이 어떠한 행동을 할 때 이 행동을 결정하는 것은 충동이든가, 또는 의식적으로 목적 관념을 지닌 욕구이며, 이와 같은 행동의 원인이 되는 것이 동기다(Lim, 2009)"라고 보고 있다.

1) 욕구와 동기

(1) 욕구

심리학에서 인간의 동기와 관련하여 이론이나 실증적 연구에서 가장 포괄적으로 주목을 받은 것이 동기의 개인적 특성인 욕구(needs)이다. 욕구는 내부 균형을 재획득하기 위한 노력으로 개인으로 하여금 일정한 행동과정을 추구하도록 하는 내적 불균형 상태라고 정의할 수 있다.

(2) 동기

심리학자들은 행동이 나타난 이유를 설명하기 위해 동기란 개념을 고안하였다. 그런데 외부로 표출된 특정한 행동의 원인을 모두 동기라고 부르지 않는다. 동기는 다음과 같은 세 가지 특성이 있는데 첫째, 행동을 유발하는 개인 내부의 힘을 의미하는 활성화, 둘째, 노력의 투입을 선택적으로 특정한 방향으로 지향하게 만드는 방향성, 셋째, 일정한 강도와 방향을 지닌 행동을 계속해서 유지시키는 지속성 등이다. 이러한 특성에 근거해 보면, 동기는 어떤 목표를 향하여 행동을 활성화하고, 방향을 설정해 주며, 유지시키는 개인 내부의 힘으로 정의할 수 있다.

(3) 동기 과정

동기과정은 욕구를 인식하게 하는 자극이 나타나는 순간에 작동한다. 이러한 자극은 개인 내부에서 나타날 수 있다. 개인의 내부자극의 예로는 배고픔, 갈증, 무언가 변화를 향한 갈망으로 들 수 있으며, 개인은 이러한 자극에 의해 식사, 물 마시기, 여행 등의 욕구를 인식할 수 있다. 또한 이러한 자극은 개인 외부에서도 나타날 수 있다. 또한 욕구를 표현욕구와 효용욕구로 구분한다. 표현욕구는 사회적 또는 심미적 요구를 달성하려는 욕구이다. 이 욕구는 개인의 자기개념 유지와 관련이 있다. 효용욕구는 생필품을 구매하거나 프린트 토너를 바꾸는 것과 같이 기본적인 문제를 해결하려는 욕구이다.

활성화된 욕구는 추동상태를 만들어 낸다. 추동(drive)이란 충족되지 않은 욕구의 결과로 생기는 긴장에 의해 나타나는 힘을 말한다. 이러한 추동은 정서 또는 생리적 각성으로 나타난다. 사람들은 추동상태를 경험할 때 그들은 목표 지향적 행동을 일으킨다. 목표 지향적 행동은 개인의 욕구상태를 해결하기 위해 취해진 행위이다.

목표는 유인대상으로 소비자가 자신의 욕구를 충족시킬 것이라고 지각하는 제품, 서비스, 정보 등을 의미한다. 소비자는 이 유인을 통해 자신의 욕구를 충족시키며 동시에 자신의 현실상태와 이상상태 간의 차이를 좁힌다.

▌▌ 동기이론

1. 고전 동기이론: 내용 기반의 동기이론

1) Maslow의 욕구단계설

심리학자인 에이브러햄 해롤드 매슬로(Abraham Harold Maslow, 1908-1970)는 1943년에 욕구단계설을 제안한 뒤 1954년에 이를 구체화하였다. 처음 매슬로는 인간의 욕구를 다섯 유형으로 범주화하고, 이들 욕구가 활성화되는 순서에 따라 이들을 다음과 같이 계층화하였다.

제1단계 생리적 욕구(physiological needs)는 숨을 쉬고, 물을 마시며, 음식을 먹고, 성적 욕구를 충족하며, 잠을 자고, 배설하기, 그리고 생존 관련 의 · 식 · 주 등과 같은 인간의 생존에 필요한 본능적인 욕구이다. 인간의 가장 기본적인 욕구이므로 다른 어느 욕구보다도 우선적으로 충족되어야 한다.

제2단계 안전의 욕구(safety needs)는 불확실한 것보다는 확실한 것, 낯선 것보다는 익숙한 것 등을 선호하는 수준의 욕구이다. 신체적인 보호, 직업의 안정 등에 대한 욕구를 말한다.

제3단계 소속과 애정의 욕구(needs for belongingness and love)는 가족 관계와 교우 관계 등을 포함한 사회적 관계를 맺고 유지하려는 욕구다. 다시 말하면 사회적 상호작용을 통해 원활한 인간관계를 유지하고자 하는 수준의 욕구로, 사랑받고 싶어 하는 욕구와 소속의 욕구가 결핍되면 스트레스, 외로움,

우울증 등에 취약해진다는 것이다.

제4단계 존중의 욕구(esteem needs)는 자신이 무언가에 기여하고 있다고 느낄 뿐만 아니라 다른 사람으로부터도 인정을 받을 때 자기 존중의 욕구가 충족된다고 한다. 매슬로는 이러한 자기 존중의 욕구가 충족되지 않거나 욕구에 불균형이 생기면 사람들은 열등감, 나약함, 무력감과 같은 심리적 불안에 시달린다고 하였다.

제5단계 자아실현의 욕구(self-actualization needs)는 각 개인의 타고난 능력 혹은 성장 잠재력을 실행하려는 욕구이다. 이 욕구는 성장을 향한 긍정적 동기의 발현이라는 점에서 바람직하고 성숙된 동기이다.

Maslow의 욕구단계설은 생리적 욕구, 안전욕구, 소속 및 애정욕구, 자기 존중의 욕구, 자아실현의 욕구 등 다섯 단계로 구분되며, 하위 욕구가 먼저 채워져야만 상위 욕구가 생긴다고 보았다.

그러나 Maslow의 5단계 욕구는 인간의 지적욕구와 예술행위는 잘 설명하지 못하여, 그는(1970)는 인지적 욕구(cognitive needs)와 심미적 욕구(aesthetic needs)를 또 다른 욕구로 제시했다. 이 두 욕구가 충족되어야 자아실현에 이를 수 있다고 보았으므로 이 욕구의 위치는 자아실현 욕구 하위에 위치한다. 다시 말해, 존중 욕구와 자아실현 욕구 사이에 인지적 욕구(cognitive needs)와 심미적 욕구(aesthetic needs)를 추가하여 7단계로 수정했다([그림 8] 참조).

인지적(앎과 이해) 욕구(cognitive needs)에는 알고자 하는 욕구, 호기심, 탐구심 등이 포함된다. 즉 모르는 것을 이해하고 탐구하려는 욕구로서, 지식과 이해, 호기심, 탐험, 의미 추구 등이 있다.

심미적 욕구(aesthetic needs)에는 미를 추구하는 욕구, 아름다움, 균형감, 질서, 완벽 등을 말한다. 다시 말해, 자연과 예술에서의 아름다움과 조화, 균형, 질서, 모양 등이다.

4단계는 결핍욕구, 상위 3단계는 성장욕구로 분류된다. 성장욕구는 메타욕구(meta need)라고도 하는데, 결핍욕구처럼 채워지면 동기가 줄어드는 게 아니라 더 많이 채우려는 강한 동기가 계속 일어난다.

그림 8 Maslow 욕구위계

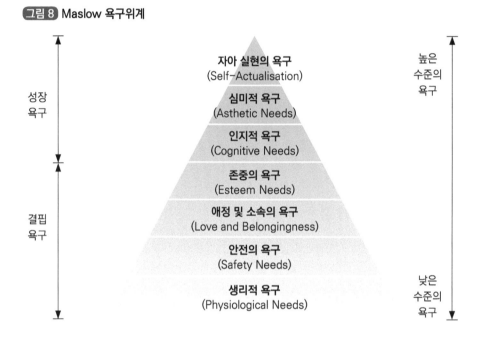

욕구위계에서 보면, 어떤 욕구가 나타나기 위해서는 바로 이전의 욕구가 어느 정도 충족되어야 한다. 예를 들어 안전욕구가 나타나기 위해서는 생리적 욕구가 어느 정도 충족돼야 한다. 따라서 한 욕구가 충족되어야만 바로 상위의 욕구가 나타난다. 만일 낮은 수준의 욕구가 충족되지 않으면, 그 욕구가 일시적으로 다시 우세해질 수 있다. 또한 욕구위계에 따르면, 각각의 욕구는 상호 독립적이고, 각각의 욕구 간에는 중복이 있으며, 어떤 욕구도 완벽하게 충족되지 않는다. 이러한 이유 때문에, 비록 우세한 욕구는 아래에 있는 다른 모든 욕구가 어느 정도까지 행동을 동기화할 수 있다고 하더라도, 주요 동기원은 상당히 충족되지 않은 채 남아 있는 가장 낮은 수준의 욕구이다.

각각의 욕구를 살펴보면, 생리적 욕구는 인간의 생명을 단기적 차원에서 유지하기 위해 요구되는 것으로 음식, 물, 공기 등에 대한 욕구이다. 안전의 욕구는 장기적인 차원에서 인간의 생명을 유지하기 위해 요구되는 것으로 삶의 안정성, 주거, 보호, 건강 등에 대한 욕구이다. 애정 및 소속의 욕구는 인간은 타인들과 온정적이고 만족스러운 인간관계를 형성·유지하고 싶어 한다. 존중의 욕구는 타인들로부터 인정받고 싶어 하고, 자신이 중요한 인물이라고 느끼고 싶어 하는 욕구로 권위, 지위, 자존심 등과 관련된다. 인지적 욕구는 지식탐구와 관련된 욕구이며, 심미적 욕구는 심미안 또는 아름다움에 대한 욕구이다. 자아실현의 욕구는 자신의 잠재력을 달성하려는 개인의 욕망을 말한다. 즉 자신이 성취할 수 있는 모든 것을 성취하려는 욕구이다.

욕구위계의 주요 문제점은 이 이론을 실증적으로 검증할 수 없다는 것이다. 상위의 욕구가 나타나기 전에 바로 이전의 욕구가 얼마나 충족되어야 하는지를 정확하게 측정할 방법이 없다. 이러한 비판에도 불구하고, 욕구위계는 인간의 일반적인 동기로서 널리 수용되고 있다.

2) ERG 이론

ERG 이론은 클레이턴 앨더퍼(Clayton Alderfer, 1940-2015)가 주장한 이론으로서, 욕구의 수직적인 계층성을 인정한다는 측면에서는 욕구 5단계설과 일치한다. 그러나 EGR이론은 근본적으로 두 가지 면에서 욕구 5단계설과는 다르다.

첫째, ERG의 욕구는 다음의 세 단계로 구분된다.
- **존재의 욕구**(existence needs): Maslow가 말한 생리적 욕구 등 기본적인 욕구가 이에 속한다.
- **관계의 욕구**(relatedness needs): 사람들과의 관계에 대한 욕구를 말한다.
- **성장의 욕구**(growth needs): 자아실현과 자기개발에 대한 욕구를 말한다.

둘째, 상위의 욕구가 좌절되었을 경우에는 비록 하위의 욕구가 이미 충족되었다고 할지라도 다시 그 하위의 욕구로부터 동기부여가 된다. 이것은 Maslow의 욕구 5단계설처럼 일단 하위욕구가 충족되면 그것은 더 이상 동기부여 요소로서 작용하지 않는다는 것과 다르다.

3) McClelland의 학습된 욕구

데이비드 클라렌스 맥클랜드(David Clarence McClelland, 1917-1998)는 기본적으로 학습된 세 가지 욕구가 사람들을 동기화한다는 생각에 근거하여 그의 이론을 발전시켰는데, 세 가지 욕구란 성취욕구, 친교욕구, 권력욕구를 말한다.

- **성공하고 싶은 성취욕구**(need for achievement)
- **다른 사람들과 친하게 지내고 싶은 친교욕구**(need for affiliation)
- **다른 사람들을 통제하고 싶은 권력욕구**(need for power)

모든 사람들은 이 각각의 욕구유형에 대해서 다른 수준의 욕구를 가지고 있고, 그 욕구의 유형과 수준에 따라 행동하게 된다.

성취욕구가 높은 사람을 성공을 위해 노력하고 문제해결에 책임을 지려는 경향이 강하다. 또한 친교욕구는 매슬로의 욕구위계에서의 애정·소속 욕구와 유사한 것으로 보았으며, 이 욕구는 사람들로 하여금 친구를 사귀고 집단의 구성원이 되며 타인과 관계를 갖도록 동기화한다. 권력욕구는 타인에 대한 통제력을 획득하고 발휘하려는 욕구를 나타내며 이 욕구는 타인에게 영향을 주고, 지시하며, 지배하려는 경향성을 보인다.

성취욕구가 높은 이들이 조직에서 좋은 관리자가 되느냐? 해답은 꼭 그렇지는 않다는 것이다. 이는 그들이 상당히 개인 중심적(personal focus)이기 때문이다. 조직에서 강한 리더십을 보이는 관리자들을 보면 보통 권력욕구가 강하고 친애욕구가 낮은 경우가 많은데, 이는 그들이 뚜렷한 방향으로 조직 구성원들에게 확실한 동기부여를 하면서 팀 전체를 이끌어 가는 힘이 강하기 때문이다. 이렇게 보면 조직의 효과성, 성과를 위해서는 강한 권력욕구도 필요하다.

4) Herzberg의 2요인 이론

프리데릭 허즈버그(Frederick Herzberg, 1923-2000)는 1959년《일하게 만드는 동기(The motivation to work)》라는 저서를 통해 2요인 이론(two-factor theory)을 소개하였다. 2요인 이론에 따르면 사람들이 일을 하고자 하는 동기는 두 가지 요인에 의해 영향을 받는다. 그 첫 번째는 동기요인(motivators)이고, 두 번째는 위생요인(hygiene factors)이다.

동기요인(motivators)은 만족과 관련된 내부동기(intrinsic motivation)로 성취감, 책임감, 자아발전 등의 동기를 증가시키는 요소를 말하며, 위생요인(hygiene factors)은 불만족과 관련된 외부동기(extrinsic motivation)로 회사정책, 임금, 업무조건 등 불만족을 느끼지 않도록 하는 요인을 말한다.

업무만족에 대한 전통적 관점에서는 만족 혹은 불만족이 하나의 차원상에 놓여 있어 만족의 반대는 불만족, 불만족의 반대는 만족이다. 그러나 허즈버그(Herzberg)는 만족(satisfaction)의 반대는 불만족(dissatisfaction)이 아닌 비만족(no satisfaction)이라고 설명한다.

마찬가지로 불만족의 반대는 만족(satisfaction)이 아니라 비불만족(no dissatisfaction)이다. 쉽게 말해 불만족스러운 요소를 없앤다고 해서 만족스러운 상태에 이르는 것이 아니라 단지 불만족이 아닌 상태가 된다는 것이다. 따라서 사람이 느끼는 만족과 불만족은 정반대의 요소가 아닌 전혀 다른 차원의 개념이다.

이상적으로는 직원들의 높은 동기부여를 위해서 동기요인과 위생요인, 혹은 내부 동기와 외부동기가 공존하면서 균형을 유지해야 한다. 실제로 외적 동기가 부족할 경우, 즉 회사정책이나 임금, 업무조건이 마음에 들지 않을 경우, 이 위생요인들이 불만족 상태를 유발하여 구성원들이 조직을 떠날 확률이 높아진다. 이 경우 업무 관련 성취감 등의 동기요인들이 주어진다고 해도 전체적으로 업무동기는 낮은 수준에 머물 수밖에 없다.

그림 9 Herzberg의 2요인 이론

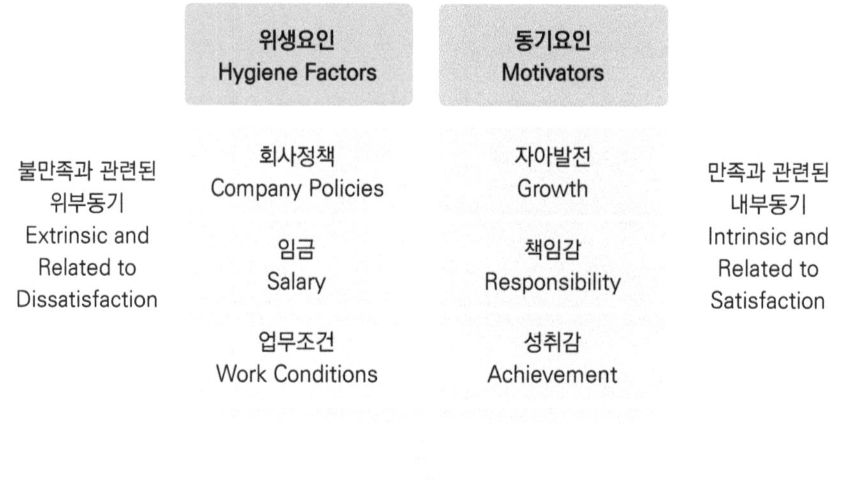

위생요인 Hygiene Factors	동기요인 Motivators
회사정책 Company Policies	자아발전 Growth
임금 Salary	책임감 Responsibility
업무조건 Work Conditions	성취감 Achievement

불만족과 관련된 위부동기
Extrinsic and Related to Dissatisfaction

만족과 관련된 내부동기
Intrinsic and Related to Satisfaction

5) McGregor의 XY이론

미국의 심리학자이며 경영학자였던 더글라스 맥그리거(Douglas McGregor, 1906-1964)는 1960년 《기업의 인간적 측면(The human side of enterprise)》이라는 저서에서 XY이론을 제시하였다. 그래서 맥그리거의 XY이론(McGregor's theory X and theory Y)으로 잘 알려져 있다.

X이론의 가정은 다음과 같다.

• 사람들은 일하기를 싫어하고 가능하다면 일을 안 할 것이다.

- 일을 싫어하기 때문에 직원들이 조직의 목표를 달성하도록 하기 위해서는 처벌을 이용해서 강제하고, 통제하고, 지시 및 협박해야 한다.
- 일반적인 직원은 지시받기를 선호하고, 책임을 지기보다는 안정성을 원하고, 야심이 크지 않다.
- 가장 큰 동기요인은 공포와 금전적 보상이다.

이러한 가정에 따라 직원들을 관찰하고, 무엇을 어떻게 할지 지시하는 사람은 매우 바쁜 경영자이다. 동기부여는 나쁜 직원에게는 체벌, 좋은 직원에게는 보상의 형태를 띤다. X이론 경영자들은 직원들에게 적은 책임, 자율성, 융통성을 부여한다. 과학적 관리를 지지한 테일러와 그의 선행 이론가들은 X이론에 동의했을 것이다. 경영진이 시간-동작 연구에 집중하고 일을 수행하는 최적의 방법과 시간을 계산한 것은 이 때문이다. 직원들은 교육받아야 하고, 표준 규정을 잘 지키는지 유심히 관찰되어야 한다고 생각한다.

많은 경영자들과 기업가들은 직원들을 완전히 신뢰할 수 없다고 생각하고, 감독해야 할 대상이라고 믿는다. 여러분도 그런 경영자를 본 적이 있을 것이다. 여러분은 그에 대해 어떻게 느꼈는가? 직원의 태도에 대한 이 경영자들의 가정은 정확한 것인가?

Y이론은 사람들에 대해 완전히 다른 가정을 한다.
- 대부분의 사람들은 일을 좋아하고, 일은 노는 것이나 쉬는 것처럼 자연스러운 활동이다.
- 대부분의 사람들은 몰입된 목표를 향해 자연스럽게 노력한다.
- 목표에 대한 개인의 몰입 정도는 그것을 성취했을 때 얻을 수 있는 인지된 보상에 달려 있다.
- 대부분의 사람들은 특정 상황에서는 단지 책임을 받아들일 뿐 아니라 책임을 추구하기도 한다.
- 사람들은 비교적 높은 수준의 상상력, 창조력, 문제 해결력을 발휘할 수 있다.

- 산업에서, 평균적인 사람들의 지적 잠재력은 단지 부분적으로만 사용되고 있다.
- 사람들은 다양한 보상에 의해 동기부여된다. 각각의 직원은 자신의 고유한 보상에 의해 자극된다(쉬는 시간, 금전적 보상, 인정 등).

Y이론은 권위, 지시, 감독보다 직원들이 자유로이 목표를 세우고, 창조성을 발휘하고, 융통성 있게 일을 하며, 경영진이 세운 목표를 넘어설 수 있는 편안한 분위기를 강조한다. 이러한 목표를 달성하는 주요 테크닉은 권한위임(empowerment)이다. 권한위임은 직원들이 결정을 내리고 그들이 내린 결정을 수행할 방법을 선택할 자율성을 부여한다. 권한위임이 진정한 동기부여 요인이 되기 위해서, 경영진은 다음의 세 단계를 거쳐야 한다.

첫째, 직원들이 직접 조직의 문제점을 찾아낸다.
둘째, 직원들이 직접 해결책을 설계하도록 한다.
셋째, 직원들이 해결책을 실행에 옮기도록 맡겨둔다.

2. 현대 동기이론: 과정 기반의 동기이론

1) 기대 이론

빅터 브룸(Victor Vroom)은 1964년 《일과 동기(Work and motivation)》라는 저서를 통해 기대 이론(expectancy theory)을 소개하면서 인간의 행동은 결과에 대한 기대감에 의해 결정된다고 주장하였다.

조직에서 한 개인이 자신의 목표를 달성하는 과정을 생각해보자. 노력을 통해 성과가 생기고, 그 성과에 근거해 조직은 보상을 한다. 그리고 보상은 개인의 목표달성 혹은 욕구충족에 기여한다. 여기서 모든 고리가 순조롭게 연결이 되어야만 조직 구성원들에게 동기부여를 할 수 있게 된다. 이러한 심리적 연결과정이 개인의 동기 수준을 설명한다는 측면에서 기대 이론은 대표적인 과정적 동기이론(process theory of motivation)이라고 할 수 있다.

- **기대감**(Expectancy): 노력·능력을 투입하면 성과가 있을 것이라는 주관적인 기대감
- **수단성**(Instrumentality): 성과(1차 산출)가 바람직한 보상(2차 산출·결과)을 가져다 줄 것이라고 믿는 주관적인 정도
- **유의성**(Valence): 보상(2차 산출이나 결과)의 중요성에 대한 주관적인 선호의 강도

Vroom은 "동기부여의 정도는 행위의 결과에 대한 매력의 정도(유의성)와 결과의 가능성(기대) 그리고 성과에 대한 보상 가능성(수단성)의 함수에 의해 결정된다"고 주장한다. 즉 인간은 자신의 행동과정에서 여러 대안 중 자신이 원하는 결과를 가져올 행동을 선택한다는 것이다. 물론 기대 이론은 이렇게 간단히 설명할 수 있는 이론이 아니라 고려해야 할 점이 많은 동태적인 이론이다.

우선 기대 이론은 다음의 내용을 믿는 신념이 있을 때 동기부여가 잘 될 것이라고 설명한다.

첫째, 노력하면 좋은 성과를 낼 수 있을 것이다.

둘째, 좋은 성과는 조직에서의 보상(보너스, 임금인상 또는 승진)을 가져올 것이다.

셋째, 보상은 종업원들의 개인목표를 충족시킬 것이다.

[그림 10]과 같이, 위의 세 가지 신념은 다음의 세 가지 관계에 초점을 두고 있다.

그림 10 기대 이론

개인 노력	①	개인 성과(1차 결과)	②	조직 보상(2차 결과)	③	개인 목표
(Individual effort)	→	(Individual performance)	→	(oragnizational rewards)	→	(personal goal)

① 노력-성과 관계	② 성과-보상 관계	③ 보상-개인목표 관계
기대(Expectancy)	수단성(Instrumentality)	유의성(Valence)

노력과 성과 간의 관계(effort-performance expectancy)를 살펴보자. "내가 만약 최대한의 노력을 하면 성과가 노력한 만큼 높게 나올까?"라는 질문에 많은 조직원들이 "그렇지 않을 것이다"라는 대답을 한다. 업무성과와 그에 대한 평가에는 업무에 투여하는 본인의 노력뿐 아니라 수많은 다른 요인이 영향을 미칠 것이기 때문에 내가 아무리 노력한다고 해도 성과가 그에 비례해서 잘 나오지 않을 것이라고 생각하기 때문이다. 이렇게 노력-성과 간 연결고리가 불분명하거나 아예 끊어지는 상황에서 조직 구성원들은 동기부여가 되지 않는다.

이번에는 성과와 조직보상 간의 관계(performance-reward instrumentality)를 보자. 성과가 좋게 나오면 조직에서 그에 상응하는 보상을 해줄 것인가? 많은 조직원들이 그렇지 않다고 대답한다. 보상은 성과에만 기초해서 나오는 것이 아니라 근속연수, 상사와의 관계 등 다른 요인에 의해서도, 어쩌면 그 다른 요인들에 의해서 더 많은 영향을 받는 것을 알기 때문이다. 여기서 성과와 보상 간 연결고리가 다시 끊어진다. 이 역시 조직 구성원들의 동기를 저해한다.

마지막으로, 보상과 개인목표 간의 관계(reward-goal valence)를 살펴보자. 조직이 보상을 하면 개인의 목표가 달성되는가? 여기서 알아둘 것은 모든 사람들의 목표가 같지는 않다는 것이다. 어떤 사람은 경제적으로 부유해지는 것이 목표일 수도 있고, 어떤 사람은 조직에서 인정받는 사람이 되는 것이 목표일 수 있으며, 또 어떤 사람에게 일은 단지 생계를 위한 수단이고, 기본 생활만 해결되면 가족과 많은 시간을 갖는 것이 목표일 수도 있다. 구체적으로 예를 들자면, 성과가 좋아서 조직이 보상을 했다. 내가 바라는 보상은 보너스 등의 경제적 보상이었는데 조직에서는 그저 잘했다는 칭찬 몇 마디로 보상을 했다. 혹은 내가 바라는 것은 승진이었는데 조직에서 특별 상여금만을 지급했다. 혹은 내가 바라는 것은 휴가를 받아 가족과 많은 시간을 보내는 것이었는데 조직에서는 월급 인상과 더불어 더욱 중요한 업무를 맡겨 더 바빠지게 생겼다. 이런 상황들에서 보상과 개인목표 간 연결고리가 끊어지게 된다. 이 경우, 보상과 개인 목표와의 기대치가 어긋나면서 조직 구성원들은 일을 하고자 하는 욕구, 업무동기를 잃게 된다.

따라서 이 이론의 시사점은 성과와 결과 사이의 연결을 강화하기 위해 관리자는 보상을 성과와 매우 밀접하게 연결하는 시스템을 사용해야 한다. 관리자는 또한 제공된 보상이 수령인이 받을 자격이 있고 원하는지 확인해야 한다. 노력과 성과 간의 연결을 개선하기 위해 관리자는 교육을 통해 직원의 역량을 향상시키고 직원이 추가된 노력이 실제로 더 나은 성과로 이어질 것이라고 믿도록 도와야 한다.

2) 공정성 이론

공정성 이론(equity theory)은 직원들의 노력과 직무만족은 업무상황에 대해서 직원들이 인식하는 공정성(fairness)에 의해서 결정된다고 보는 이론으로 존 아담스(John Adams)가 1965년《사회교환에서의 불공정성(Inequity in social exchanges)》이라는 저서를 통해 소개한 이론으로 사회비교이론(social comparison theory)에 근거한 심리적 과정에 초점을 둔 동기이론이다.

이 이론에 따르면 사람들은 자신의 업적에 따라 주어지는 보상이 공정하다고 느끼면 동기가 유발된다는 것이다. 만약, 동료들보다 노력을 더 했는데 그들과 똑같은 보상을 받았다면 다음 번에는 노력을 덜 하는 쪽으로 사기가 저하될 것이다.

조직 구성원들은 자신의 직무를 수행하기 위해 시간, 노력, 경험, 기업에 대한 충성심 등을 투입하게 되며, 그 결과 월급, 승진, 인정, 동료나 상사와의 원만한 관계, 성취감 등과 같은 것을 얻게 된다. 따라서 개인의 입장에서 작업상의 투입과 산출 사이의 비율을 다른 사람과 비교함으로써 공정하게 대우받고 있는지를 판단하게 되는 것이다.

예를 들어, 동료인 A와 B가 마케팅부서에서 판매촉진전략을 기획하는 프로젝트에 참가했다고 가정해보자. 이때 A가 담당한 제품은 신제품으로 시장에서 매우 복잡하고 치열한 경쟁 속에 있는 반면에 B가 담당한 제품은 안정적인 상황에 처해져 있다. 이때 불확실한 환경 속에서 다른 회사 제품과의 경쟁에서 우위를 차지하기 위하여 A는 훨씬 더 많은 노력을 기울여야 한다.

이러한 경우 A와 B에 대한 보상이 같다면 A는 투입한 노력에 비해서 성과에 대한 보상이 B보다 상대적으로 낮다고 생각하기 때문에 동기유발이 덜 될 것이다. A의 입장에서는 경쟁에서의 치열한 노력에 대한 대가로서 B보다 더 높은 보상을 받을 때에 비로소 동기가 유발될 것이다.

따라서 경영자가 종업원들에 대한 보상을 할 때는 항상 형평의 원칙에 어긋나지 않도록 주의를 기울여야 한다. 비록 많은 보상이 주어진다 해도 그것이 저마다의 노력이나 성과에 상응할 수 있도록 공정하게 배분되지 않으면 종업원들의 동기를 유발하는 것은 어려워진다. 이렇게 종업원들의 노력이나 성과에 따라 공정한 보상이 이루어질 수 있도록 노력해야 동기유발이 이루어진다는 것이 형평이론이다.

기업의 입장에서는 조직 구성원들의 동기를 유발하기 위하여 성과평가와 업적기준 임금제도의 도입, 다양한 복지 프로그램 개발, 스톡옵션제도와 종업원지주제 등을 도입하고 있다.

3) 목표설정 이론(goal-setting theory)

목표설정 이론(goal-setting theory)은 에드윈 로크(Edwin Locke)가 1968년 〈업무동기와 인센티브 이론을 향하여(Toward a theory of task motivation and incentives)〉라는 논문을 통해 제시한 이론으로 인간 행위는 본능, 욕구, 조건형성 등이 아닌 의식적인 목표나 의도적인 노력에 의해 이루어진다는 것을 강조한다.

설정된 목표를 효과적으로 관리함에 있어 강조되는 요소는 목표 몰입과 내적 동기부여이다.

목표 몰입(goal commitment)이란 목표를 달성하기 위해 노력하기로 결정하고 그것을 위해 지속적으로 노력을 유지하는 강도와 정도를 말한다.

내적 동기부여(intrinsic motivation)란 일을 하면서 얻는 성취감, 도전감 등 내적 보상에 의해 이루어지는 동기부여를 말한다. 내적 보상은 가치 있는 일을 하고 있다는 스스로의 믿음과 목표달성 방법에 대한 개인의 선택, 자신이 선택한 일을 잘 해내고 있다는 자부심, 그리고, 목표의 달성에서 비롯되는 성취감 등 감정 및 태도적인 요소에 기초한다. 이를 근거로 스스로 노력하게 되는 것이 바로 내적 동기부여이다.

목표설정 이론(goal-setting theory)의 기본가정은 목표가 특정적이고 어려울수록 성과가 높아진다는 것이다. 로크(Locke)는 구체적이고 도전적인 목표가 설정된 경우, 목표가 쉽거나 애매하거나 혹은 아예 없는 경우보다 더 높은 수행 능력을 보인다는 연구 결과를 발표하였다. 도전적인 목표는 사람들을 지속적으로 열심히 일하게 만들어 보다 효율적이고 효과적일 수 있도록 하는 원동력이 된다는 것이다. 이와 더불어, 목표와 성과 간 관계를 보면 목표를 혼자만 아는 것이 아니라 공개적으로 공표했을 때 목표가 성과로 이어지는 확률이 높아진다.

목표설정 이론에 근거하여 많은 조직에서 채택하고 있는 목표달성관리

(MBO: Management By Objectives)[1] 제도는 목표설정을 활용하는 시스템적인 방법으로, 명확하고 검증 및 측정이 가능한 목표를 직원들에게 부여하여 업무 동기를 증진하고자 한다. 조직 전체의 목표는 조직 각 부문 수준에서 세부적 목표로 나누어진다. 목표달성관리 프로그램의 성패는 목표가 명확한지, 의사결정은 참여적인지, 목표 달성기간이 분명한지, 성과에 대한 피드백이 주어지는지에 달려 있다.

4) 강화 이론

인간행동 분석에서 중요한 이론으로 강화 이론(reinforcement theory)이 있다. 심리학자 B. F. Skinner의 강화 이론(reinforcement theory)은 과거 행동의 결과에 따라서 미래행동의 패턴이 결정된다는 것을 설명한다. 따라서, 과거 어느 행동의 결과가 긍정적이라면 개인은 미래에 비슷한 상황에서는 유사한 행동으로 반응할 것이며, 이때 만약 결과가 부정적이라면 다음 기회에는 부정적 결과를 피하기 위해 자신의 행동을 수정할 것이다.

예를 들어, 사람들은 법에 복종하는 것을 당연하게 받아들인다. 왜냐하면, 과서에 그들은 가정이나 학교에서 법은 복종해야 하는 것으로 배웠고, 그렇지 않을 경우 벌칙을 받았기 때문이다.

---

1 목표달성관리는 1954년《경영의 실제(The practice of management)》라는 저서를 통해 경영학의 아버지라고도 불리는 피터 드러커(Peter Drucker)가 소개한 개념으로 조직의 목표와 개인의 목표를 통합하기 위한 경영관리기법이다. 목표관리에 의한 평가는 6개월 내지 1년 내에 달성할 특정 목표를 평가자와 피평가자 간의 협의에 의해 결정하고, 그 기간이 종료된 후에 목표를 양적, 질적으로 평가하는 결과 지향적 평가방법이다. 목표달성관리(MBO)에는 첫째, 조직목표와 개인 목표와의 연계를 통한 경영 목표의 효율적 달성과 둘째, 참여를 통한 목표 설정과 자율적인 업무 수행과 셋째, 업무수행상의 권한과 책임의 명확화 넷째, 자율 경영체계의 정착을 통한 직원들의 동기와 성과 향상의 네 가지 목적이 있다. 이를 위하여, 각 개인이 설정한 목표를 기초로 자기의 성과관리를 철저히 하는 것이 MBO의 핵심이다.

강화 이론은 일반적으로 사람이 열심히 일하려고 하는 것은 다름이 아니라 그들이 열심히 하면 보상받는 것을 배웠기 때문이라고 주장한다. 따라서 종업원이 과거에 어떤 보상을 받았는지를 알아서 그 패턴에 따라서 이에 맞는 동기부여를 제공하면 그는 동기부여를 받게 된다고 주장한다.

일반적으로 행동의 수정을 강화하는 데는 다음의 네 가지 방법이 있다.

- **긍정적 강화(보상의 부여)**: 긍정적 행동에 대해서는 칭찬 같은 보상으로써 강화한다.
- **부정적 강화(불편자극 철회)**: 비평이나 평가를 행함으로써 종업원 스스로가 잘못된 행동을 수정하도록 한다.
- **소거(보상 철회)**: 바람직하지 못한 행동에 대해서는 행동을 중단하도록 요구하여 행동의 재발을 방지한다.
- **벌(불편자극 부여)**: 부정적인 행동에 대해서는 임금 등을 삭감한다.

3. 자기와 동기

1) 자기조절

자기조절(self-regulation)이란 환경의 요구에 따라 행동을 시작하고 멈추는 것에서부터 사회적이고 교육적 활동에 이르기까지 자기행동의 강도, 빈도와 지속성을 조절할 수 있는 능력을 의미한다(Kopp, 1982). 구체적으로 자기조절은 자신의 행동에 대한 지속적인 자기검색, 획득한 정보에 대한 자기평가 그리고 적절한 행동에 대한 보상으로서의 자기강화를 사용하여 자신의 행동을 통제하는 것이다. 자기조절 능력으로 인해 우리는 하고자 하는 목표나 목적을 성취하기 위한 행동을 유지할 수 있고 다른 외부적인 제한이 있더라도 비교적 안정된 행동을 수행할 수 있다.

실제 자기조절을 잘 하는 사람은 과제 수행 수준이 높고, 계획이나 문제해

결과 같은 고차원적인 인지기능을 포함하는 실행기능이 뛰어나며, 학교와 직장에서 목표를 성공적으로 달성하고, 좋은 대인관계를 형성하여 인기가 많으며, 신체적으로나 정신적으로도 건강하고 만족스러운 삶을 영위한다(Tangney, Baumeister, & Boone, 2004). 반면, 자기조절의 실패는 대부분의 사람들이 경험하는 개인적 혹은 사회적 문제를 야기할 수 있다.

또한 자기조절은 정서적 반응에 대한 통제를 가능하게 함으로써 대인관계를 증진할 수 있다(Schmeichel & Baumeister, 2004). 우리가 사회적으로 관계를 형성하고 유지하는 것은 과업과 관계라는 중요한 두 측면에서 강력한 보상을 받을 수 있기 때문이다. 따라서 사람은 누구나 관계에 소속되어 인정받고 싶은 욕구가 있는데, 그 과정에는 현재의 욕구를 억제하고 미래를 위해 자신의 감정이나 행동을 사회적으로 더 바람직하게 조절할 필요가 있다. 특히 타인 앞에서 부정적인 감정을 표출하는 것은 때로 인간관계에 해를 끼칠 수 있기 때문에 집단 내에서 자신의 부정적 정서를 조절할 필요가 있다(Gross & Thompson, 2007).

따라서 자기조절능력은 의사결정에 필요한 인지적, 정서적 및 행동적 차원을 효과적으로 활용하고 자기조절을 방해하는 요인들을 잘 다루어, 융통성 있게 환경에 적응하고 자신의 행동과 사고 및 감정을 효율적으로 다루는 능력이라고 할 수 있다. 이 과정에서 가장 두드러지게 나타나는 특징 중 하나는 사전사고 단계에서 나타나는 자기효능감이다.

2) 자기효능

자기효능이론(self-efficacy theory)은 알버트 반두라(Albert Bandura)가 1977년 〈자기효능: 행동변화의 통합이론을 향하여(Self-efficacy: Towards a unifying theory of behavioral change)〉라는 논문을 통해 소개한 이론이다.

이 이론에 따르면, 자신이 일을 해낼 수 있다는 스스로에 대한 믿음이 자신감을 상기하고 부정적인 피드백에도 잘 대처할 수 있도록 하여 동기와 성과의 향상이 이루어진다고 가정한다. 자기효능을 향상하는 요소로 가장 중요한 것은 경험을 통한 숙달(enactive mastery)이다. 업무와 관련된 꾸준한 경험을 통해서 숙달수준에 이르러야 자기효능감의 수준이 높아진다. 결국은 꾸준한 연습만이 완벽함을 만드는 것이다(practice makes perfect). 이 외에도 대리학습(vicarious learning), 혹은 간접적 관찰학습을 통해서도 자기효능감을 높일 수 있다. 다른 사람들이 업무를 하는 모습을 옆에서 보면서 배우는 것으로 자신이 하는 일과 비슷한 일을 잘하는 사람을 보고 배우는 것이 가장 효과적이다.

3) 자기결정

자기결정이론(self-determination theory)은 에드워드 데시(Edward Deci)와 리차드 리안(Richard Ryan)이 1985년 《인간행동의 내부동기와 자기결정(Intrinsic motivation and self-determination in human behavior)》이라는 저서를 통해 소개한 이론으로 사람들은 자신의 향후 행동을 스스로 선택할 수 있을 때 자기결정력을 느끼게 되고, 이때 내적 동기가 올라가게 된다는 것이다.

자기결정이론의 기본 가정은 사람들은 자신의 행동을 스스로 결정하고 통제한다고 느낄 때 동기가 부여된다는 것으로, 이에 따르면 즐기던 일이라도 일단 그것이 의무가 되는 순간 동기가 급격히 감소한다는 것이다. 다른 사람에 의해서 자신이 통제당하고 있다고 느낄 때 자기결정력이 손상되고 외적 요인에 의해 강요된 행동을 하고 있다고 생각하면서 내적 동기가 사라지게 된다.

자기결정이론에서는 외적, 물적 보상이 내적 동기를 감소시킨다고 주장한다. 물적 보상이 자신에게 이로움을 주는 것보다는 자신의 행동을 통제하고 조종하며 자유를 제한하는 미끼라고 인식하면서 자기결정력에 역효과를 주기 때문이다. 이보다는 확실한 목표제시와 칭찬과 같이 말을 통한 보상이 사람의 내적 동기를 증가시킨다고 한다. 자기결정이론에서는 물적보상보다는 의사결정 참여와 자율권을 줌으로써 자기결정을 고취하는 것이 더 효과적이라고 한다.

⊪ 연습문제

01. 매슬로의 욕구이론을 구성하는 요소와 핵심 내용은?

02. 허즈버그의 2요인이론을 간략히 설명하라.

03. 맥그리거의 XY이론에 대해서 간략히 논하라.

04. 맥클레란드의 욕구이론에서 제시된 인간의 세 가지 욕구 유형은?

05. 빅터 브룸이 주장한 기대 이론의 핵심 내용은?

06. 공정성 이론의 핵심 내용은?

07. 자기효능이론의 핵심 내용은?

경영과 체계적 구조

제9장

집단의 이해

1. 업무집단이란 무엇인지 명확하게 설명할 수 있어야 한다.

2. 집단이 구성원들에게 부여하는 의미와 영향에 대해서 설명할 수 있어야 한다.

3. 집단의 유형에는 어떤 것들이 있는지 설명할 수 있어야 한다.

4. 집단 의사결정에서 나타나는 다양한 현상들에 대해서 설명할 수 있어야 한다.

5. 집단의 장점과 단점에 대해서 설명할 수 있어야 한다.

Ⅰ 집단의 의의

1. 집단의 개념

집단(group)은 특정 목표를 달성하기 위하여 상호 의존하고 교류하는 두 명 또는 그 이상의 개인들을 일컫는다. 경영학에서의 '집단'은 일반적으로 '업무집단(work group)'을 의미한다. 업무집단은 두 명 이상의 사람들이 스스로를 집단이라 칭하며 이를 제3자에게 인정받고, 공동의 업무가 상호의존적인 형태를 가지고 있으며, 보다 높은 단계의 사회적 개체에 소속되어 있는 것을 말한다.

실생활에서 우리는 업무집단(work group)과 업무팀(work team)을 혼용하고 있다. 집단은 실상 팀보다 포괄적인 개념으로 팀은 집단의 한 형태이다. 어떠한 팀이든 집단의 한 종류로 정의되지만, 집단은 상황에 따라 팀일 수도 혹은 팀이 아닐 수도 있다. 이게 무슨 소리인가 하면,

업무집단 중에서도 팀(team)이라고 불리려면, 개별 팀원들의 업무목표와는 확연히 구별되는 팀 수준의 목표에 팀원들이 높은 몰입도를 보이며, 서로 협력하여 달성한 팀 전체의 성과가 '개별 구성원들의 성과를 단순하게 합산한 것보다 큰 시너지(synergy)'가 존재해야 한다.

팀은

집합적 목적에 팀원들이 공통적으로 몰입해야 하고,

집합적 업무 성과에 서로 책임감을 가지고 있어야 하며,

업무를 진행하는 방식은 팀 자체에서 자발적으로 만들어낸 규범을 가지고 있어야 하고,

이러한 과정을 통해 창출된 집단적 성과에 의해 팀 수준에서 업무 수행 능력을 평가받는다.

따라서 팀은 "상호보완적인 능력을 가진 사람들이 집단 수준의 전체적 목적, 구성원들 간의 상호의존적 업무목표, 그리고 공통의 사회 규범을 받아들여 집합적으로 업무를 수행하는 상태"라고 정의된다.

〈표 7〉 **집단과 팀의 차이**

작업집단(work group)	구분	팀(team)
작업집단		팀
정보공유	목적	팀 성과
중립적(거의 부정적)	시너지	긍정적
개인책임	책임	개인 및 상호책임
동일, 혹은 서로 다름	기술	상호보완적

작업집단은 각자의 책임영역에서 일을 하는 데 있어 도움이 되는 정보를 공유하고 의사결정하는 상호작용 집단을 말한다.

반면에 작업팀은 '협력을 토대로 시너지를 창출'한다. 팀원 개개인의 노력의 합은 기대 이상의 성과를 창출하는 것으로 알려져 있다. 이 때문에 조직은 작업 프로세스를 팀 단위로 조직화하는 것을 선호한다. 이를테면 투입량을 늘리지 않고, 더 좋은 결과를 얻고 싶은 욕망의 결과라고 할 수 있다.

하지만 이는 어디까지나 '잠재력'일 뿐이다. 이 '잠재력'을 끌어내기 위해서 최고경영자는 '문제해결팀', '자기관리팀', '기능횡단팀', '가상팀'을 조직화하여 관리하려고 한다.

- **문제해결팀**: 1980년 초 유행한 팀의 형태이다. 팀원은 5-12명으로, 품질 · 효율 · 작업 환경 개선이 주된 논의사항이다. 하지만 개선 아이디어를 제안하지만, 실행 권한은 없다.

- **자기관리팀**: 문제해결 팀의 한계인 '실행 권한'이 없는 것을 보완하기 위해 구성된 팀이다. 상호의존적인 직무를 수행하는 사람들로 구성한다. 평균 10-15명 내외가 된다. 자기관리팀은 작업을 계획하고 팀원에게 과업을 할당한다. 작업속도를 통제하고, 문제가 발생하면 팀장은 그에 상응하는 조치를 취한다. 완전한 자기관리팀은 팀원을 스스로 선발하고 서로의 성과를 평가한다. 이 때문에 팀장의 중요성은 줄어들거나 없애기도 한다. 자기관리팀의 효과가 일관적인 것만은 아니다 결근율과 이직률이 높게 나타난 연구가 있다. 그리고, 팀 규범의 강도, 과업 유형, 보상구조와 같은 요인은 자기관리 팀의 효과성에 상당한 영향을 미치는 것으로 알려져 있다.

- **기능횡단팀**: 어떤 과업을 달성하기 위해서 동일 계층, 다른 직무 영역에서 온 사람들로 구성된 팀을 말한다. Task Force 또는 위원회는 기능횡단팀의 종류이다. 기능횡단팀의 특징은 수평적인 커뮤니케이션을 하지만, 다양한 배경과 경험 · 관점을 가진 사람들이 모이기 때문에 팀원 간 신뢰와 팀워크를 구축하는 데에는 시간이 걸린다.

- **가상팀**: 공동 목표를 달성하기 위해 물리적으로 멀리 떨어져 있는 구성원들을 연결하기 위해 컴퓨터 기술을 사용하는 팀이다. 팀원을 직접적으로 만나지 않기 때문에 과업 지향적이다. 하지만 사회적 · 감정적 교류는 없기 때문에 만족도는 떨어진다.

대부분의 기업에서 업무집단들이 활용되고 있고, 모든 조직활동들이 팀 수준에서 진행되고 있다. 그렇지만 업무집단이 시너지를 만들어내고 업무팀으로 승격하기는 쉽지 않다.

업무집단이라는 이름하에 사람들 여럿이 모여서 일하는 경우 기본적으로 사람들 간의 업무흐름과 절차를 조정해야 하는 조정 비용(coordination cost)이 발생한다. 개인 한 사람을 동기부여하는 것도 어려운데, 집단 전체를 한 방향으로 동기부여하는 것이 쉬울 리 없다. 집단에 속한 개인이 최대한 노력해서 집단의 이익을 만들어낸다? 문제는 개인의 노력이 개인의 이득으로 연결되지 않는다는 동기적 딜레마(motivational dilemma)가 발생하여 집단 안에서는 개인의 노력을 최소화하려는 사회적 태만에 빠지는 경우가 많기 때문이다. 사회적 태만(social loafing)이란? 집단에 속한 사람들이 공동의 목표를 달성하기 위해 함께 일하는 상황에서 혼자 일할 때보다 노력을 덜 들이는 현상으로 집단에서 나타나는 대표적인 부정적 행태를 말한다.

또한 링겔만 효과란 집단에 참여하는 사람 숫자가 늘어날수록 개인의 공헌도(생산성)가 떨어지는 현상을 말한다. '1+1=2'가 되지 못하고 오히려 1.3이나 1.4처럼 2보다 적어진다는 것이다. 이것은 혼자 일할 때는 100% 자신이 맡은 바 역할을 다하던 사람이 남들과 함께 집단 속에서 일할 때는 이에 미치지 못하는 성과를 내는 현상이라고 할 수 있다. 이를 발견한 사람은 프랑스의 심리학자이자 농업공학자였던 막시밀리앙 링겔만(Maximilien Ringelmann, 1861–1931)은 말의 능력에 대한 연구를 하던 중 마차를 끄는 두 마리 말의 힘이 한 마리가 끌던 때 힘의 2배가 되지 않는다는 것을 발견했고, 이런 현상이 과연 사람에게도 나타나는지 알아보려고 줄다리기 실험을 했다. 참가자들이 각자 얼마나 세게 줄을 당기는지 측정할 수 있는 장치를 달아 전체가 줄을 당길 때의 힘과 개인이 혼자 줄을 당길 때의 힘을 비교한 것이다. 줄다리기에 참여하는 사람이 한 명 더 늘었다고 해서 전체 힘이 그와 비례해 커지지 않았다. 예를 들어, 개인 한 명이 가진 힘의 크기를 100으로 봤을 때 2명이 줄을 당기면 한 사람당 93, 3명이 줄을 당길 때는 85, 더 나아가 8명이 줄다리기를 할 때는 겨우 64 정도의 힘밖에 쓰지 않았다. 즉 3명이 3인분의 힘을 쓴 게 아니라 2.5인분을, 8명이 8인분만큼 노력한 게 아니라 5인분의 힘만 쓴 것이다. 인원이 많아질수록 개인의 공헌도는 작아진다는 것으로, 사람들은 자신의 역할이 분명히 드러나지 않는 상황에서 최선의 노력을 다하지 않는 심리가 있다는 게 밝혀진 것이다.

왜 이런 일이 일어나는 걸까? 가장 큰 이유로 집단 속에서는 개개인이 하는 일이 잘 드러나지 않는다는 게 꼽힌다. 30명이 줄다리기를 하면 사실 누가 최선을 다했는지, 누가 그냥 줄만 잡고 있었는지 알기가 어렵다. 또 줄다리기에서 지더라도 패배의 책임을 여러 사람과 나누기 때문에 별로 부담이 없어 반드시 이겨야겠다는 마음이 들지 않는다. 이렇게 개인의 공헌도가 다른 사람들에게 가려져 분명히 드러나지 않는 상황, 또는 결과에 대한 책임이 누구에게 있는지 분명하지 않은 상황에서 링겔만 효과가 나타난다. 큰 조직에서 '나 하나쯤이야' 하는 생각으로 '무임승차(Free Ride)'하는 사람들이 꼭 등장하는 이유다.

거대 조직 속에서 일하다 보면 구성원들이 자기 가치를 발견하지 못하고 스스로를 조직 속 부품처럼 여겨 일할 의욕을 잃는다는 분석도 있다.

또 조직 구성원이 많아지면 조직 목표에 대한 충분한 의사소통을 하기 어려워져 이런 현상이 나타나기도 한다.

이런 이유로 많은 기업이 '일을 잘하기 위해 가장 적절한 인원은 몇 명인가' 고민한다. 일 잘하는 인재를 일정 숫자 이상 같은 팀에 배치하지 않는다거나, 팀을 소규모 인원으로 구성하는 방식을 택하는 것이다. 미국 온라인 유통업체인 아마존 최고경영자 제프 베조스(Bezos)도 "라지 사이즈 피자 2판으로 한 끼 식사를 해결할 수 있는 6−10명 정도의 인원이 팀 구성에 최적"이라고 말했다. 그 정도 작은 인원이어야 구성원들 간 소통이 활발하게 이루어지고 빠른 의사 결정이 가능하며 구성원 개개인이 책임감을 갖고 최선을 다해 역량을 발휘한다고 본 것이다.

대부분의 경우 긍정적 집단 시너지(positive group synergy)를 통한 팀 성과 창출보다는 불필요한 비용과 동기 저하로 인한 부정적 시너지(negative synergy)와 성과 저하를 겪게 될 가능성이 더욱 크다는 것이다.

따라서 조직에서 집단이 팀으로 변신하는 게 쉽지는 않다는 소리다. 집단을 구성하는 것이 문제의 해결책이 아니라 문제의 시작이 되는 경우가 많다는 점을 간과하면 안 된다. 어떻게 업무집단의 과정 손실(process loss)을 최소화하고 과정 이익(process gain)을 최대화하여 시너지를 내는 팀으로 만들어낼지를 고민해야 한다.

2. 집단의 영향

1) 집단에 대한 사회적 동조

사람들이 세상을 해석하고 이에 부합하는 행동을 취하는 방식은 주변 상황의 영향을 받는다. 따라서 사람들의 감정, 생각, 그리고 행동들은 타인과의 상호작용을 통해 생성되는 사회적 결과물이라고 할 수 있다.

특히 집단은 구성원 간 친밀한 인간관계가 강조되는 사회적 환경으로 구성원들 사이의 소통을 강조하고, 구성원들이 동일한 가치 및 상징체계를 갖추어 유사한 세계관 및 지식체계를 가지도록 유도한다. 집단의 이러한 특성은 집단 구성원들이 세상을 유사한 방식으로 해석하고 반응하도록 만드는 강력한 힘을 발휘한다.

(1) 암실에서의 실험

일찍이 무자퍼 셰리프(Muzafer Sherif, 1906~1988)는 암실에서 이루어진 실험에서 개인이 다른 집단 구성원들의 판단에 동조하여 자신의 의견을 바꾸는 현상을 입증하였다. 그는 이 실험을 위해 암실에 하나의 전등을 고정해 놓고, 실험 참가자로 하여금 그 불빛이 움직인 거리를 추정하도록 했다. 이때 암실에 고정되어 있는 불빛을 보면 그것이 아무렇게나 움직이는 것처럼 보이는데 이러한 착시를 자동운동 현상(autokinetic movement)이라고 한다. 즉 암실에서 지각할 수 있는 것은 작은 불빛뿐이고 그것과 비교할 수 있는 준거가 없기 때문에 고정된 빛이 움직이는 것처럼 보인다.

실험은 두 조건에서 이루어졌다. 개인적 조건의 참가자들은 자신의 추정치를 다른 사람들과 공유하지 않았다. 반면, 집단적 조건의 참가자들은 자신의 추정치를 큰 소리로 말해서 다른 참가자들과 공유하고 이와 같은 과제를 반복적으로 수행했다. 그 결과 불빛의 움직임을 상대적으로 비교할 수 있는 기준이 전혀 없기 때문에, 모든 조건의 참가자들은 처음에는 매우 다양한 응답을 했다. 또한 개인적 조건에는 이와 같은 반응이 지속되었다. 그러나 불빛의 이동 거리를 다른 사람들과 함께 공유한 집단적 조건에서는 [그림 11]에서와 같이 참가자들의 추정치가 점차 비슷해졌고, 나중에는 하나의 수치로 수렴했다.

그림 11 Sherif(1935) 집단조건에서 얻은 결과

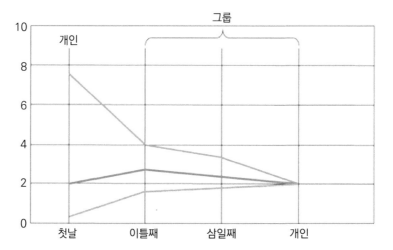

흥미롭게도, 연구의 마지막 부분에서 홀로 암실에 있게 된 집단적 조건의 참가자들은 다른 사람들과 함께 있을 때 공유한 추정치를 계속 따르고 있었다. 더군다나 이러한 자동운동의 집단규범은 이전의 집단 구성원들이 지켜보지 않더라도 일 년이 지난 후에도 지속되었다. 이처럼 거리 추정치에 미치는

다른 사람의 영향은 강력했고 지속적이었다(Rohrer et al., 1954).

이러한 현상의 원인은 참가자들이 다른 사람들의 의견을 참조하여 자신의 기준을 정하기 때문이다. 이와 같이 답이 모호한 상황에서 발생하는 동조현상을 일상생활에서도 쉽게 찾아볼 수 있다. 예를 들어, 격식을 차려야 하는 낯선 레스토랑에서 식사를 할 때나, 시험문제가 어려워 다수의 학생이 고른 답을 정답이라고 믿을 때처럼 애매한 상황에서 타인의 행동은 유용한 정보가 된다. 이때 타인으로부터 받은 정보를 사실로 여기기 때문에 시간이 지나고 상황이 달라져도 그러한 믿음은 그대로 유지되는 경향이 있다. 이러한 특징 때문에 규범은 한 세대에서 다음 세대로 이어질 수 있고, 규범을 만든 원래 집단이 더 이상 존재하지 않아도 오랫동안 사람들에게 영향을 미친다. 따라서 이 실험은 규범이 만들어지고 공고하게 되는 과정을 잘 보여준다.

(2) Asch의 선분 길이 실험

솔로몬 애쉬(Solomon Eliot Asch, 1907 – 1996)는 1951년, 1956년 연구에서 Sherif(1935)의 연구에서처럼 정답이 불확실한 상황에서는 누구나 동조할 수밖에 없다고 보고 정답이 분명한 상황에서도 이와 같은 동조현상이 나타나는지를 확인하고자 했다. 실제 Asch는 이 연구를 시작하면서 실험 참가자들이 집단의 동조압력에 저항함으로써 다수의 틀린 견해를 따르지 않고 자신이 생각하는 정답을 말할 것이라고 생각했다. 말하자면 각 개인은 독립적이고 자율적인 특성을 가진 존재라고 생각하고 있었다.

연구자는 간단한 시력검사 실험으로 알고 지원한 참가자들에게 선분 과제를 실시하였다. [그림 12]에서 보듯이, 이 과제는 기준이 되는 선분이 그려진 카드와 세 개의 선분이 그려진 카드를 이용하여 기준 선분과 길이가 같은 선분을 세 개 중에서 하나 고르는 것이었다. 이때 길이가 다른 다양한 선분을 개발하여 이와 같은 판단과제를 참가자들에게 여러 번 실시했다. 매 시행에서 실험자는 두 개의 카드를 제시하고 참가자들에게 대답하도록 했다.

그림 12 Asch(1956)의 사용한 자극

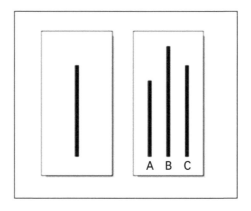

　한 명의 진짜 참가자는 여러 명의 실험협조자들과 함께 테이블에 둘러앉아 과제를 수행했다. 이때 실험자는 진짜 참가자가 가장 나중에 대답할 수 있도록 앉는 자리를 배정했다. 처음 몇 번의 시행에서 모든 사람들이 실수 없이 대답하는 것을 지켜 본 후 실험자는 미리 짜놓은 각본대로 실험 협조자들에게 틀린 답을 하게끔 지시했다. 그 결과 진짜 참가자들의 76%가 적어도 한 번 이상 틀린 답에 동조했다. 또한 진짜 참가자들이 한 수행의 41%가 틀린 답이었다. 실험 종료 후 참가자들에게 개인적인 판단을 다시 요구했을 때는 모두가 정답을 제시했다. 또한 집단압력이 없는 통제집단의 참가자들도 98% 이상 정확한 답을 선택했다. 이러한 결과는 연구자가 예측한 것과는 상당히 거리가 먼 결과다.

　참가자들이 동조한 것은 그들이 실제로 선분의 길이를 잘못 지각했기 때문은 아니라는 점을 이러한 연구결과가 분명히 하고 있다. 즉, 너무나 명백한 상황에서도 많은 사람들이 다수의 의견에 동조한다는 것이다. 더군다나 다른 답을 말하더라도 큰 불이익이 주어지지 않는 실험실 상황에서도 뚜렷한 동조행위가 나타났다. 이것은 집단의 압력이 이보다 훨씬 더 강한 현실에서는 더 많은 동조현상이 나타날 수 있음을 시사한다. 이러한 상황에서 동조가 발생한 이유는 무엇보다도 자신의 집단으로부터 수용과 인정을 받고자 하는 욕구 때문이다. 이때 집단의 의견에 따르지 않는 사람은 배척과 따돌림을 받을 수 있기 때문이다.

2) 사회적 압력과 개인의 인식 변화

복종, 동조, 혹은 군중 행동에 대한 사회심리학의 다양한 실증연구들은 사람들이 스스로의 가치체계에 반하는 행동을 하게 만드는 강한 외부상황의 힘 (power of situation), 즉 사회적 압력의 영향을 보여준다. 주목할 만한 부분은 같은 사람인데도 집단 내에서는 평소와 다른 방식으로 생각하고 행동한다는 것이다. 이처럼 집단은 사회적 맥락으로 작용하여 집단 구성원들의 동기, 인지, 행동에 강력한 영향을 미쳐 해당 구성원이 독립된 개인으로서는 절대로 보이지 않을 행동을 하게 만들기도 한다. 따라서, 다른 사람들의 행동을 판단할 때 그들에게 작용하고 있는 사회적 영향력에 대해 충분히 고려하고 이를 기반으로 그들의 행동을 판단할 필요가 있다.

(1) Stanley Milgram의 복종실험

① 실험절차

상관이나 웃어른과 같은 권위를 가진 사람의 지시나 명령에 따르는 행위를 복종(obedience)이라고 한다. 권위에의 복종에 관한 가장 유명한 스탠리 밀그램(Stanley Milgram, 1933 – 1984)의 실험연구를 살펴보도록 한다.

Milgram(1963, 1974, 1976)은 사람들이 권위를 가진 사람의 요구에 어떻게 반응하는지 알아보기 위하여 일련의 실험을 실시했다. 그는 기억에 관한 연구에 참여할 사람을 모집한다는 신문광고를 통해 교사, 회사원, 기술자, 노동자등 다양한 직업의 일반인 모집했다. 모집된 일반인을 대상으로 제비를 뽑아두 사람 중 한 명은 '학생', 다른 사람은 '선생'의 역할을 받았다. 실제 참가자, 즉 진짜 실험자는 늘 '선생'의 역을 맡게 하였고, '학생' 역할은 실험 협조자가 수행했다. 선생은 학생들이 외워야 할 단어를 알려주고 이를 제대로 외우지 못하면 전기쇼크를 주어야 했다. 선생의 책상 위에는 전기쇼크 장치가 놓여 있는데 이 장치에는 전기쇼크를 주는 여러 개의 스위치가 부착되어 있다. 전기쇼크는 15V에서 조금씩 점증하여 450V까지 각기 다른 강도의 쇼크를 줄 수 있도록 되어 있었고, 그 강도에 따라 '약함', '매우 강함', '위험한' 등의 표찰을 붙여 놓았다. 학생은 옆방으로 가서 책상 앞에 앉아 두 손을 묶어 쇼크를 받게끔 되었고, 선생과의 교류는 인터폰을 통해 이루어졌다. 학생은 선생과 직접 보거나 다른 방법으로 이야기할 수 없었다.

실험이 시작되기 전에 학생은 자기 심장이 좀 약한 편이라고 이야기했으나 실험자는 쇼크가 그렇게 위험하지는 않으니 염려할 것 없다고 이야기 한다. 아울러 선생에게 그가 주게 되는 쇼크가 어떤 것인지를 알려 주기 위함이라며 45V 크기의 쇼크를 주어 상황의 진실성을 맛보게 한 후, 쇼크의 효과는 일시적인 것이라고 말했다.

실험과제를 수행하는 동안 학생은 미리 짜놓은 각본에 따라 실수를 했고, 그때마다 선생은 전기쇼크를 주게 되었다. 쇼크는 그 강도를 매번 줄 때마다 높이게끔 되어 있었기 때문에 시간이 흐를수록 학생이 받을 쇼크는 강해졌고 그에 따라 신음소리, 고통을 호소하는 소리가 강해지는 것을 선생은 느낄 수 있었다. 이러한 학생의 고통은 각본에 따라 준비한 것을 녹음으로 들려주었다. 이를테면 75V 쇼크가 주어지면 신음을 하고, 300V에는 더 이상 대답을 하지 않고, 고성을 지르게 했다. 선생이 전기쇼크 주기를 망설이거나, 못 주겠다고 이야기하면 선생 옆에 앉아 있던 흰 가운을 입은 실험자(연구조교)는 "계속하세요. 실험을 위해 계속해야 합니다. 반드시 계속해야 합니다. 당신은 어떤 선택권도 없습니다. 계속해야만 합니다"의 네 문장을 차례로 필요한 만큼 사용했다. 이러한 명령에도 진짜 실험자, 즉 선생의 역할을 한 참가자가 지시를 거부하면 실험은 종료되었다.

② 실험결과

선생 역을 맡은 참가자들 40명 모두가 300V까지 쇼크를 주었고, 3명 중 2 명꼴로 450V(전기쇼크 최고치)까지 주었다. 물론 학생은 실제 쇼크를 받지 않았고 쇼크에 의한 고통은 꾸며져 녹음된 것을 들려주었기 때문에 모든 선생들은 똑같은 고통의 반응을 경험했으나, 누구도 상황이 꾸며진 것임을 알지 못했다. 사실 많은 참가자들이 학생의 고통을 대하면서 갈등을 많이 호소하였고 실험을 계속 한다는 것을 부당하다고 생각하여 항의를 하였다. 이들은 곤혹스러움을 느꼈고, 땀 흘리며, 긴장한 것이 역력했다. 실험상황이 실제 상황에서처럼 긴박했다는 것이다.

이 같은 결과는 전혀 예상하지 못한 것이었다. 실험절차만 알려주고 40명의 정신의학자들에게 실험참가자(즉 선생의 역할)들의 반응을 예측하게 했더니, 이들은 대부분의 사람들이 150V 이상 전기쇼크를 주지는 않으리라고 여겼고, 오직 4% 사람만이 300V 쇼크를 줄 것이며, 0.1%의 사람만이 450V 쇼크를 줄지 모른다고 예측했다. 이들 정신의학자의 예측은 참가자가 처한 상황의 힘을 간과하고, 쇼크의 강도가 참가자의 성격적 특성에 의해서 결정될 수 있다는 것을 무시한 예상이었다.

3) 집단에서의 정체성 변화

특정 집단에 속하게 되면 사람들은 정체성의 전환(identity shift)을 경험하게 된다. 이러한 현상은 개별 구성원이 스스로를 집단에 동일시(identify)하고, 결과적으로 집단에 강력한 의미를 부여하면서 발생한다. 사람들은 집단에 속하게 된 이후 개인의 정체성과 별개로 존재하는 집단 차원의 정체성과 집단 구성원들 간 동료의식, 그리고 동질감을 내재화하게 된다.

우리가 일반적으로 말하는 개인 정체성은 외부 세계로부터 자기 자신을 구분 짓고 정의(self-categorization)하는데, 종종 집단에 크게 몰입한 집단 구성원들은 개인 정체성을 집단 정체성으로 대체하기도 한다. 사실 집단 정체성의 강력한 영향력을 고려해볼 때 집합적 정체성(collective identity)은 집단 내에서 아주 쉽게 발생한다. 예를 들어, 서로 초면인 사람들 사이에서도 같은 대학교, 같은 고향, 심지어 같은 브랜드를 사용하고 있다는 단순한 사실 하나로 동조현상이 나타나면서 집단 정체성이 생길 수도 있다.

집단은 집단 구성원들의 동기에 영향을 미치면서 행동을 통제하기도 한다. 집단에 소속된 사람들은 다양한 집단 구성원들 사이에서 일종의 자기 확인(self-verification) 및 자기 향상(self-enhancement)에 대한 욕구가 생기면서 자기제시 행동(self-presentation behavior)을 보인다. 재미있게도, 여성 실험 참여자들은 자기 혼자가 아닌 집단에 노출될 때, 특히나 괜찮은 남성들이 주위에 있을 때에, 음식을 적게 먹는 등 보다 여성성을 어필하는 행동을 보인다고 한다. 구직을 위한 면접장에서 지원자들은 면접관에게 좋은 인상을 주고, 다른 지원자보다 잘 보이기 위해 평소와는 다른 어투, 억양, 행동을 보인다. 이런 점에서 동일한 개인이라도 어떤 집단환경, 어떤 사회적 상황에 처하느냐에 따라서 매우 다른 방식으로 행동을 한다는 것은 당연해 보이기도 한다. 이처럼 집단 환경, 집단 특징은 개인 동기의 방향성과 강도에 막대한 영향을 미친다.

3. 집단 구성원 다양성

집단 혹은 팀의 성과는 어떤 구성원들이 모여서 그 집단을 구성하고 있는 지의 집단구성(group composition)에 의해서도 크게 좌우된다. 특히 집단 구성원 혹은 팀원들의 성격특성이나 지식, 기술, 태도(KSA: Knowledge, Skills, Attitudes)의 수준과 이들의 인구통계학적 다양성(demographic diversity)은 팀 내의 상호작용에 중요한 영향을 준다.

1) 인구통계학적 다양성

인구통계학적 다양성, 혹은 표면적 다양성(surface-level diversity)은 나이 차이에 의한 표면세대 차이뿐 아니라 성별, 인종, 학력, 직급 등 사람을 나누는 다양한 잣대들에서 나타난다. 이렇게 서로 다른 사람들이 한 집단 내에서 공동의 목표를 추구하게 되는데 특히나 급속하게 세계화가 진행되는 오늘날의 기업환경 속에서 인종과 문화가 다른 상사, 동료, 부하직원들과 일하는 것은 이제 더 이상 드문 일이 아니게 되었다.

구성원 다양성은 업무집단뿐 아니라 오늘날의 기업들에게 있어서 가장 도전적인 과제 중 하나로서 기업 내의 수많은 구성원들, 특히 서로 다른 배경과 특성을 가진 다양한 구성원들을 융합시켜 최적의 그리고 최대한의 생산성과 기업성과를 달성하여야 한다. 20세기 후반 이후 미국 근로자들의 현황에서 가장 눈에 띄는 변화는 여성근로자, 라틴계, 흑인, 아시아계, 55세 이상 근로자들의 증가 추세이다. 근로자 구성에서 다양성이라는 새로운 도전은 오늘날의 기업들에 여러 가지의 과제를 던지고 있다. 서로 다른 사람들이 한 회사 혹은 팀 안에서 어우러져 일을 한다는 것, 득이 될까 실이 될까? 지속적으로 증가하는 인적 구성의 다양성이 개인과 팀, 전체 기업에 어떠한 영향을 미치게 될 것인가?

경영학 관점에서 보는 구성원 다양성은 그 자체로 좋거나 나쁜 것이 아닌 경영목표를 위해 효율적이고 효과적으로 관리되어야 하는 하나의 요소이다. 최근 들어 한국 기업들에서는 세대 차에 의한 직원들 간의 상이한 가치관, 인생목표, 업무태도 및 방식에 따른 갈등이 빈발하여 젊은 직원들과 나이가 있는 중간관리자들 간 협업에 어려움이 커지고 있다. 따라서 성별, 연령, 교육배경, 인종 등의 여러 측면에서 서로 다른 구성원들이 어떻게 서로를 충분히 이해하고, 집단 내에서 함께 일할 수 있을지에 대한 경영자의 고민이 필요하다.

인구통계학적 측면에서의 다양성은 집단 내 구성원 간의 의사소통이나 통합 측면에서 문제를 야기할 수 있다. 자기범주화이론(self-categorization theory) 및 사회정체성 이론(social identity theory)에 따르면 사람들은 자신의 인구통계학적 특성을 다른 동료들과 비교하여 그들이 나와 같은지 다른지를 판단하고, 이에 근거하여 행동하는데 이에 따라 같은 특성을 가진 사람들이 모이는 그룹과 이 그룹에서 소외되는 이질적 동료들이 모이는 그룹이 자연스레 생기게 된다. 이 경우 소외되는 그룹의 멤버들은 인간적 관계형성 및 의사소통에 어려움을 겪게 되고, 차별을 받게 된다. 소위 미운 오리새끼, 왕따가 되는 것이다. 따라서 나와 다르다는 이질성은 동료들 간 관계 형성과 업무태도에 전반적으로 부정적 영향을 미치게 된다.

반면, 팀내 인적 구성의 다양성이 팀 성과에 기여하는 측면도 있다. 정보처리이론 (information processing theory)에서는 다양한 인구통계학적 특성을 가진 구성원들의 서로 다른 경험, 인지적 자원들 간의 보완, 상승 효과에 초점을 두면서 구성원 다양성이 성과에 미치는 긍정적 영향을 강조한다. 예를 들어, 각기 다른 세대 간의 의식과 문화 차이에도 불구하고 장년층은 오랜 세월 회사에 몸담으면서 습득한 경험과 노하우를 전수해 줄 수 있으며, 청년층은 새롭게 학습한 첨단기술 영역과 사회의 새로운 트렌드를 공유하면서 서로 보완작용을 하기도 한다. 또한 나이 차이가 나는 세대 간 조합은 같은 세대끼리 흔히 발생할 수 있는 승진, 경쟁 등에 따른 부작용을 완화하기도 한다.

2) 능력과 성격특성의 다양성

팀원들의 능력이나 성격특성, 가치체계에서의 상이성은 인구통계학적 특성에 비하여 인간 본연의 내적, 심리적 측면에 기반을 두고 있어 심층적 다양성(deep-level diversity)이라고 불린다.

일반적으로 팀을 구성할 때에 능력이 탁월한 멤버들만 원하기도 하지만, 조직에서 업무능력이 높고 똑똑한 사람들, 일을 잘 하는 사람들만 모아 놓는 것도 좋다고만 할 수는 없다. 어쩌면 능력수준이 다양한 사람들이 모인 팀이 보다 높은 성과를 내기도 한다.

특히나, 업무분야에서의 구성원 다양성(예: 마케팅, 영업, R&D, 생산, 전략)은 서로 다른 인지적 능력과 경험을 바탕으로 지식의 상승효과를 내는 데 아주 효과적이다. 전체적으로 보면, 팀의 업무과정과 성과에 해가 될 수도, 득이 될 수도 있는 탓에 구성원 다양성은 흔히 양날의 검(double edged sword)으로 비유된다.

개인의 성격적인 면에서 다양성 문제를 보면 재미있는 결과를 얻는다. 직원의 성실성은 기업성과에 전반적으로 긍정적 영향을 미친다. 하지만 업무집단 내 직원들의 성실성의 정도가 큰 차이를 보일 경우 성실성이 높은 직원과 낮은 직원들 간의 서로 다른 기대와 동기수준으로 인한 실망 및 의욕 저하로 이어져 결국 집단에는 해가 될 수도 있다.

직원의 외향성은 어떤가? 집단 내 모든 구성원이 외향적 성격을 가진다면 서로 주도권을 차지하겠다고 싸움이 일어날 것이다. 이럴 때는 양보할 줄 아는, 스스로 양보를 하는 내향적 성격인 직원들과 적절히 섞어놓음으로써 팀 내에서 효과적으로 분업이 이루어지도록 하는 것이 성과에 긍정적 영향을 미치게 될 것이다.

또 다른 상황도 있다. 구성원 다양성이 좋은가 나쁜가에 대한 절대적 해답이 없는 모호한 상황을 정리해주는 것은 집단 또는 기업이 처해있는 상황이다. 기업의 규모나 기업이 속해있는 산업, 외부환경 변화에 따라 구성원 다양성은 서로 다른 결과를 보인다. 예를 들어 조직이 하이테크 산업에 속한 경우 산업 자체의 문화특성에 의거하여 성별, 직급 다양성은 바람직하지 않은 측면으로 인식되는 반면, 연령 다양성은 지식 전수와 공유 측면에서 바람직한 효과를 보이기도 한다. 결국 기업이 처한 상황에 따라 그리고 해당 팀이 어떤 직무를 수행하는가에 따라 구성원 다양성을 어떻게 전략적으로 그리고 효과적으로 활용할 것인가가 경영자 혹은 팀장의 중요한 역할이라 할 수 있다.

Ⅱ 집단의 유형과 영향

1. 집단의 유형

집단에는 어떠한 유형들이 있는지 살펴보자. 서로 다른 유형의 집단에서 구성원들은 특유의 방식으로 서로 상호작용하며, 결과적으로 서로 다른 종류의 집단 영향력을 경험한다.

1) 단순 집단

집단에 속한 구성원들이 상호간의 친밀감 혹은 공식적 관계없이 단순히 하나의 집합체로 모여있는 것을 말한다. 예를 들어, 카페 혹은 비행기와 같은 곳에 모여 동일한 물리적 공간을 공유한 사람들을 단순 집단(aggregates of indi-viduals)에 속한 사람들이라고 할 수 있다. 얼핏 보기에 단순 집단은 구성원들에게 특별한 영향력을 미치기 어려울 거라는 생각이 든다. 하지만, 개인들의 집합체에 불과한 단순 집단 역시 때에 따라서는 동기의 전환을 통해 집단 구성원들에게 영향을 미칠 수 있다.

사람들은 근처에 다른 사람이 있기만 해도 각성 수준이 증진하고, 결과적으로 동기 사회촉진효과(social facilitation) 수준이 향상된다. 또한, 타인과 같이 있는 경우 자기향상동기(self-enhancing motive)가 증진되어 자기제시행동(self-presentation behavior)을 더욱 빈번히 한다. 이와 같은 사회촉진효과(social facilitation)는 인지적 과업수행에서도 나타나지만, 특히 단순 반복작업에서 더 높은 수행 능력을 발휘하게 하는 효과가 큰 것으로 규명되었다. 이러한 동기 증진효과 때문에 사람들은 집보다는 굳이 헬스클럽에 가서 운동을 하고 도서관이나 카페로 가서 공부를 하는 것이다. 결과적으로 구성원들 간 특정한 상호작용이 없는 단순 집단이라도 집단이란 형태 그 자체는 그 나름의 사회촉진

효과를 통해 구성원들의 행동 양식에 영향을 미친다.

2) 비공식 집단

현실에서 가장 자연스럽고 흔히 볼 수 있는 형태의 집단이다. 가족, 친구관계, 친목모임 등을 비공식 집단(informal group)이라 일컫는다. 비공식 집단에서 구성원들은 자발적으로 의사소통을 하고, 아주 자연스럽게 서로가 집단 구성원이라고 인식한다. 이러한 특성 때문에 비공식 집단에서는 자아 정체성의 전환이 매우 빈번하게 일어나는데, 이는 집합적 정체성 형성의 기초가 된다. 집합적 정체성이 있어야 집합적 규범이 형성되고, 구성원들이 특별한 갈등 없이 집단 규범에 순응하게 된다. 집합적 정체성을 바탕으로 집단 구성원들은 집단이라는 사회적 범주에 자신들을 일체화하고, 특정 사회적 집단의 사회적 규범(societal norm)을 자연스럽게 내재화한다. 이러한 사회 인지적인 프로세스는 결과적으로 개인의 태도 및 가치체계에 영향을 미치고, 궁극적으로 개인의 행동변화를 초래한다.

3) 공식적 집단

공식적 집단은 특정한 목적을 달성하기 위해 조직된 집단으로, 기업에서 프로젝트팀 혹은 기능 부서(functional department)를 공식적으로 조직하여 기업의 목적을 실현한다. 공식적 집단(formal group) 내에서 구성원들 간의 상호작용은 위계질서, 직무, 기술, 조직 구조, 그리고 집단 외부 환경과 같은 요소들을 바탕으로 이루어진다. 따라서, 공식적 집단에서의 의사소통 및 상호작용은 위에서 말한 비공식 집단과 비교하자면 다소 기계적인 양상을 보인다.

구체적인 목적을 가지고 조직화된 공식적 집단에서는 목표 달성에 특히 집단 인지(group cognition)의 역할이 매우 중요하다. 공식집단의 구성원들은 흔히 교점(node)으로 비유된다. 각각의 구성원들은 서로 다른 종류의 정보를 가지고 있고, 개인 수준에서의 정보 다양성은 집단 수준의 정보처리 과정에서 서로 다른 종류의 기여를 한다. 따라서, 집단 정보처리 및 업무수행의 효과성은 각각 교점 역할을 하는 개개인 구성원들이 서로 얼마나 잘 활성화되고 연결되는가에 의해 결정된다. 공식적 집단은 구성원들이 더욱 업무에 몰입할 수 있는 환경을 만들어 주는데, 이는 공식집단 특유의 고도로 구조화된 상호작용 및 문제해결 지향성이 구성원들의 인지, 정체성, 그리고 동기의 전환을 유발하기 때문이다.

4) 통일된 집단

집단 내에서는 매우 극단적인 형태의 동일시 현상이 나타나기도 한다. 집단 구성원들이 개별적 정체성을 잃고 집단 정체성에 완벽히 매몰된 집단을 의미하는 것으로 이러한 완벽한 몰개성화(de-individuation)는 집단 정체성이 구성원들의 개인적 정체감을 압도할 때 발생한다. 집단 사이의 격렬한 경쟁 상황, 극단적 형태의 종교 집단 등이 이에 해당된다. 이러한 상황에서 개인은 집단에 완전하게 매몰되어 스스로의 정체성을 잃고, 극단적인 정체성의 전환이 일어나 개인적 자아와 집단적 자아의 경계선이 무너지기도 한다. 통일된 집단(unified group)은 일시적인 현상으로도, 혹은 지속적인 현상으로도 일어난다.

정신분석학적 이론에 따르면 집단 매몰현상은 집단 구성원들이 집단의 리더 혹은 동료들에게 스스로를 과도하게 동일시하며 발생한 결과라고 설명한다. 반면, 다수의 사람들이 모여 있다는 그 느낌 자체가 집단 구성원들로 하여금 일종의 능력감과 더불어 군중의 일부가 되어 스스로가 익명적 존재가 되었다는 생각을 갖게 만든다. 우리는 이를 군중 현상이라 부른다.

이와 비슷한 맥락으로 집단의 크기가 클 경우, 특정 행동에 따르는 책임이 다수의 사람들에게 분산되기 때문에 군중들이 비이성적 행동을 저지르게 되는 원동력이 되기도 한다.

통일된 집단 속의 사람들은 행동의 준거점을 개인이 아닌 집단에 두게 되며, 이때 집단 구성원의 행동은 개인의 행동에서 분리되어 집단전체 행동이 된다. 때로는 집단 매몰현상이 강력하게 단합된 결속력으로 연결되어 집단의 성과에 도움이 되기도 하지만 이러한 현상이 과도해지는 경우, 비상식적인 의사결정이나 행동을 보이는 등의 집단병리현상으로 연결되기도 하기에 경영자와 팀장은 강한 소속감을 만들어내면서도 집단 자체에 개인이 매몰되는 것을 경계해야 한다.

2. 집단 응집성

집단 응집성(group cohesiveness)은 집단의 구성원을 그 집단 내에 머물러 있도록 작용하는 힘의 총체로 대표적인 집단 프로세스 중 하나이다. 집단 응집성은 집단의 크기가 작고, 집단이 사회적 명성을 가지고 있는 경우, 집단 구성원들이 오랜 시간을 함께 하고 집단에 들어가기가 어려운 경우에 구성원들 사이에서만 공유되는 사회적 특성이 있으며, 구성원 간 의사소통이 원활한 경우 더욱 강해진다.

특히 집단 응집성은 구성원들로 하여금 집단 공통의 목적 달성을 위해 결집하게 하는 원동력으로 작용하여 집단 업무성과 향상에 기여한다. 또한, 집단 내의 친밀감이나 집단에 대한 자부심과 같은 정서적 요인을 강화하여 집단 전체의 업무에 대한 몰입을 향상함으로써 집단성과에 기여한다. 집단 응집성과 업무 성과의 관계는 어떤 집단이냐에 따라서 달라지는데 일반적인 업무 집단보다 스포츠 혹은 군대 집단에서 그 영향이 강하게 나타난다.

3. 집단 의사결정

최근 기업조직에서는 업무집단이 핵심적인 의사결정의 단위로 각광받고 있다. 이는 아래와 같은 이유에 기인한다.

첫째, 오늘날의 기업에서 의사결정 환경이 지속적으로 복잡하고 불확실해지고 있다. 따라서, 대부분의 문제들이 한 개인의 역량으로는 효과적으로 해결하기 어려울 정도로 높은 복잡성을 가지게 되었고, 결과적으로 집단이 다양한 지식, 기술, 전문성 그리고 경험을 갖춘 의사결정의 단위로 주목을 받게 된 것이다.

둘째, 집단이 개인보다 양질의 의사결정을 내릴 수 있는 잠재성을 가지고 있다는 대중적인 인식 역시 집단이 의사결정의 단위로 자리매김하는 데 한몫을 했다. 이러한 대중적 인식은 집단이 다양한 사람들로 이루어져 있는 만큼 다양한 정보와 지식, 그리고 기술을 보유할 것이라는 믿음 때문이며, 이는 이론적으로도 근거가 있다.

셋째, 집단 의사결정이 각광받는 또 다른 이유는 사람들이 집단 의사결정을 통해 정해진 사항들을 쉽게 수용하고 실천한다는 것이다. 자신이 의사결정 과정에 직접 참여한 경우, 구성원들은 내려진 결정에 대해서 주인의식을 가지게 되고, 도출된 해결책을 긍정적으로 평가하며, 정해진 의결사항에 강한 몰입과 실천의지를 보인다.

이렇듯 오늘날 집단 의사결정이 보편화된 상황에서 집단 의사결정에서 나타나는 다양한 현상들을 살펴보자.

1) 집단사고(groupthink)

집단사고는 집단 내에서 구성원 간 사고 및 행동의 일치성에 대한 압박이 대안과 행동에 대한 현실적 평가를 무시하게 만드는 현상이다. 구성원들이 집단사고에 빠지는 경우, 집단의 가치에 동조하고, 집단 내에서 다른 사람들과 의견 일치를 보아야 한다는 동조에 대한 압박이 심해져서 현실과 문제에 대한 객관적, 체계적인 평가를 할 수 없는 상황에 처하게 된다. 이러한 현상은 구성원들이 유사한 아이디어를 내고, 유사한 의사결정을 내리는 경향이 응집성이 높은 집단에서 특히 강하게 나타난다.

읽을거리

애빌린의 역설(Abilene paradox)

모처럼 시골집에 전 가족이 모였다. 아버지는 근처 도시인 애빌린에 새로 생긴 유명 식당에서 외식을 하자고 제안을 했다. 가족들은 흔쾌히 동의했다. 그러나 거기까지 가려면 좀 멀고, 아이들을 포함해서 많은 사람들이 이동해야 하는 번거로움도 있고, 시골집까지 오느라 피곤해서 그냥 집에서 밥을 먹고 편안하게 쉬고 싶었지만 다들 가고 싶어 하는 것 같아서, 특히 아버지가 원하는 것 같아서 아무도 반대하지 않았다. 그러나 식당에 갔다 온 후에 가족들은 모두 똑같은 불평을 쏟아냈다. 너무 멀고, 피곤한데 다른 사람들을 위해서 할 수 없이 갔다는 것이다. 사실은 아버지도 가족들이 좋아할 것 같아서 그냥 해본 얘기였지만 반대하는 사람 없이 모두가 가겠다고 하니까 멀리 가서 비싼 돈을 쓰고 온 것이다. 결국 그 식당을 진짜 가길 원한 사람은 아무도 없었다.

이렇게 모두가 원하지 않았지만 누구도 반대하지 않아서 자신의 의사와 상반되는 결정에 동의하게 되는 역설적 상황을 '애빌린 패러독스'라 한다. 조지워싱턴대 제리 하비 교수의 저서《생각대로 일하지 않는 사람》이 베스트셀러가 되면서 회자되기 시작한 이 심리현상은, 인간은 집단에 반하는 행동을 매우 싫어해서 결국 집단에 동조한다는 것이다. 사람들은 행동하기 전에 타인의 생각과 행동을 먼저 파악하려 한다. 특히 상사의 눈치를 살피게 된다. 그러다 우연치 않게 방향성이 정해지면 어떠한 의견도 내지 못하고 끌려가게 된다. 혹시 반대 의견을 내면 불이익을 받지 않을까, 소외당하지 않을까 하는 두려움 때문에 모두가 침묵한 채 가고 싶지 않은 애빌린으로 가는 것이다.

이와는 반대로 많은 리더들은 과도하게 자신의 판단과 선택을 일반화하여 구성원들도 당연히 자신의 생각을 지지할 거라 과신하며 의사결정을 한다. '누구나 다 이렇게 생각하겠지', '지나가는 사람 아무나 붙잡고 물어봐, 다 좋다고 할 거야'라는 식으로 자신의 의견이 옳다는 것을 '다수의 사람들'을 근거로 말하는 것이다. 그러나 다른 사람들의 의견을 면밀히 파악하지도 않고, 모두가 자신의 생각과 같을 거라는 막연한 자신감으로 의사결정을 한다. 그리고 이런 리더는 자신의 의견에 동의하지 않는 구성원들을 비정상이라고 쉽게 낙인 찍는 특징도 보인다.

이렇게 실제 구성원의 의사를 확인하지 않고 남들도 나와 같은 생각을 하고 있다고 착각하는 현상을 '잘못된 합의효과(false consensus effect)'라고 한다. 스탠퍼드대 리로스 교수의 연구에 의해 알려진 잘못된 합의효과는 확증편향과 서로 밀접하게 연관되어 있다. 확증편향은 자신의 주장에 도움이 되는 정보만 선택적으로 취하고 자신이 믿고 싶지 않은 정보는 의도적으로 외면하여 믿고 싶은 대로만 믿고 보고 싶은 대로만 보는 자기정당화가 아주 강한 인지편향이다. 그런데 잘못된 합의효과는 확증편향을 넘어서 자신을 과대평가하여 다른 사람들도 나의 믿음, 태도, 가치관을 당연히 공유할 거라 믿는 편향이다.

애빌린 패러독스와 잘못된 합의효과는 모두 조직을 파멸로 이끌 수 있는 잘못된 의사결정을 하게 되는 '다원적 무지(Pluralistic ignorance)'의 일종이다. 뉴욕주립대 교수였던 플로이드 올포트가 만든 개념인 다원적 무지는 조직 내 원활한 의사소통 부재로 자신의 의지와는 상관없이 모두가 비슷한 의사결정을 내리는 집단사고를 의미한다. 다원적 무지가 판치는 조직에서는 리더 혼자만 얘기하는 회의가 매일 반복되고, 구성원들은 그저 열심히 받아 적기만 한다. 리더가 의견을 물으면 자신의 의지와는 상관없이 고개를 끄덕이며 '예스'만을 외친다. 겉으론 단합이 잘되고 문제가 없어 보이지만 이런 조직엔 희망도 미래도 없다.

조직 내 원활한 의사소통이 유일한 해결책이다. 모두가 예라고 할 때 아니요를 외칠 수 있는 용기 있는 '퍼스트 펭귄'이 필요한 것이다. 이 또한 리더의 몫이다.

출처: 파이낸셜뉴스(2024.01.16.)

2) 집단극화 현상

집단은 구성원들이 생각하는 방식에도 영향을 미친다. 집단 의사결정은 애초 개별 구성원들이 가지고 있던 태도에 비해 극단적으로 급진적이거나 혹은 보수적인 방향으로 흘러가는 경향을 보이기도 하는데, 이를 집단극화 현상(group polarization)이라고 한다.

3) 거래적 기억체계와 히든 프로필

거래적 기억체계(transactive memory system) 현상은 집단 의사결정 및 문제 해결 과정에서 구성원들 간의 지적 노동 분업(cognitive division of labor), 즉 업무의 전문화 전략을 말한다. 집단 구성원들은 의식적으로든 무의식적으로든 집단 기억체계 내에서 전문화된 역할을 맡게 된다.

예를 들어보자. 한 사람은 가정 내에서 예산 편성과 관련된 정보를 기억하고, 또 다른 한 사람은 집안 대소사에 대한 정보를 기억한다. 두 사람은 원활한 가정 운영이라는 목표로 한 사람이 모든 정보를 기억하고 관리하는 부담을 지기보다는 서로 보완적으로 정보를 관리하며 업무를 전문화하는 것이다. 이렇게 상호 보완적인 업무전문화는 공식적인 집단에서 보다 철저하게 구조화되어, 프로젝트팀 안에서 각 구성원들은 특정 영역이나 주제에 대한 정보관리로 특화된 역할을 담당한다. 팀 내의 거래적 기억 체계는 분업을 통해서 구성원들의 인지적 부담을 줄여주고 구성원들이 서로의 역할 및 업무 그리고 전문 영역에 대한 상호이해를 증진하여 결과적으로 업무 흐름을 원활하게 만든다.

히든 프로필(hidden profiles)이란 팀 내 구성원 간의 불균등한 형태의 정보 배분을 일컫는다. 정보가 한 구성원에게 집중되어 있기보다는 여러 구성원들에게 불균형하게 배분되어 있기 때문에 여러 구성원들이 나누어 가지고 있는 정보들을 합쳐야만 팀의 문제해결을 위한 가장 적합한 대안을 찾을 수 있다.

4. 집단의 창의적 문제해결

창의적 생각(creative idea/creativity)이란 새롭고 유용한 아이디어를 의미한다. 기업 경영에서 창의성이 점점 중요한 이슈로 떠오르는 현대사회에서, 의사결정과 문제해결의 핵심 단위로 각광받는 집단이 개인보다 창의적 아이디어를 더 잘 만들어 낼 수 있냐는 질문에 대한 명확한 답은 아직 존재하지 않는다.

　　집단 창의성을 향상하는 것으로 가장 널리 알려져 있는 기법은 브레인스토밍(brainstorming)이다. 그러나 막상 브레인스토밍 기법을 활용하더라도 구성원들은 평가 불안(evaluation apprehension)으로 인하여 아이디어를 당당하게 제시하지 못하는 경우가 많다. 또한, 집단에서는 평가의 기초가 개인이 아닌 집단이기 때문에 무임 승차(free riding) 혹은 사회적 태만(social loafing)과 같은 문제가 발생할 수 있다. 내가 의견을 내지 않더라도 집단 내에서 다른 구성원들이 내 역할까지 해주기 때문이다.

　　집단 의사결정의 과정은 모든 구성원들이 자신들이 가지고 있는 고유한 정보를 공유하여 구성원 전체의 지적 역량이 효과적으로 통합되도록 하는, 그래서 히든 프로필을 찾아내는 것이 핵심이다. 집단 문제해결에 대한 이와 같은 관점은 집단의 창의성 발현에 특히 중요하다.

　　그러나 애블린 패러독스에서 보듯이 집단 내 구성원들은 이게 아니라는 것을 알면서도, 그리고 원치 않으면서도 다른 구성원의 눈치를 보면서 집단 분위기를 따라간다. 누구도 원하지 않는 결정이나 행동이 집단에 의해서 이루어지는 것이다. 이는 개인적으로 아무리 똑똑한 사람이라도 집단 내 구성원으로서는 상당히 미련한 의사결정과 행동을 할 수 있음을 시사한다. 이러한 형태의 집단사고는 창의적 문제해결 및 복잡한 의사결정과 같은 업무 수행에 상당히 불리하게 작용한다.

　　현대 조직에서 집단은 조직이 개인의 행동을 효과적으로 조율하여 조직 목적을 달성케 하는 중요한 도구이다. 따라서, 집단이라는 맥락에 속한 개별 구성원들의 행동을 이해하지 않고 조직을 이해한다는 것은 어려운 일이다. 특히나, 조직 수준에서의 행동 및 성과는 조직원들 개인 행동의 단순합이 아니다. 사람들이 집단이라는 단위로 묶인 이후에는 개인 차원과는 다른 집단 수준의 복잡성이 등장하게 되기 때문이다. 따라서 집단을 효과적으로 조직하고 관리하는 적절한 방안을 찾아내는 것이 현대 경영에서 조직의 성패를 좌우하는 열쇠이기도 하다.

⊨ 연습문제 ═══════════════════════════════

01. 집단과 팀을 비교하라

02. 집단 응집성은 어떤 경우에 강해지는지 서술하라.

03. 집단사고란 무엇을 말하는가?

04. 집단극화 현상은 무엇이며, 왜 생기는 것인가?

제10장   **조직의 이해**

1. 조직이 어떻게 구성되고 어떤 형태를 띠고 있는지 설명할 수 있어야 한다.
2. 조직문화라는 것은 무엇이며, 어떤 유형이 있고, 어떻게 변화하는지에 대해서 설명할 수 있어야 한다.
3. 조직에서 변화 및 혁신을 일으키는 요소는 무엇이며, 어떤 과정을 통해서 조직이 변화하는지 설명할 수 있어야 한다.

Ⅰ 조직구조

1. 조직설계

기업에서의 조직구조는 구성원들에게 특정 업무와 역할을 배분하고, 이들 업무 간 상호조정과 연계를 가능하게 해주는 관리체계로 기업 내에서의 권한과 책임, 지위와 계층에 따른 의사소통 경로를 지정해준다. 조직의 구조는 상황적 요소에 따라 형태가 달라진다. 비슷한 시기에 설립된 회사라 할지라도 기업의 규모, 주된 사업영역, 경영자의 비전과 리더십 등의 요소에 따라 그 형태가 달라질 수 있다.

기업의 구조를 어떤 방식으로 구축할 것인가에 대한 의사결정을 조직설계 (organization design)라고 하는데, 조직설계에서 고려해야 할 중요한 요소들은 다음과 같다.

1) 업무 특화

업무 특화(work specialization)란 기업 내에서 업무가 어떻게 세분화되어 있는지를 나타내는 지표로 노동분업(division of labor)으로 더 잘 알려져 있다. 노동의 분업은 조직원들의 기술을 더욱 전문화하고, 생산성을 향상한다. 하지만 업무 세분화에 따른 생산성 향상이 어느 수준에 이르면 얘기는 달라진다. 업무 특화로 인해 반복되는 업무와 그에 따른 숙련은 생산성을 향상한다. 하지만 이건 어디까지나 경제적 관점에서이다.

그림 13 업무특화

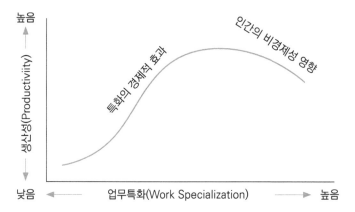

출처: Robbins & Judge, 2014

생산성이 오르다 일정 수준에 이르면 다시 떨어지기 시작하는데, 그 이유는 인간이기 때문에 발생하는 비경제성 때문이다. 즉, 1분 단위로 반복되는 작업을 하루에 500번 반복한다면 업무 특화에 의한 생산성 향상이 매우 높을 것 같지만, 과연 인간이 이렇게 기계적으로 반복되는 일에 얼마나 집중을 유지할 수 있을까? 반복되는 작업을 하다가 어느 순간 딴 생각을 하게 되고 그러다가 실수 혹은 사고가 발생하기도 한다. 생산성 향상의 효과가 떨어지는 시점이 된 후에는 업무 특화보다 업무 확장이 더욱 효율적이다.

2) 부문화

조직 전체의 업무가 기업의 하위집단에 배분되는 방식을 부문화(departmentalization)라고 한다. 가장 기본적인 방식은 전체 업무를 기능별로 분리하여 기획부서, 연구개발 부서, 생산부서, 영업부서, 경영지원부서 등으로 나누는 것이다.

조직의 규모가 커지면서, 대기업들은 하위의 단위집단을 제품(product), 시장(market), 지역(geography) 등의 기준으로 나누기도 한다. 예를 들어 전자제품을 생산하는 회사가 있다고 가정해보자. 제품을 기준으로 부문화를 한다면 컴퓨터 사업부, 냉장고 사업부, 에어컨 사업부 등으로 나눌 수 있다. 시장을 기준으로 부문화를 한다면 대기업고객, 소기업고객, 개인고객, 정부고객 등 고객층을 기준으로 담당부서와 부문을 나눌 수 있다. 지역을 기준으로 부문화를 한다면, 서울, 경기도, 경상도, 전라도, 강원도 등을 담당하는 지역본부로 부문화할 수 있다.

3) 지휘계통

지휘계통(chain of command)이란 개인이나 집단이 누구에게 업무보고를 해야 하는가를 결정하는 지표이다. 지휘계통을 명확하게 함으로써 누가 누구에게 보고를 해야 하는지, 즉 내 직속상사가 누구인지, 누가 혹은 어떤 부서가 의사결정권을 갖는지를 정해준다.

4) 관리의 폭/통솔 범위

관리의 폭/통솔 범위(span of control)는 효율적이고 효과적으로 관리가 가능한 부하직 원의 수를 나타내는 지표이다.

〈표 8〉 관리의 폭/통솔 범위

관리의 폭이 작은 경우(Narrow Span) (tall structure)	관리의 폭이 큰 경우(Broad Span) (flat structure)
한 명의 관리자가 적은 수의 사원을 관리	한 명의 관리자가 많은 수의 사원을 관리
많은 관리자가 필요하기 때문에 비용이 높음	관리자 수가 적기 때문에 비용이 낮음
지속적인 혁신/소규모/개발 위주에 적합	비용절감/대기업/대량생산에 적합

출처: Robbins & Judge, 2012

관리의 폭이 작은 경우(한 명의 관리자가 적은 수의 직원을 관리하는 경우)는 조직 내 계층 단계가 길어지면서 조직구조는 긴 형태(tall structure)가 된다. 더 많은 관리자가 필요하기 때문에 조직 입장에서는 비용이 많이 들고, 의사소통 채널은 더욱 복잡해진다. 한 명의 관리자가 적은 수의 직원을 관리하기 때문에 직원들에 대한 관리자의 감독이 철저해지고, 직원들의 자율권은 줄어든다.

관리의 폭이 큰 경우(한 명의 관리자가 많은 수의 직원을 관리하는 경우)는 조직 내 계층 단계가 짧아져서 조직구조는 납작한 형태(flat structure)가 된다. 조직 입장에서는 관리자가 덜 필요하기 때문에 비용이 덜 들게 된다. 조직 내 계층 수가 적기 때문에 의사결정이 빠르다. 또한, 한 명의 관리자가 많은 수의 직원을 관리해야 하기 때문에 직원들에 대한 간섭이 줄어들면서 직원들의 자율성이 높아진다.

5) 중앙집권화

기업 내에서 의사결정의 권한이 어디에 있는지를 말하는 것으로, 상위 관리자가 속한 상층부에 의사결정권이 몰려 있는 경우 중앙집권화(centralization) 정도가 높다고 말하며, 의사결정권이 낮은 계층까지 퍼져 있을 때에는 분권화(decentralization)되어 있다고 말한다.

6) 공식화

기업 내에서 업무가 얼마나 표준화되어 있는지의 정도를 나타내는 지표로, 업무 수행 절차나 방식 등이 매뉴얼이나 지침서 등으로 얼마나 명료하게 나타나 있는지에 따라 공식화(formalization)의 정도가 정해진다. 공식화가 높은 경우 직원들의 행동을 통제하기 쉽고, 관리비용 절감과 업무수행의 안정성, 예측 가능성이라는 장점이 있지만, 유연성은 떨어지기 때문에 환경변화에 대한 적응력 역시 떨어지는 단점이 있다.

2. 조직구조의 기본 구성

기업의 조직구조는 일반적으로 핵심운영 부문, 전략 부문, 중간라인 부문, 기술전문가 부문, 지원스태프 부문의 다섯 가지 부문으로 이루어진다.

- **핵심운영 부문(operating core)**: 기업의 제품, 서비스를 만드는 가장 기본적인 부문으로 공식화, 집권화 등의 요소가 얼마나 적용되는지에 따라 전문적 관료제의 정도가 결정된다.

- **전략 부문(strategic apex)**: 최고경영진이나 상위 관리자가 의사결정을 하는 부문으로 집권화가 대체적으로 높다. 극단적일 경우 단순구조가 나타나기 쉽다.
- **중간라인 부문(middle line)**: 전략 부문과 핵심운영 부문을 연결하는 중간 역할 부문으로 중간 관리자가 어느 정도의 권한을 부여받아, 전략적 목표를 달성하기 위해 핵심운영 부문을 통제·관리하는 곳이다.
- **기술전문가 부문(techno structure)**: 여러 기술에 대한 전문가들로 이루어진 부문으로 엔지니어 혹은 R&D 연구 인력들이 이러한 부문에 속한다.
- **지원스태프 부문(support staff)**: 직접적이고 기본적인 업무보다는 다른 부문을 지원하는 업무를 주로 하는 부문으로 인사, 노무, 재무, 회계, 홍보 등의 업무를 주로 행한다.

3. 조직의 형태

- **단순 조직구조**: 단순 조직구조는 기술인력이나 지원인력 없이 집권화가 매우 높은 조직이다. 빠르고 유연하다는 장점이 있지만, 기업의 규모가 큰 경우 최고경영자의 업무가 증가하여 비효율적일 수 있다는 단점이 있다. 소규모 기업이나 벤처 기업이 거대 조직으로 발전하지 못하고 대부분 실패하는 이유가 여기에 있다.
- **기계적 관료제 조직구조**: 기계적 관료제 조직구조는 전문기술인력과 지원인력이 두드러지게 강한 것이 특징이다. 기계적인 관료제 구조를 가진 기업의 경우 안정적 환경에서 운영상의 효율성을 추구할 수 있지만, 외부환경에 대한 반응이 느리다는 단점이 있다.
- **전문적 관료제 조직구조**: 전문적 관료제 조직구조는 기업 내 전문가들의 숙련도 전문적를 우선시하기 때문에 다른 부문에 비해 전문가 집단의 영향력

이 강하다. 의사나 대학교수 등의 전문가 집단이 이에 해당된다.

- **매트릭스 조직구조**: 매트릭스 구조는 두 개 이상의 부문을 결합한 구조이다. 경영대학의 예를 들어보자. 인사 · 조직, 재무, 회계, 마케팅 등으로 전공이 나뉘어지는데 한 전공의 교수가 학부, 대학원, MBA, 고급경영자 과정을 맡는다. 이 경우 전공 주임과 각 과정별 주임에게 상황 보고를 해야 한다. 매트릭스 조직 구조의 경우 복잡하고 상호의존적인 업무 수행에는 유리하지만, 이중 명령체계에 따른 혼란 및 갈등 유발 등의 단점이 있다.
- **네트워크 조직구조**: 오늘날 새롭게 나타난 조직구조 형태의 일종으로 각기 독립된 조직들이 핵심 부분만 유지하고, 나머지 부문들은 다른 조직들과 네트워크화하는 것이다. 즉, 자기 회사에서는 전략, 기획부문만을 운영하고, 나머지 생산, 마케팅, 연구개발 부문들은 다른 기업들과 연계하여 함께 운영하는 것이다. 환경 변화에 민첩하게 대응할 수 있다는 장점이 있지만 탄탄한 신뢰관계가 있는 조건에서만 가능하고, 잠재적 경쟁자를 만들 수 있다는 단점이 있다.

▌▌ 조직문화

1. 조직문화의 개념

오늘날 수많은 기업들이 성공과 실패를 경험한다. 과거에는 성공한 기업들의 원인을 눈에 보이는 것에서 찾으려고 노력했지만, 오늘날에는 눈에 보이지 않는 그 무엇인가에서 찾으려하고 있다. 애플, 구글 등의 성공에는 그들만의 특별한 조직문화(organization culture)가 있기 때문이라는 시각이 두드러지기 시작했다. 조직문화란 구성원들이 자신이 몸담고 있는 조직에 대해 인지하고 받아들이고 있는 상식(common perception held by the organization's members), 직원들 간 공유하고 있는 가치체계(system of shared values)를 말한다.

기업의 생성 초기에는 기업의 창업자가 조직문화를 형성하는 데 중요한 역할을 한다. 즉, 창업자가 어떤 것에 관심을 갖고 있는지, 위기에는 어떻게 대응하는지, 해고나 고용의 상황에서는 직원들을 어떻게 대우하고 문제를 처리하는지 등 창업자의 일련의 행동들이 조직의 신념, 가치관 이면에 숨겨져 있는 '기본 가정(underlying assumptions)'을 형성하고 이를 바탕으로 그 집단이 표방하는 '신념'이나 '가치관(espoused values)'과 물리적 공간과 겉으로 드러난 행동 등의 '인공물(artifacts)'로 구성되는 조직문화가 형성된다. 그러나 조직문화의 세 요소인 공유가정, 공유가치, 문화적 가시물 중 문화적 가시물만 수면 위에 드러날 뿐 문화 형성에 더욱 중요한 역할을 하는 공유가정과 공유가치는 눈에 보이지 않기 때문에 바닷물에 잠겨 있어 전체가 쉽게 보이지 않는 빙산(iceberg)으로 흔히 묘사되곤 한다.

그림 14 **조직문화의 구조**

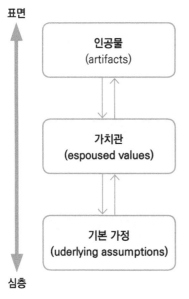

인공물 (artifacts)	조직 내에서 쉽게 관찰, 경험 가능. 근무환경, 조직구조, 업무 매뉴얼, 드레스 코드, 각종 상징물과 관행, 용어 체계 등 다양. 문화의 한 부분이라고 인식하지 못하는 경우가 많음.
가치관 (espoused values)	조직 가치나 행동양식 등이 정리된 것. 미래에 대한 지향이나 열망 등이 담겨 있고, 구성원의 말과 행동을 지배함. 이런 가치는 더 심층적인 조직의 가설에 기반함.
기본 가정 (uderlying assumptions)	리더 및 구성원들의 무의식에 뿌리 깊게 자리 잡은 믿음, 인식, 감정의 총화. 겉으로 드러나지 않아 관찰, 변화가 어려우나 조직문화 변혁을 위해 반드시 바뀌어야 하는 부분.

표면 ↕ 심층

출처: 에드거 샤인이 말하는 조직문화의 세 가지 차원(사진 출처 DBR 165호)

기본 가정(underlying assumptions)은 눈에 보이지는 않으나 기업 전체활동의 저변에 무의식처럼 자리잡고 있는 조직 전체에서 당연한 것으로 여기는 기본적 세계관이라고 할 수 있다. 보통 창업자의 철학과 세계관이 기업의 잠재의식을 통해 공유가정으로 자리잡게 된다. 다시 말해, '지극히 당연하다고 믿는 것'을 말한다. 구성원들 사이에서 너무도 당연히 여겨져 '우리가 그런 신념을 가지고 있다'는 의식조차 못 하는 경우가 많다. 주로 그 조직이 가장 중요하게 여기는 자원 또는 개념을 중심으로 형성된다.

조직이 표방하는 신념이나 가치관은 조직에서 중요하다고 주장하는 가치다. 조직 내에서 무엇이 옳고 그른지, 어떤 행동과 사고가 바람직한 것인지에 대한 조직원들의 가치관(espoused values)를 형성하며 조직문화로 구체화되기 시작한다.

인공물(artifacts)은 상징(symbol or image), 의식(ritual), 제도 등의 형태이다. 이들 문화적 상징들은 우리가 어떤 기업을 생각할 때 가장 먼저 떠올리게 되는 이미지로 특정 기업의 조직문화에 대한 함축된 느낌을 전달한다. 다시 말해, 조직문화에서의 인공물은 조직이 문화적으로 표출한 모든 것을 뜻한다. 조직에서 보고 듣고 느낄 수 있는 현상, 물건이 해당한다. 로고, 사가(社歌), 근무 복장, 고유한 용어, 의례부터 조직이 만든 제품, 서비스, 조직구조, 제도, 정책 등 그야말로 조직 내에서 만나는 모든 것을 말한다.

따라서 기업의 조직문화는 공유가정이라는 잠재의식단계의 영향을 받아 공유가치라는 의식단계를 거쳐 문화적 가시물이라는 가시적 표현단계로 나타난다.

2. 조직문화의 변화

조직문화는 시간이 지남에 따라, 그리고 경쟁 환경이 변함에 따라 달라지게 되는데, 조직문화의 변화는 더 나은 발전을 가져오기도 혹은 조직을 오히려 망치는 요인이 되기도 한다.

　기업의 조직문화를 변화시키는 방법으로 보통 잘 나가는 기업들의 조직문화를 따라하곤 한다. 그러나 조직문화 모방이라는 행위에 대한 장점과 단점을 잘 파악한 이후 해야 할 것이다.

〈표 9〉 조직문화 변화

구분	장점	단점
단기적	다른 기업으로부터 교훈을 얻음 좋은 것만 골라서 선택 단기간에 문제를 해결	수박 겉핥기식 따라 하기로 오히려 직원들의 불만족과 이직을 부추길 수 있음
장기적	문화의 변화는 한 번에 되는 것이 아니기 때문에 장기적 목표를 설정할 수 있음	기업마다 처한 환경과 문화가 다른 상태에서 모방을 한다는 것은 쉽지 않기 때문에 따라 하기로 인한 부작용이 더 클 수 있음

1) 조직문화의 유형

　기업들은 산업, 환경, 역사 등의 다양성에 따라 각기 다양한 조직문화를 형성하게 된다. 조직문화에 대한 다양한 분류체계 중 다음 네 유형의 경쟁가치모형(competing values framework)이 실무에서 많이 활용되고 있다.

그림 15 경쟁가치모형

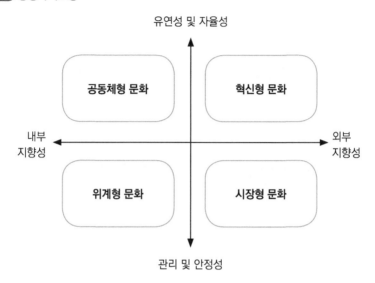

(1) 공동체형 문화(clan)

이 형태의 기업문화 아래에 있는 직원들은 공유된 가치와 목표, 통일성, 참여성, 공동체의식을 바탕으로 협동, 헌신의식, 팀워크 등을 중시한다. 또한, 이러한 문화를 가진 기업에서 리더는 주로 멘토나 부모와 같은 입지를 갖는다.

(2) 위계형 문화(hierarchy)

위계형 문화는 관료주의적 특성을 갖고 있기에 명확한 의사결정 절차, 표준화된 규칙, 통제와 책임의 메커니즘을 중시한다. 맥도날드와 같이 표준화를 중시하는 패스트푸드 회사 혹은 정부기관 등에서 위계적 문화를 쉽게 관찰할 수 있다.

(3) 혁신형 문화(adhocracy)

이 기업문화는 불확실성이 매우 큰 환경에서의 적응, 유연성의 극대화, 창의성 향상이 주된 목표이다. 이러한 기업문화에서는 위험을 무릅쓰고 새로운 것에 도전하는 리더십이 효과가 크다. 오늘날 급변하는 정보화시대에서 기업가 정신(entrepreneurship)이나 창의성(creativity)이 발휘되어야 하는 분야에 속한 기업에 적합한 문화유형으로 주로 소프트웨어 개발, 컨설팅 회사 등이 이 유형에 속한다.

(4) 시장형 문화(market)

주로 외부 이해관계자들에게 초점을 맞추는 기업문화이다. 이러한 기업문화에서는 시장경제 메커니즘을 기업의 운영에 적용하여 거래관계자나 이해관계자들 간의 이윤, 영리, 시장지배력, 고객 등의 확보가 주요 화두이다. 경쟁과 목표 달성이 장기 목표 중 하나로 의사결정권자의 리더 역할이 중시된다. 역사가 오래된 거대 기업들이 대표적인 시장지향 문화의 예라고 할 수 있다.

그렇다면 조직문화는 기업 내에서 어떠한 역할과 기능을 할까? 조직문화는 직원들의 유대감을 형성하는 데 중요한 역할을 한다. 이와 동시에 행동을 통제하거나 또는 정당성을 부여하는 역할을 하기도 한다.

한 기업 내에 직원들의 생각이나 행동양식에 영향을 미치는 조직문화가 단 하나만 있는 것은 아니다. 하나의 기업 내에도 여러 개의 소규모 집단이 존재하듯이 문화 역시 하나의 조직문화 아래 여러 하부조직 문화들의 형태로 존재할 수 있다. 하부문화(subculture)란 기업 전체에 영향을 미치는 문화는 아니지만, 해당 집단의 구성원들에게 영향을 미치는 문화를 말한다. 어떤 기업에서는 기업의 전체적 조직문화 없이 하부문화만 존재하기도 하고, 어떤 기업에서는 기업의 전체적 조직문화에 대항하는 하부 문화가 생기기도 한다. 따라서 하부문화와 기업 전체의 조직문화가 충돌하지 않도록, 하부문화가 전체 조직문화를 강화하고 보완해주는 기능을 하도록 경영자가 효과적인 조정자 역할을 하는 것이 중요하다.

3. 조직변화와 혁신

"고인 물은 썩기 마련이다" 변화가 없는 기업은 급변하는 환경에서 살아남기 힘들다. 과거 노키아(Nokia)의 사업 실적이 급격히 나빠진 이유도 비슷한 맥락이다. 노키아는 시장의 흐름을 제대로 읽지 못하고 지속적으로 시장변화를 주도하지 못했기에 실패했다. 2007년 애플(Apple)이 아이폰(iPhone)을 처음 출시하였을 때, 휴대폰의 흐름이 폴더폰에서 스마트폰으로 옮겨가고 있었지만, 오직 '노키아만이 표준'이라는 과거의 영광에 집착하다가 결국 마이크로소프트사에 매각되는 비참한 결과를 낳고 말았다. 휴대폰에 터치스크린을 적용할 수 있는 기술을 애플보다 훨씬 이전부터 보유하고 있었음에도 불구하고 소비자가 원하는 방향이 아니라는 아집을 고수한 결과였다.

과거의 영광에 집착하다가 몰락한 또 다른 기업 코닥(Kodak). 미국의 대표적인 경영 전문지《포브스(Forbes)》가 1987년 창간 70주년을 맞아 조사한 결과, 코닥은 70년 동안 시가 총액 평균 성장률이 시장 평균을 넘었던 초우량기업이었다. 1976년 미국 시장 시장 점유율 필름 90%, 카메라 85%로 절대 무너질 것 같지 않던 코닥이 2004년 다우지수에서 떨어져 나오게 되고, 2012년 1월 파산 보호신청을 하는 수모를 겪는다. 공교롭게도 터치스크린의 가능성을 무시했던 노키아와 마찬가지로 코닥도 디지털 이미징 기술을 이미 오래전에 보유하고 있었다.

1) 조직변화와 혁신의 요인

오늘날 조직변화를 가져오는 요인에는 어떤 것들이 있는지 살펴보자. 오늘날, 그리고 조직변화와 혁신 가까운 미래의 조직변화의 핵심은 세계화와 4차 산업혁명이라고 할 수 있다.

세계화와 노동력 변화로 인해 경쟁의 패러다임 자체가 변화하고 있다.

오늘날 기업들을 변화하게 하는 요소 중 하나로 빼놓을 수 없는 것이 4차 산업혁명으로 인한 급격한 기술변화와 진보이다.

범세계적인 경제상황의 변화 역시 조직변화의 중요한 방아쇠이다.

사회적인 추세 역시 기업변화를 유발하는 요소이다. 과거에는 기업을 돈 버는 곳이라고만 인식하는 경우가 많았다. 그러나 오늘날에는 자신의 이익을 추구하는 동시에 공공의 이익 증대를 위해 노력하는 기업이 늘어나고 있다.

2) 조직변화의 과정

오늘날의 수많은 조직들이 자의든 타의로든 조직변화라는 도전적 과제에 직면하게 되었다. 그런데 인간이란 기존의 방식에 길들여져 그것을 고수하려는 강한 성향을 갖고 있다. 이러한 성향은 기업에도 동일하게 적용되어 변화를 거부하고 기존의 상태를 고집하는 저항의 형태로 나타난다. 이를 조직관성(organizational inertia)이라고 일컫는다. 이러한 저항과 관성은 변화가 가져올 불확실성(future uncertainty)에 대한 불안감 때문일 수도, 변화의 이유가 불충분하기 때문일 수도, 혹은 새로운 비전에 대한 공유가 충분치 않았기 때문일 수도 있다. 변화로 인해 구성원의 입지, 기존의 지위가 흔들릴지도 모른다는 두려움 역시 변화에 대한 저항을 일으키는 중요한 요소이다.

변화의 속도라는 측면에서 볼 때 조직변화는 느리게 일어날 수도 있고 빠르게 일어날 수도 있다. 점진적 변화(incremental change)는 비교적 작은 범위에서부터 야금야금 천천히 바꾸는 것을 의미한다. 변화의 초기 단계부터 변화가 안정화되는 완료 단계까지 꾸준히 지속된다. 이와는 대조적으로 급진적 변화(radical change)는 짧은 시기에 큰 변화가 발생하는 것이다.

업무 프로세스 변화의 한 종류인 BPR(Business Process Reengineering)과 정보시스템 변화의 한 형태인 ERP(Enterprise Resource Planning)는 이러한 변화를 비교할 수 있는 좋은 예시이다. BPR 없이 ERP시스템만 도입하는 회사는 업무의 효율성 등을 높이기 위해 업무수행의 도구만을 바꾼 점진적 변화인 데 반해, BPR을 선행한 ERP시스템의 도입은 기존 회사의 업무 방식과 구성원들의 마인드를 모두 바꾸고자 하는 보다 복잡하면서도 급진적인 변화이다.

커트 루윈(Kurt Lewin)은 1947년 〈집단 역학의 선구자들(Frontiers of group dynamics)〉이라는 논문을 통해 개인과 집단이 변화하는 환경에 어떻게 대응하는지를 이야기하면서 3단계 변화 이론(three-stage theory of change)을 정립하였다.

그림 16 **조직변화 3단계**

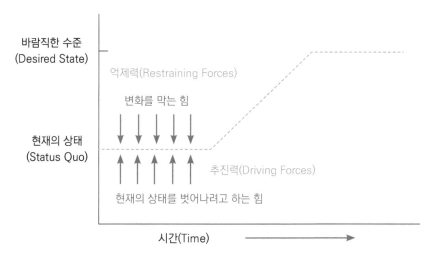

3단계 변화이론(three-stage theory of change)에 따르면 조직변화는 해빙(unfreezing), 이동(movement), 재결빙(refreezing)의 3단계로 구성된다.

- **해빙(unfreezing)**: 변화를 추진하려고 하는 측과 기존의 것을 고수하려는 저항세력이 서로 대립하면서 생기는 긴장과, 현 상태에 대한 고착을 완화하여 현재 상태가 움직일 수 있는 여지 및 유연성을 만들어 내는 단계
- **이동(movement)**: 추진세력이 원하는 방향으로 어떻게든 실질적인 변화를 이끌어 나가는 단계

- **재결빙(refreezing)**: 변화된 조직의 모습을 정착시키는 단계. 조직관성(organizational inertia)에 의해 기존의 것으로 되돌아가려는 것을 막고, 구성원들을 변화에 적응시켜 일상화(routinization)를 달성하는 '굳히기' 단계

  조직변화 단계를 8단계로 보다 세분화하여 설명하기도 한다.

- **1단계**: 경영자가 위기의식을 고취하는 단계로 경영자는 조직관성과 업무처리 관행에 의한 직원들의 저항을 미연에 방지하고, 변화가 필요한 이유를 강력하게 설득하여 공감대를 조성해야 한다.
- **2단계**: 경영자는 주도세력을 결집해야 한다. 기능별, 분야별, 계층별로 변화를 주도할 수 있는 세력을 결집하여 변화를 주도하고 실행할 수 있는 세력을 키워 나간다.
- **3단계**: 비전과 전략을 구축하면서 조직이 중장기적으로 변화하여 나아갈 방향과 목표를 제시한다.
- **4단계**: 비전을 직원들과 공유한다.
- **5단계**: 직원들에게 권한과 책임을 동시에 부여하여 변화의 장애물들을 스스로 제거하게 한다.
- **6단계**: 변화의 단기성과에 대한 평가를 바탕으로 보상함으로써 변화에 대한 직원들의 동기를 강화한다.
- **7단계**: 이를 토대로 더 큰 변화의 필요성을 고취한다.
- **8단계**: 변화된 상태를 고착화하는 재결빙을 실시한다.

연습문제

01. 조직설계에서 고려해야 할 6가지 요소를 나열하고, 각 개념을 간단히 서술하라.

02. 조직문화의 세 가지 요소는?

03. 조직관성(organizational inertia)이란 무엇인가?

04. 커트 루윈(Kurt Lewin)이 주장한 변화이론의 3단계를 설명하라.

05. 현재의 상태(status quo)는 무엇을 의미하는가?

제11장 **직업의 이해**

1. 직업의 의미에 대해 설명할 수 있어야 한다.
2. 직업의식에 대해 설명할 수 있어야 한다.
3. 직업윤리에 대해 설명할 수 있어야 한다.

I 직업의 의의

직업은 우리 삶의 중요한 부분이다. 직업은 인생의 모든 시기를 지배하고 있다. 직업은 대부분의 사람에게 경제적 생계수단 이상의 자아실현과 사회기여 지향적인 기능을 수행하고 있다. 따라서 현대사회에서 직업은 인간 삶을 표현해주는 다양한 방법이자 개인을 사회적 관계에서 자아를 완성하는 방법이기도 하다. 즉 인간은 직업을 매개체로 자신의 인생—삶을 완성해 나간다.

1. 직업의 어원적 개념

직업이란 용어의 어원을 살펴보면, '직업'이란 원래 직분을 의미하는 천직(天職)으로서의 '직(職)'(vocation, calling, beruf, profession 등)과 생업을 의미하는 '업(業)'(business, geschaft, job, occupation 등)이 합쳐져서 이루어진 말이다.[1]

'직(職)'을 의미하는 영어권의 vocation과 calling 및 독일어의 beruf라는 단어는 인간이 신으로부터 소명되었다는 '신의 부름'이라는 천직이나 소명의 종교적 · 비영리적 성격을 포함한다. 또한 profession이란 단어는 특별한 재능과 전문적 기술을 요구하면서도 비관리적인 전문직을 뜻하는 봉사적인 직업을 가리킨다.

이에 비해 '업(業)'에 해당하는 business와 geschäft라는 용어는 사업이나 상업을 가리키는 영리적이며, 실제적 · 경제적 의미가 강한 단어이다. 그리고 job은 품삯을 받고 하는 일이나 도급과 같은 일의 직업을 지칭한다. occupation은 직업을 의미하는 일반적인 단어로 '장소를 점유하는' 경제적인 성격이 있지만, 아울러 한 영역에서의 개인의 역할을 의미하기도 한다.

이렇듯 직업이란 천직(天職)의 의미에서 생업(生業)의 의미로 변화되었으며, 현대에는 천직과 생업의 의미를 동시에 내포(손준영, 2002)하고 있다.

과거 인간은 생활에서 필수적이고 중대한 일이 그들 공통의 과제로 문제가 되는 것은 당연했을 것이다. 여기서 이러한 일을 수행하는 천부의 재능을 소유한 적임자가 존재해야 하며, 이는 선택된 자이고, 이 과제를 달성할 수 있는 하늘로부터 소명된 자였을 것이다. 이러한 차원에서 최초의 직업은 생업의 의미보다는 공무이며, 공직으로 볼 수 있다. 따라서 직업의 원래 형태는 공동사회에서 개개인의 사회적 역할 분담인 직분으로서 천직이 먼저 발생한 것이다.

오늘날 우리의 상식으로 직업은 무엇보다도 먼저 생계유지를 위해 종사하는 일이라고 말할 수 있다. 즉 직업은 인간생존을 위한 필요한 물자를 획득하기 위한 계속적인 노동이다. 이러한 차원에서 직업 활동을 생업이라 부르기도

---

[1] 직업에 관한 사전적인 의미를 보면, '직'에는 직위를 뜻하는 것 이외에도 '맡을' 직, '떳떳할' 직의 의미가 있으며, '업'에는 '씩씩할' 업의 의미와 함께 불가(佛家)의 업의 의미가 있다. 이를 종합해보면, 직업은 하늘이 맡긴 일, 떳떳한 일이며, 전생의 허물을 차생(此生)에서 보속한다는 뜻을 가지고 희생과 봉사를 다한다는 의미로 해석이 가능하다(이관춘, 2005).

한다. 그러나 인간은 생활에 필요한 물자를 혼자서 생산하기란 불가하며, 다른 사람의 도움을 받아야 하는 사회적 존재이다. 따라서 사람은 생계를 유지하기 위해 일정한 사회적 역할을 분담해야 하며, 이 분담된 역할을 통해 사회는 유지·발전하는 것이다. 여기서 오늘날 직업은 생업의 의미에 사회적 역할의 분담이라는 천직의 의미가 부가된다. 그러나 직업이 지닌 어원적 개념인 천직과 생업만으로 오늘날의 직업을 설명하는 것은 한계가 있다.

2. 직업의 의미

인간사회는 개인의 직업을 통해서 유지·성장·발전할 수 있으며 개인 역시 직업 활동을 함으로써 사회에 소속된 일원이 된다. 따라서 직업은 개인이나 사회에 없어서는 안 되는 필수 불가결한 요소이며, 개인과 사회를 연결해 주는 가교 역할을 한다.

'일(work)', '업무(job)', '직업(occupation)' 등은 일상적인 대화에서는 흔히 구별 없이 사용되고 있는 용어이지만, 사회학적 관점에서 보면, 각각이 지닌 의미는 다르게 이해되고 있다(홍두승 의, 1999).

우선, '일(work)'은 자신이나 타인에게 가치가 있는 재화나 용역을 창출해내는 활동으로 정의된다. 산업사회에서 일은 타인에게 금전적인 가치가 있는 재화나 용역을 생산하는 것을 지칭한다. 간단히 말해서 일은 고용주나 고객과 같은 타인들을 위해 행한 바에 대하여 금전적인 보상을 해주는 활동이라고 할 수 있다. 그러나 일이 반드시 금전적인 보상이 없는 활동이나 자원봉사 활동, 종교적 선교활동 등과 같이 금전적 보상의 중요성이 거의 없는 활동도 포함된다. 이 경우 '타인에 대한 가치'란 가족을 위한 일, 이타주의, 또는 사회에 대한 서비스 등과 같은 추상적인 관념을 포함하는 것이다.

'업무(job)'는 일 중에서 실제로 수행하는 구체적인 과제를 지칭하는 것으로 노동자가 특정한 맥락에서 수행하는 구체적인 과제를 지칭한다. 즉 노동자가 특정한 맥락에서 수행하는 기술적 · 사회적 활동이라고 할 수 있다.

한편, '직업(occupation)'은 일반적으로 어떤 사람이 수행하는 일반적으로 어떤 사람이 수행하는 일의 유형을 지칭하는 것으로, 재화를 생산허가나 서비스를 제공하는 활동의 사회적 및 기술적 구성으로 규정될 수 있다. 추상적인 수준에서 직업은 비교적 분명하다. 즉 직업은 핵심적인 직무를 사회적으로 조직화한 것이라 볼 수 있다. 또한 직업의 사회적 구성은 사회경제적 특성과 기술적 혁신으로부터 영향을 받는다. 어떤 직업의 구성원은 그 직업에 소속된 구성원들이 공통적으로 자신에 대하여 파악하고 이해하는 '집합적 정체성'을 가지고 공유된 가치나 시각의 면에서 일치를 보이기도 한다.

'한국표준직업분류'에서는 직업을 "개인이 계속적으로 수행하는 경제 및 사회활동의 종류"라고 규정하고 있다. 여기서는 일의 계속성이 중요한 기준인데, 이는 "주기적으로(매일, 매주 또는 매월), 계절적으로 행하고 있는 경우 또는 명확한 주기가 없더라도 현재 하는 일에 대하여 의사와 능력을 갖고 행하는 것"을 말한다. 따라서 (1) 이자 · 주식배당 · 임대료(전세금 및 월세금) · 소작료 · 권리금 등 재산수입이나, (2) 연금법이나 사회보장에 의한 수입에 의존하거나, (3) 자기 집에서의 자기 활동, (4) 정규 추천 교육기관에 재학하고 있는 경우, (5) 법률위반행위(예를 들면, 강도 · 절도 · 밀수 · 매매춘 등) 및 법률에 의한 강제노동(수형자의 활동) 등과 같은 활동은 직업으로 간주하지 않는다.

그렇다면, 한 사람이 두 가지 이상의 일에 종사할 때는 어떤 것을 직업이라고 볼 수 있을까? 그것은 취업시간이 많은 직업, 수입이 많은 직업, 조사를 할 당시 최근의 직업 등의 순서에 따라 개인의 직업을 판별하게 된다(송재범 외, 2001).

직업이라는 용어를 사용할 때는 대략 다음과 같은 기준을 충족할 수 있어야 한다.

첫째, 직업은 성인이 하는 일이어야 한다. 직업을 성인의 활동으로 제한하는 이유는 미성년자들이 경제적 소득을 목적으로 일하는 것이 사회적으로 기대되는 활동으로 제도화된 것도 아니며, 또한 미성년자들은 장래의 직업을 위해 준비하는 학습활동을 직업이라 말할 수 없기 때문이다. 우리 사회는 근로기준법에서 15세 미만의 미성년자가 직업을 갖는 것은 바람직하지 않다고 제한하고 있다.

둘째, 직업은 계속적으로 수행하는 일상적인 활동이 되어야 한다. 반드시 매일이나 정기적일 필요는 없지만, 잠정적인 활동을 통해 보수를 받았다고 하여 이를 직업이라 하지 않는다. 이는 직업 활동이 일정 기간 동안 영속성을 가져야 한다는 것을 의미한다. 직업을 일상적인 활동이라 보는 것은 성인들의 여가와 휴식을 위해 보내는 시간을 제외한 대부분의 시간을 생산적인 활동, 즉 일을 위해 사용하고 있을 때에만 그가 직업을 가졌다고 말할 수 있기 때문이다.

셋째, 직업은 경제적인 보상을 받아야 한다. 사람들이 일상적인 일을 가지고 있다 하더라도 그것이 경제적으로 보상되는 일이 아닐 때에는 직업이라 부르지 않는 것이 일반적이다.

넷째, 직업은 사회적 효용성을 띠는 일이다. 사회규범상 반(反)사회적이라고 규정되는 일은 직업이라 할 수 없다. 만약 폭력과 사회적으로 역기능적인 활동을 통해 개인이 경제활동을 영위하였다고 했을 때 이러한 일은 직업이라 하지 않는다. 직업에 따라 사회의 유지 · 발전에 순기능적으로 작용해 사회적 효용성을 객관적으로 인정받는 것이어야 할 것이다.

다섯째, 직업은 자기의 의사에 따라 하는 일을 의미한다. 자기의사에 반해 강제적으로 행해지는 일은 직업이라 할 수 없다.

여섯째, 직업은 노력이 소요되는 일이어야 한다. 특히 불로소득이나 운수 · 횡재 등을 주된 수입원으로 살아가는 경우 그 일을 직업이라 할 수는 없는 것이다.

이상의 정의를 분석해 볼 때, 직업과 일은 동의어처럼 보이지만 그 의미에는 차이가 있다. 직업이란 인간 개체의 생존 발전과 그들의 공동체인 사회적 기능의 역할분담, 그리고 자아실현을 목표로 하는 지속적인 노동이나 일을 의미한다. 인간은 직업에 종사하면서 일을 통해 만족감과 성취감을 얻고 삶의 의미와 가치를 발견하면서 행복을 느낄 수 있다. 따라서 직업과 일은 인간에 대한 구속이나 고통의 원인이 아니라 보다 나은 삶으로 인도하는 행복의 원천이다. 인간은 자신이 선택한 직업과 일을 통해서 자아실현을 성취하며 행복을 추구하고자 하는 것이다(정석용 외, 2009).

ⅡⅠ 직업관과 직업의식

1. 직업관

현대인들은 직업을 통해 생계유지, 사회적 역할의 실천, 자아실현과 같은 가치들을 달성하기 위해 삶을 영위한다.

먼저 생계유지의 가치는 직업에 있어 보수를 얻기 위한 계속적인 활동으로 경제적 조건을 강조한 것이다. 사람들은 먹고살기 위해서 생계유지에 필요한 물질적인 재화인 경제적 소득을 얻어야 한다. 따라서 생계유지는 삶의 영속을 위해 필요하며, 삶의 영속을 위한 수입의 원천으로 직업이 필요하다. 이러한 관점에서 수행하는 직업적 활동은 보통 생업의 의미를 지닌다. 여기서 보통 직업이 가져오는 수입은 물질적 수입만을 생각하지만 그 외의 여러 가지 정신적 보상이나 사회적 지위의 보상도 포함된다. 그러나 직업은 단지 수입을 얻기 위한 사람들의 활동만을 의미하지는 않는다.

다음으로 사람들은 직업을 통해 사회의 역할을 분담하고 있는 것이다. 전통사회에서는 사회적 신분에 따라 사회적 역할이 분담되어 있었으나, 근대 사회에서는 신분에 따른 역할의 분담이 아니라 직업에 따른 역할이 분담되고 있다. 따라서 직업은 현대사회의 조직적이고 유기적인 분업관계에서 사회적 분업단위의 직분을 수행하는 것이다. 사람들은 맡은 직분을 통해 사회에 공헌하며 사회발전에 기여하게 된다. 즉 직업은 사회적으로 유용한 것이어야 하며, 사회발전과 유지에 도움을 줄 수 있어야 할 것이다. 여기서 직업은 직업의 객관적 측면을 강조하는 천직의 의미를 지닌다.

마지막으로 직업은 개성의 발휘나 자아실현으로 규정할 수 있다. 인간은 개성적인 존재이기에 각자에 따라 소질과 재능 및 취미가 다르기 때문에 개성의 차이가 있다. 따라서 각 개인에게 있어 개성발휘의 기회는 직업을 통해 이루어질 것이다. 사람들은 직업적 활동을 통해 성취감을 느낄 수 있고, 성취감은 우리에게 큰 보람을 느끼게 해준다. 사람들은 저마다 어떤 목표를 정하고, 그 목표를 향해 달리고, 그 목표를 달성했을 때 삶의 보람을 느끼게 된다. 따라서 사람은 직업 활동을 통해 자신의 이상(자아)을 실현한다. 즉 직업은 개인의 자아실현 매개체인 동시에 장(場)이 된다. 자신이 가지고 있는 욕구를 충족하고, 자신의 이상이나 정체성을 직업을 통해 실현함으로써 인격완성을 이룰 수 있는 것이다.

그러므로 직업은 위에서 살펴본 3가지의 가치 측면이 균등하게 조화를 이룰 때 가장 바람직한 직업이라 할 수 있다. 그러나 직업에는 어떤 경우에는 영리 추구의 수단으로, 혹은 순수한 생업의 경우도 있을 수 있으며, 신분사회에서는 개성이 충분히 발휘되지 못하는 경우도 종종 있다. 이러한 상대적인 가치결여 상태의 직업도 직업인 것은 틀림없다. 직업은 위 3가지 가치 측면의 균형이 이상적인 형태의 조건이지, 직업 그 자체의 필수조건은 아니다.

따라서 직업의 3요소 중 어떠한 측면에 중점을 두는가에 따라 사람들은 각각 다른 직업관을 형성하는 것이다. 이에는 보수지향형 직업관, 기여지향형 직업관, 자아실현형 직업관이 있다.

첫째, 보수지향형 직업관은 직업이 생계유지의 수단으로 생각하는 직업관이다. 대부분의 사람들은 직업 활동으로 얻는 소득으로 자신과 가족의 생계를 책임진다. 사람들은 생산적인 직업 활동을 통해 얻는 소득으로 가족의 생계를 꾸려 나간다. 이러한 직업관은 생계에 필요한 보수의 제공을 중시하며, 무엇보다 직업에서 높은 보수를 얻는 것이 가장 중요하고, 그런 직업이 가장 좋은 직업이라고 본다.

둘째, 기여지향형 직업관은 직업 활동으로 이웃과 사회의 발전을 위해 무엇인가 기여하려 한다. 이는 개인의 필요나 이익을 중심으로 하는 직업이 아니라 개인이 속해 있는 집단, 즉 사회공동체가 지향하는 목적이나 이익을 가치기준으로 하는 직업이다. 모든 직업은 그 사회가 요구하는 여러 가지 기능을 분담해서 수행하는 사회적 역할이라고 할 수 있기 때문에 모든 개개인의 직업 활동은 나름대로 전체사회의 유지와 발전에 공헌하는 일을 나누어 수행하는 셈이라 할 수 있다.

셋째, 자아실현 지향형 직업관은 직업을 통해 자질과 능력을 충분히 발휘함으로써 참다운 개성을 실현하려는 의미이다. 모든 사람들은 자신의 소질과 재능, 그리고 역량을 마음껏 발휘하려는 욕구가 있고, 이러한 욕구를 충족하는 과정에서 개인은 자신의 존재가치를 깨닫고 자신에 대한 긍지를 갖게 된다. 즉 대부분의 사람들은 직장에서의 일을 통해 자신의 가치를 추구한다. 따라서 직업이 개인의 능력을 실현하는 장이 될 때, 인간은 개인적으로 만족을 느끼고 사회적으로 높은 생산성을 이룰 수 있다.

2. 직업의식

1) 천직의식

자신의 직업이나 하고 있는 일을 자신의 의지에 의해 선택된 것이 아니라 운명적인 어떤 것, 즉 하늘이나 자연, 하나님, 신, 운명, 국가, 민족, 조상 등에 의해 부여된 사명으로서 선택받은 것이라는 직업의식을 말한다.

직업이동이 어려웠던 전통사회의 직업관에서도 이러한 의식을 찾을 수 있으며 매우 소극적, 수동적인 직업관으로 흘러갈 수 있는 단점이 있다. 즉 농사나 목축을 주로 생업으로 삼고 있었던 전통사회에서는 직업을 평생 동안 바꿀 수 없었으며, 심지어 대대로 부모의 직업을 세습받을 수밖에 없었으므로 직업에 대한 이러한 천직사상이 오히려 자연스러웠을 것이다.

그러나 현대에서 자유의지에 따른 직업의 선택이 가능해졌으므로 오늘날의 천직사상은 자신의 일에 대한 적극적, 능동적으로 임하는 사명의식으로 나타나므로 매우 바람직한 직업의식이라고 할 수 있을 것이다. 천직의식을 현대적으로 정의 내린다면, "자신의 직업이 적성에 맞는다고 생각하여 그 일에 열정을 가지고 임하는 성실한 직업의식이며, 따라서 자신의 직업을 소중히 여기고 자신의 직업적 활동에 최선을 다해 수행하고자 하는 직업의식"이라고 말할 수 있을 것이다.

2) 소명의식(vocation)

근세 종교개혁자인 개신교의 루터, 캘빈주의자들에 의해 직업을 하나님의 소명으로 보고, 세성의 직업적 활동을 통하여 하나님의 부르심(소명, calling)을 받을 수 있으며 또한 구원을 받을 수 있다고 보는 직업의식을 말한다. 직업을 하나님의 소명이라고 보는 것은 모든 사람에게 부여된 직업은 하나님이 주신 것으로서, 그 직업을 통하여 하나님의 영광을 지상에 드러내는 것이라고 본다. 또한 하나님은 모든 사람에게 서로 다른 재능을 주시고 그 재능에 따라 여러 가지 직업을 정해주셨으므로 자신의 직업에 최선을 다함으로써 하나님의 뜻을 이룰 수 있다고 믿는 것을 말한다.

이 소명의식은 돈, 권력, 명예 등과 같은 세속적 가치의 보상으로서의 직업의식이 아니다. 종교적 구원을 목적으로 한 직업의식으로서 (1) 성실, 근면(Time is Gold), 정직(Honesty is the best policy), 검소한 생활을 신조로 삼으며,

⑵ 신용은 생명이라는 철저한 직업의식을 가짐으로써 서구의 신용사회와 상
도의가 확립된 자본주의의 정신적 기초가 되었다.

3) 직분의식

직분의식이란 직업적 활동을 통해서 사회의 여러 가지 기능을 분업적으로
나누어 참여하고 있다는 직업의식을 말한다.

직장 내에서의 직분의식으로서는 ⑴ 자신의 업무를 최선을 다해 충실히 수
행하는 것이며, ⑵ 동료와 상사, 부하와의 공식적 · 비공식적인 역할 관계가
협동적으로 이루어질 수 있도록 하고, ⑶ 서로의 경쟁은 어디까지나 공명정
대한 페어플레이 정신에 의하여, ⑷ 부하는 상사의 권위를 존중하며 동시에
상사는 부하의 직책에 따르는 권한을 존중해야 하며, ⑸ 상사는 부하의 인격
을 침해하지 않도록 조심해야 하며 공식적인 관계를 떠났을 때는 서로 평등한
인격체로서의 인간관계를 유지하며, ⑹ 상거래 시에는 고객에게 항상 친절하
고 봉사하는 정신으로 직무를 수행해야 한다.

4) 가업의식

가업의식은 부모나 조상의 대(代)를 이어 직업을 물려받아서 자신이나 가문
의 명예를 걸고 제품을 최선을 다해 만들며, 고객에게 최대의 봉사정신을 갖
는 직업의식을 말한다.

이러한 가업의식은 훌륭한 제품의 생산에 크게 기여할 수 있으며, 가업의
신용과 명예를 지키기 위해 성심을 다해 서비스하는 직업정신이라고 말할 수
있다.

5) 장인정신(craftsmanship)

장인정신이란 자신의 일에 긍지를 가지고 정성을 다해 끊임없이 연구하며 창의적으로 일해 나가는 정신을 말하며 이러한 정신을 갖고 한 가지 일에 일생을 바쳐 일을 한 결과 뛰어난 기술과 숙련도를 익힌 사람을 장인(craftsman)이라고 한다.

장인들은 일을 하나의 인간이 완성되어 가는 도(道)로 여겨 그의 밑에서 배우는 도제(徒弟)에게 일에 임하는 마음가짐과 직업 정신, 성실한 인간성까지 철저히 배우도록 엄격한 수련을 시켰으며, 그들은 온 정성을 다해 명품(名品)과 명기(名器)를 만드는 데 일생을 바쳤다. 그들은 항상 마음을 깨끗이 하고 자신의 혼을 불태우는 정성으로 심혈을 기울여 명품을 만드는 것을 가장 큰 보람으로 여겼다. 현대 산업사회는 규격화된 표준품을 대량생산 판매하는 사회가 됨으로써, 장인정신이 현저히 퇴색하고 있으나 아직 영화, 연극, 미술 등 예술분야에는 아직도 거장(巨匠)이 많이 나오고 있음은 다행한 일이라고 하겠다.

장인정신의 현대적 해석으로서 정의를 한다면, 부귀와 공명을 추구하려는 세속적인 야망보다는 자신의 참된 삶을 자신의 직업을 통해 완성해 나가는 고귀한 직업정신이라고도 할 수 있을 것이다.

3. 직업의 선택

1) 직업선택의 의의

직업선택의 자유가 보장된 것은 봉건제도가 무너진 후 개인의 자유와 권리가 보장된 근대 시민사회가 형성된 이후부터라고 하겠다. 우리나라에서도 조선시대 말까지는 신분제도가 세습적이었으므로 자신의 직업을 자유롭게 선택할 수가 없었다. 그러나 오늘날은 자기 자신이 갖고 싶은 직업을 자유로이 가질 수 있게 되었으며, 이것을 직업선택의 자유라고 한다. 이러한 자유를 법으로 보장하는 제도를 직업자유제도라고 말한다.

직업자유제도를 인정하는 기본적인 취지는 첫째로 개인의 개성을 존중하고, 그 개성을 효율적으로 발휘하여 개인의 직업을 선택하게 함으로써 각자의 행복과 동시에 사회의 발전에 공헌하여 개인과 사회의 통합적 조화를 꾀하는 데 있다. 둘째로 직업선택의 자유는 개인의 생계유지를 지속하는 경제적 소득활동을 보장함으로써 개인의 경제적 독립과 이러한 경제적 활동에 대한 국가적 간섭을 배제하여 최대한의 경제적·인격적 자유권을 보장하려는 데 있다.

따라서 직업선택에서 가장 중요한 일은 개인의 개성에 가장 적합한 직업과 직종이나 직무를 선택하여 그 직업을 통하여 개인적 자아실현과 사회적 역할 수행을 잘할 수 있게 하는 데 있다고 하겠다. 그렇다면 우리는 자신에게 가장 적합한 직업은 무엇이며, 또한 그 직업을 선택할 수 있는 방법은 무엇인가를 알지 않으면 안 될 것이다. 여기서 고려해야 할 두 가지 사항이 있다.

첫째는 어떤 직업이 자신에게 가장 적합한지 아닌지의 판단은 그 개인의 희망이나 주관적인 판단만으로는 곤란하다는 점이다.

둘째는 어떤 직업이 어떤 개인에게 가장 적합한 것이라고 판단되는 경우라 하더라도 그 개인의 가정환경 조건이나 자격조건, 또는 직업의 수요공급 측면의 불균형이나 국가경제 정책적 조건에 따라 그 직업을 선택할 수 있는 자유가 현실적으로 제한되어 있다는 사실이다. 따라서 현실적으로는 직업의 자유란 어떤 조건하에서만 가능한 자유라고도 볼 수 있다.

이러한 점이 있다고 하더라도 어디까지나 적합한 직업이란 어떤 개인이 그것을 희망하거나 주관적 판단으로 선택한 결정이기 이전에 무엇보다도 그 개인의 개성과 소질에 알맞은 것이 아니면 안 된다. 여기서 뜻하는 개성이나 소질의 개념은 단순히 적성검사나 인성검사를 말하는 것이 아니라 개인의 신체적, 정신적 특성과 능력을 포함한 생활체험, 가치관, 전문적 지식과 기술의 습득 정도 등의 모든 것들을 의미한다고 보겠다.

개인의 희망과 그 개인의 적성에 관한 문제는 기본적으로 별개의 문제이긴 하지만 상호연관성이 있다고 보는 것이 타당한 것이다. 어떤 직업에 적합한 개성을 갖고 있다는 것은 그 개인이 그 직업에 대한 희망과 선택을 용이하게 할 수 있으며, 또한 어떤 직업에 강한 선호도를 갖게 되면 그 직업에 적합한 개성을 형성해 갈 수도 있을 것이기 때문이다. 그러나 이러한 양자가 상호 밀접한 연관성이 있다 할지라도 무엇보다 먼저 고려되어야 할 점은 그 개인이 어떠한 직업이나 직종에 적합한 개성이나 소질을 가지고 있느냐 하는 데 있다.

우리가 직업을 선택하는 데 주의해야 할 점은 많은 사람들이 그들의 직업에 대한 견해나 판단이 부정확하고, 단견이며, 단순히 외관에 의해 영향을 받고 있다는 사실이다. 직업에는 많은 종류가 있고 또한 여러 가지 유형이 있다. 이러한 여러 직업들에 관한 많은 정보와 지식 없이 선택한 직업은 결국 나중에 가서 후회하게 되며 다른 직업으로 전직하게 되는 이유가 되는 것이다. 이러한 점에서 우리는 직업의 선택에 앞서 자신이 희망하거나 선택 예정인 직업에 대해 조직적, 구체적 조사와 연구를 하지 않으면 안 되며 자신의 적성과 희망을 잘 이해하고 파악해 두지 않으면 안 될 것이다.

개인에게 가장 적합한 직업의 선택은 그 개인의 미래를 보장하며, 행복한 삶을 영위할 수 있는 동시에 유능한 사회인(직업인)으로서 자기가 속한 지역사회의 사회적 직분을 잘 수행할 수 있기 때문인 것이다. 그러므로 오늘날의 모든 국가에서는 국민 각 개인에게 가장 적합한 직업을 선택할 수 있도록 하는 직업교육 정책과 사회정책을 실시하고 있는 것이다.

2) 직업선택의 기준

(1) 직업적성과 직업선호도

직업적성은 일반지능과 함께 선택한 직업에 적응하는 데 직접적인 영향을 미친다. 일반지능이 직업이나 직업수준에 따라 요구되는 개인의 일반적 지능

수준이라면, 적성은 특정 영역에 요구되는 특정 능력 · 재주를 뜻하므로 직업에 대한 적합성 여부이다. 직업적성이 간과된다면 그 직업에 적응하거나 성공할 가능성이 희박해질 수 있다.

(2) 직업가치관

가치란 어떤 방식으로 행동하게 하는 원리나 믿음, 신념이라고 할 수 있다. 이러한 가치판단의 기준은 크게 외재적 가치와 내재적 가치로 양분해 볼 수 있다. 외재적 가치는 돈이라든가 사회적 명예 · 권력 · 지위와 같이 가치가 밖으로 나타나 있는 것을 말한다. 내재적 가치는 일을 하면서 얻게 되는 정신적 즐거움 · 보람 · 만족 등을 의미한다.

직업가치관은 의식적 혹은 무의식적으로 내 · 외재적 직업가치를 중심으로 나타나는 근본적 태도나 평가로서 직업 활동에 직면하여 평가하거나 행동으로 나타내는 관점이라고 할 수 있다(김대규 외 2, 2006).

(3) 장래성

직업선택의 중요한 기준으로 또 다른 하나는 직업과 직장의 발전가능성 즉, 장래성이다. 일반적으로 직업은 일시적인 것이 아니라, 자신의 평생 직업이 된다는 점에서 직업에 대한 앞으로의 전망과 발전가능성을 신중히 고려하여 선택하여야 한다. 직업의 선택이 자신의 경제적인 요구에 의한 것만이 아니라 그 직업을 통해 자신의 행복과 자아실현을 이루려고 한다는 점에서 직업의 장래성은 반드시 고려해야 하는 중요한 기준이 된다. 직업의 장래성이 밝을 때 개인의 직업적 성공과 개인의 장래성이 함께 높아진다는 점을 이해할 필요가 있다.

(4) 안정성

직업의 안정성은 직업을 지속적으로 유지하고 발전하는 데 있어서 비교적 직업에 대한 사회적, 기술적, 인간적 도전을 덜 받는 직업을 안정적인 직업이라고 한다. 직업을 선택하는 데 있어서 어떤 사람들은 지나친 모험을 하기보다는 평생을 통해 안정된 직업생활을 할 수 있는 직업을 선택하기를 원한다. 특히 사회나 경제가 불안정한 상태에 놓이거나 직업의 장래성이나 전망이 불투명한 경우에는 더욱더 안정적인 직업 생활을 희망한다.

(5) 경제적 소득

직업을 통해서 자신의 생계를 유지하고 재산을 축적해 나가는 것이 일반적이기 때문에 직업 선택에 있어서 직업 활동에 따른 경제적 소득을 고려하지 않을 수 없다. 따라서 사람들은 같은 조건이라면 누구나 더 많은 소득을 얻을 수 있는 직업이나 직장을 선호한다. 그러나 직업의 보람은 반드시 경제적 소득에 의해서만 얻을 수 있는 것은 아니며, 자아실현과 사회참여 등 여러 가지 보람을 함께 추구하는 것이 직업 활동이라고 할 때 경제적 소득이 유일한 또는 가장 중요한 직업 선택의 기준이 될 수는 없다.

(6) 자아실현

좋은 직업은 자신의 적성에 맞고 자아실현의 가능성이 높으며 장래의 전망과 안정성을 함께 보장해줄 수 있는 것이다. 따라서 직업을 통해 자아실현이 가능한지에 대한 판단도 직업선택의 조건이 될 수 있다.

직업적 자아실현이란 직업을 통해서 스스로의 인생목표를 실현할 수 있는 실현성으로 직업 활동을 통해 보람과 성취감을 느끼는 창조적인 삶을 살 수 있는 직업을 의미한다. 자아실현의 직업을 찾는다는 것은 곧 창조적 인생을 살 수 있다는 의미로 인간에게 창조적 삶은 가장 보람 있고 위대한 삶을 산다는 것을 의미한다.

(7) 작업 환경 및 기타

직업 선택의 중요한 기준의 하나로 직업적 환경을 들 수 있다. 직업적 환경은 지리적 요건, 즉 회사와 집과의 거리나 교통 여건에 따라 선택할 수 있다. 또한 환경적 여건은 직업병의 발생 유무, 정신적·신체적 적응 가능성, 직장 소재지의 지역사회 환경적 특성, 복지제도 및 인사관리제도, 시설의 첨단성 정도, 일과 삶의 균형(work-life balance), 경영자의 운영방침 등이 고려 대상이 된다.

⫼ 직업윤리의 개념과 성격

사람을 흔히 사회적 동물이라고 한다. 이는 사람은 혼자 살 수 없고 사회적 관계 속에서 함께 살아가야 한다는 의미이다. 다른 사람과 함께 살아가기 위해서는 집단의 질서를 유지하기 위한 규범이 필요한데, 이런 집단의 질서를 위한 근본원리를 윤리라고 한다.

윤리(ethics)란 원래 관습을 의미하는 희랍어의 '에토스(ethos)'에서 온 말로 사회의 발전과 번영을 위해 요구되는 바람직한 행동규범이 관습으로 정착된 것을 의미한다. '윤리(倫理)'라는 의미를 한자의 어원에 근거하여 풀이해보면, '인간의 무리 속에서 더불어 살아가기 위한 삶의 이치'를 의미한다. 즉 윤리라 함은 사람이 더불어 살아가는 데 지켜야 할 도리를 뜻한다.

일반적으로 사람이 더불어 살아가는 데 지켜야 할 윤리는 크게 두 가지로 구분된다. 하나는 보편적 윤리를 바탕으로 한 모든 사회구성원의 상호작용 관계를 지배하고 사회질서를 유지·통합하려는 일반윤리이고, 다른 하나는 특수윤리로 부분적 집단구성원 간의 행위관계를 지배하는 특수한 분야에 한정된 윤리이다.

오늘날의 사회는 급변하는 변화 속에서 다양한 분야로 노동이 확대·분화되고 많은 형태의 새로운 직업이 생성·확대된다. 이런 사회에서 살아가기 위해서는 사회 전체에서 요구하는 일반적이고 보편적인 윤리만으로 집단질서를 유지하기 어렵다. 보편적인 윤리 이외에 집단과 조직에서 요구하는 특수한 윤리에 의해서 또 다른 형태의 행위적 통제를 받지 않으면 안 되는 상황이 전개되고 있다.

1. 직업윤리의 개념

직업윤리(work ethics)란 '직업을 공통분모로 하여 형성된 특정사회에서 개개인이 함께 더불어 살아가기 위한 삶의 이치'를 의미하는 것으로 직업인으로서 지켜야 할 행위와 규범을 일컫는 말이다. 직업윤리의 개념은 학자들에 따라 여러 관점의 개념을 정리해보면 다음과 같다.

직업윤리란 '직업인으로서 마땅히 지켜야 하는 도덕적 가치관'을 말하는바, 이는 일정한 사회적 규범이 내면화된 것으로서 직업에 종사하는 사람들의 의식 속에 내재화된 윤리이다.

직업윤리란 직업인에게 평균적으로 요구되는 정신적 자세나 행위규범을 말한다.

직업윤리란 일반윤리의 한 특수한 형태이며, 직업이 갖는 본래적인 기능이란 목적을 충분히 달성하도록 조장하는 직업행위의 사회적 공인 규범이다. 직업이 갖는 본래적 기능과 목적을 충분히 달성할 수 있도록 하는 직업행위는 긍정적인 가치를 갖게 되나, 그렇지 못한 직업 행위는 부정적인 가치를 갖게 된다. 직업 활동에 대한 이러한 평가가 사회적 공인을 받을 경우 직업윤리가 형성된다고 본다.

　직업윤리는 모든 직업에 공통되는 윤리, 즉 모든 직업인에게 일반적으로 요구되는 직업 일반의 윤리와 각 직종에 따라 특수하게 요구되는 특정 직업의 윤리를 포함하는 개념으로 구분된다.

　직업윤리는 국민윤리나 일반윤리보다는 좁은 의미의 직업에 대한 가치 체계라고 할 수 있으며, 모든 국민이 그의 직업을 통해서 사회나 국가의 발전에 공헌한다는 점에서 직업윤리가 국민윤리나 일반윤리의 가장 핵심적인 내용이 된다.

　이상에서 살펴본 바와 같이 직업윤리는 일반 직업인 모두가 지켜야 할 행위 규범이라는 것을 알 수 있다. 보편적인 윤리의 규범을 정립하는 것은 인류의 윤리적 과제이며 이러한 인류의 보편적 윤리의 기초가 되는 것은 인간의 이성이라고 볼 수 있다. 우리가 올바른 삶을 추구하는 한 이성의 요청에 어긋나는 행위는 수용될 수 없으며, 직업 활동에 있어서도 이러한 이성적 행위가 철저히 적용되어야만 할 것이다. 따라서 일반윤리의 규범에 어긋나는 직업윤리의 규범은 옳은 규범이 될 수 없는 것은 당연하다고 보겠다.

　모든 사람은 그 직업의 특수성에 따라서 각기 다른 도덕적 규범을 갖는다고 함은 일반윤리의 원칙을 바탕으로 삼고 그 바탕 위에서 직업의 특수성에 맞는 직업윤리를 정립해야 한다는 의미로 해석되어야 한다.

　이와 같이 일반윤리와 직업윤리는 서로 대립되는 것이 아니라 상호보완적 관계에 있어야 한다. 그러나 직업윤리를 구체적으로 해석함에 있어 우리는 두 가지 측면을 고려해야 한다. 그 하나는 모든 직업에 공통되는 윤리, 즉 모든 직업인에게 일반적으로 요구되는 윤리이고, 다른 하나는 각 직업이나 직무에 따라 요구되는 그 직업의 특수한 윤리이다. 전자의 윤리를 편의상 직업일반의 윤리로 하고 후자의 윤리를 특수직업의 윤리로 구분하여 설명하고자 한다.

　직업사회는 시대와 산업의 변화에 따라 많은 직업이 분화, 발달 또는 쇠퇴, 소멸되어 왔다. 이러한 현상은 모두 그 시대적 사회의 불가결한 요청에 의하여 이루어진 것이다. 이렇게 변천된 직업은 그 나름대로의 특수한 직업윤리를 요구하며, 그 직업의 종사자들은 어떤 일정한 직업 활동의 윤리적 기준을 준수할 경우에만 직업인으로서 그 사회적 역할을 하고 있다는 긍지와 자부심을 인정받을 수 있었다.

이와는 달리 직업일반의 윤리는 어떠한 직업에 있어서도 요구되는 행동 규범이라고 볼 수 있다. 어느 사회나 어느 시대에서도 변하지 않는 일정한 하나의 윤리체계가 존재하였던 것은 아니지만 대체로 한 시대나 사회를 지배한 윤리적 의식체계는 있어 왔다고 볼 수 있다. 우리는 이러한 일반적인 가치체계에 근거하여 직업일반의 활동에 적용되는 윤리의식 체계를 정립할 때 이것이 바로 직업일반의 윤리가 된다고 볼 수 있을 것이다.

이러한 직업일반의 윤리는 특수직업 집단의 윤리보다는 보다 근본적이고, 포괄적인 인간의 생활규범에 적용된다고 보겠다. 즉 특수직업 집단의 윤리가 어떤 특정한 직업에서만 요구되는 규범을 다루는 데 반해, 직업일반의 윤리는 모든 직업인의 기본적인 행위규범과 직업 활동에 적용된다고 할 수 있다. 그리고 특수직업의 윤리가 직업생활에서 보통 외적인 규제 형태로 나타나는 데 비해서 직업일반의 윤리는 주로 내면적인 가치체계로서 나타나고 요구된다고 볼 수 있다. 물론 이러한 구분은 절대적인 것은 아니며 실제로는 두 윤리가 현실 속에서 상호 내재되어 있어 서로 함께 밀접히 관련되어 있음을 부인할 수가 없다.

직업 활동은 인간 활동의 일부분이므로 직업윤리 역시 일반윤리의 테두리에서 벗어날 수 없다. 그러나 직업 활동이 직업과 무관한 사람의 활동과 같을 수 없으므로 직업윤리는 그 직업적 특수성에 의하여 일반윤리와는 다른 특정한 윤리적 내용을 가지고 있다고 보아야 할 것이다. 따라서 직업윤리는 그 직업의 본래적 기능과 목적을 달성하기 위하여 지켜야 할 행위의 규범이라고도 정의할 수 있을 것이다.

2. 직업윤리의 중요성

우리들의 직업 활동은 수많은 사람들과 직·간접적으로 관계를 맺고 상호작용을 하는 것이기 때문에 직업인들은 자신의 직업 활동을 수행함에 있어 사람과 사람 사이에 지켜야 할 윤리적 규범을 따라야 한다. '윤리'는 사람과 사람의 관계에서 우리가 마땅히 지켜야 할 사회적 '규범'이기 때문이다. 그러므로 직업 활동을 하는 사람들은 '직업윤리'를 지키지 않으면 안 된다. 이와 같은 직업윤리는 우리들의 공동체적인 삶에 있어서 매우 중요하다.

더욱이 수많은 이질적인 직업인들이 공식적이고 비인격적인 '거래관계'를 통해 직업 활동을 하고 있는 현대의 산업사회에서는 직업윤리의 중요성은 더욱 커진다. 전통적인 농업 사회에서는 대부분의 직업 활동의 대면적이고 인격적인 관계 속에서 이루어졌지만, 현대 사회에서는 직업적인 관계가 대부분 비인격적이고, 간접적이기 때문에 직업인들 간의 '신뢰(trust)'의 중요성이 더 커지는 것이다. 직업인들에 대한 신뢰가 전제되지 않고서는 산업사회는 모래 위에 쌓은 성에 지나지 않는 것이기 때문이다.

직업적 활동과 거래의 신뢰성을 확보하기 위해 현대사회는 수많은 복잡한 법규범을 만들어 놓고 있지만 그것만으로는 충분하지 못하다. 법망을 피해서 자신의 개인적인 이익을 따르는 사람들은 어느 사회에나 있기 마련이기 때문이다. 그러므로 직업인들이 직업윤리를 통해 '자발적'으로 상호 간의 신뢰를 구축할 수 있어야만 현대의 산업사회는 '공정하고, 합리적으로' 운영될 수 있다. 물론 직업윤리가 잘 확립된 사회에서도 일어날 수 있는 '예외적인' 범죄행위나 계약위반 행위에 대해서는 공식적인 법규범에 의한 제재가 필요할 것이다. 그러나 아무리 강력하고 많은 법적규범이 제도화되어 있더라도 직업윤리가 확립되지 못한 사회는 부패, 부정, 비리, 범죄 등의 사회병리가 만연할 것이며, 서로가 서로를 믿지 못하는 불신사회가 되어 사회불안이 끊이지 않을 것이다(김정기 외, 2006).

3. 직업윤리의 기본 덕목

1) 직업적 양심

직업적 양심이란 직업인이 가져야 할 최소한의 도리를 의미한다. 직업적 양심에 따르지 않는다는 것은 직업인으로서 해야 할 최소한의 규범을 수행하지 않는다는 것을 뜻한다. 그러므로 직업적 양심에 따른 행동은 직업인이 지녀야 할 최소한의 윤리적 자격 조건이다.

일반적으로 직업적 양심을 말할 때 핵심 항목으로 책임과 성실을 제시한다. 이는 직업인의 전제조건이라 할 수 있다. 우리는 자기가 하는 일에 대해 책임의식을 가져야 한다. 책임의식을 갖고 직업적 업무를 수행해야 하며, 업무 수행의 결과가 좋지 않을 경우 그 결과에 대해 책임을 지는 자세가 필요하다.

물론 책임의 범위에 대해서는 논란이 있을 수 있다. 누군가가 특정 회사에 소속되어 있다 할지라도, 그가 가지고 있는 책임이 반드시 회사에만 국한되지 않을 수 있다. 특히 전문직 종사자나 사회적으로 중요한 직무를 수행하는 사람들의 경우 그들의 업무 수행과 업무결과는 사회적으로 중요한 영향을 미친다. 이 때문에 책임의 범위를 한 집단이나 회사가 아니라, 사회 차원에서 다루어야 한다는 주장도 설득력이 있다.

성실 역시 직업인이라면 반드시 가져야 할 가장 기본적인 덕목이다. 자신이 하는 일을 성실히 수행하지 않는 것은 직업과 직장 그리고 동료에 대해 기본적인 예의를 갖추지 못했다는 것을 의미한다.

2) 연대의식

현대 사회는 치열한 경쟁 사회이다. 이러한 사회적 상황이 개인과 개인, 집단과 집단, 국가와 국가 간의 연대와 협력을 방해하는 현실적 힘으로 나타난다. 물론 경쟁이 꼭 나쁘다고 할 수는 없다. 그러나 과도한 경쟁은 연대와 협력을 불가능하게 만든다. 바로 이 점 때문에 경쟁만을 강조해서는 안 되며, 개인 간의 경쟁도 무조건적으로 허용되어서는 안 된다. 현대 사회에서는 여러 부문 간의 연대와 협력이 필요하기 때문이다.

연대의식과 연대 행동은 한 국가, 한 공동체 내에서도 필요하다. 한 국가 내에는 다양한 이익 집단이 존재하고, 이들의 충돌 가능성은 항상 존재한다. 만일 이들 집단의 갈등과 충돌을 방치한다면, 결국 공동체 전체의 이익을 심각하게 침해할 수도 있다. 국제 사회의 평가가 나빠질 가능성도 높고, 경우에 따라서는 공동체 자체가 위기에 처할 수도 있다. 물론 국가 차원에서 강제력을 동원해서 문제를 해결할 수도 있으나, 윤리적 차원에서 문제를 해결하고자 한다면, 국가의 이익과 관련해서 각 이익 집단이나 기업들의 자제와 절제 그리고 연대가 필요하다. 연대와 협력은 공동체 유지 및 존속의 전제이다.

3) 전문적인 기술과 지식의 습득

전문적인 지식과 기술의 습득은 직무 수행의 필수 조건이다. 또한 전문적인 지식과 기술의 습득은 신뢰와 존경을 받기 위한 조건이기도 하다. 우리는 직장생활을 하면서 업무를 정확하게 제대로 처리하는 동료를 신뢰하게 마련이다. 정확한 업무 처리 능력도 없으면서 말만 앞세운다거나, 권위를 앞세운다면 직장 동료로부터 신뢰를 받을 수 없다. 특출한 전문성을 가지고 업무를 처리하는 동료나 상사에게는 존경심을 표하기도 한다. 그렇듯 뛰어난 전문성은 누구나 가질 수 있는 것이 아니다. 뿐만 아니라 그것을 습득하고 배양하기 위해 흘린 땀은 마땅히 존중받아야 한다.

4) 노동을 존중하는 태도

현대 사회에서 노동은 엄청난 사회적 힘으로 나타나며, 이것을 소유하고 관리하는 기업주는 사회적으로 상당한 영향력을 행사할 수 있다. 이처럼 노동은 기업주와의 관계 속에서 이루어지며, 사회적으로 중요한 영향을 미칠 수 있는 요소이다. 뿐만 아니라 개인들의 생계유지를 가능하게 만들고, 자아실현의 원천이 되며, 사회 및 인간에 대한 개인의 의식이나 태도 형성에도 매우 중요한 의미를 띠고 있다.

기업주가 노동자의 노동을 존중하지 않는다면, 여러 심각한 문제가 나타날 수 있다. 우선 건전한 노동자-자본가 관계 형성이 불가능하다. 기업주가 자신의 경영 행위에 대해서는 높은 평가를 하고 존중하지만, 노동자의 노동 행위에 대해서는 낮은 평가를 한다면, 양자 간의 갈등과 충돌은 더욱 격심한 형태로 전개될 것이다. 노동자들은 기업주의 부당한 평가에 대해 집단적으로 저항할 것이고, 기업주는 그들의 저항을 용납하지 않을 것이기 때문이다. 이러한 일이 반복된다면, 노사 합의에 기초한 즐거운 일자리, 높은 생산성은 기대하기 어렵다.

기업주의 경영행위는 노동자의 노동행위를 전제로 한다. 아무리 좋은 계획이고, 아이디어라 할지라도, 노동자의 노동행위가 결합되지 않는다면 생산물은 나올 수 없다. 따라서 기업주는 노동자의 노동행위에 대해서 정당한 평가를 해야 하며, 이는 기업주가 마땅히 해야 할 의무이다.

또한 노동자가 자신의 노동 행위를 존중하지 않는 경우도 문제이다. 그 경우 노동자는 일을 즐겁게 할 수가 없을뿐더러 일을 할수록 고통스러울 것이다. 따라서 노동자 역시도 자신의 노동행위를 긍정적으로 평가해야 할 것이다.

5) 인간애와 주도성

인간으로서 다른 인간에 대해 예의를 지키고 존중할 줄 알며, 배려를 한다는 것은 인간이 지켜야 할 최고의 덕목이다. 오로지 개인이라는 차원에서 판단하고 행동한다면, 그는 자신의 근본, 즉 인간이라는 토대를 망각한 것이다. 나아가 인간애와 인간에 대한 예의는 모든 직업윤리의 근본이기도 하다. 인간을 배려하고 사랑하지 않는다면, 우리의 직업은 온전한 의미의 직업이라고 보기 어렵다. 인간애가 빠진 직업은 삭막하기 그지없다. 인간애를 고려하지 않고 직업을 선택한다거나, 직업 생활을 영위하는 것은 윤리적으로 심각한 결과를 가져올 수 있다. 모든 직업이 정당화될 수 있고, 모든 직업적 행위가 용납될 수 있기 때문이다. 인간이 사회를 이루고 사회생활을 하는 한 윤리가 필요하다.

주도성은 스스로 강한 동기를 갖고 타인의 계속적인 감독을 필요로 하지 않으며 기대 이상으로 일을 해내는, 즉 '솔선수범'을 말한다. 도전적이고 기대 이상으로 일할 수 있는 능력을 갖추고, 주도적으로 자신의 일을 만족스럽게 완성하게 되면, 직업 활동의 폭이 넓어지고 보다 더 높게 성장할 수 있다.

4. 직업 활동에서의 윤리적 갈등과 대처방안

오늘날 대부분의 사회구성원들은 직장생활을 하면서 다양한 윤리적 갈등상황을 경험한다. 이런 윤리적 갈등 상황에는 예를 들어 나의 이익과 회사의 이익이 대립할 때도 있고, 전문가로서의 직업윤리와 회사의 이익이 갈등하기도 하며, 공공의 이익과 나 또는 회사의 이익이 충돌하는 등 다양한 양상이 존재한다. 이런 윤리적 갈등 상황에서 개인이 '어떤 선택을 하는가?'는 타인이나 조직, 나아가 사회에도 큰 영향을 끼칠 수 있다.

그런데 직장에서의 위와 같은 다양한 윤리적 갈등 상황에서 명쾌한 해답을 찾고, 올바른 선택을 하는 게 결코 쉬운 일이 아니다. 그럼에도 불구하고 우리는 비윤리적 선택을 하지 않기 위해 다양한 노력을 끊임없이 기울이지 않을 수 없다.

그렇다면 여러 가지 이익이 갈등하고 대립하는 상황에서 윤리적인 방향으로 선택하기 위해 우리는 어떤 노력을 기울여야 하는가? 윤리적 결정을 내리기 위한 방법으로 다음과 같은 네 가지 단계를 제시할 수 있다(이관춘, 2006).

첫째, 개인적 가치에서 출발하라. 이는 윤리적인 가이드라인의 출발점을 개인이 지닌 가치에서부터 찾고자 하는 것이다. 삶에서 돈을 가장 중요하게 생각하는 사람이 있는가 하면 인간관계를 가장 중요하게 생각하는 사람도 있다. 인간은 자신이 소중하게 여기는 윤리적인 방향이 있을 때 사람은 상사의 말이나 이익에 쉽게 흔들리지 않는다. 따라서 개인이 윤리적인 가치를 더 많이 인식하고 더 소중하게 여기도록 하는 것, 그리하여 윤리적 가치를 지닌 사회 구성원이 더 많아지도록 하는 게 필요하다. 이를 위해서는 교육뿐만 아니라 사회의 제도와 문화가 함께 뒷받침되어야 한다.

둘째, 황금률을 적용해보라. 여기서 황금률이란 황금처럼 오랜 시간을 거쳐도 변하지 않는 삶의 규칙을 말한다. 윤리는 기본적으로 인간이 타인과 함께 살 수밖에 없는 존재이기에 요청되는 것이다. 특히 윤리적 갈등상황에서 타인과의 관계에 대해 황금률을 적용해보라. 나와 타인과의 관계에 대한 황금률의 내용은 다양하게 변주될 수 있다. 즉 내가 원하지 않는 것을 남에게도 바라지 말라는 것, 내가 인격적인 대우를 받고 싶다면, 나도 남을 그렇게 대우해야 한다는 것, 내가 싫어한다면, 남도 싫어한다는 것을 인식하는 것이다. 윤리적 갈등상황에서 흔들릴 때 이런 황금률을 적용하자는 것이다.

셋째, 공개적인 폭로를 가정해보라. 이는 어떤 비리나 잘못된 결정을 한 자신의 선택이 신문이나 TV에 완전히 공개적으로 폭로되었을 때를 가정해 보자는 것이다. 예를 들어, 내가 뇌물을 받고 부실을 눈감아 주었다고 공개되었을 때, 어떤 기분이 들겠는가, 어떤 심정이 되겠는가를 상상해보자는 것이다. 나와 우리 가족을 향하는 사람들의 비난과 항의를 상상한다면, 내가 지금 하려는 선택의 비윤리성을 좀 더 분명하게 인식하게 될 것이다.

넷째, 보편화 원칙에 대입해보라. 이는 잘못된 행위가 타인에게 미치는 영향에 초점을 맞춘다는 측면에서 황금률 적용이나 폭로 테스트와 같은 맥락이긴 하지만 좀 더 넓고 일반적인 시선에서 질문을 던진다. 이런 보편화 테스트의 물음으로는 '다른 사람들이 모두 지금과 같은 나의 선택을 따라 한다면, 이 세상의 모습은 어떻게 될까?', '내가 지금 하려는 행동은 이 세상을 좀 더 좋게 만들 수 있는 행동인가?' 등이 있다. 보편화 원칙의 적용은 이런 물음들을 윤리적 갈등 상황에서 자신에게 던져보는 것이다.

이상으로 직업 활동에서 겪게 되는 윤리적 갈등 상황에 대처하는 기본적인 방법을 알아보았다. 윤리적 갈등 상황 앞에서 먼저 자신의 가치를 점검하고, 황금률도 적용하며, 자신의 선택에 대해 공개적인 폭로 테스트를 상상해보며, 보편화 원칙을 적용해보기도 하는 것이다.

이런 방법들을 통해 인간이 곧바로 윤리적 실천을 할 수 있다고 말하기 어려울지 모른다. 그러나 이런 노력을 통해 인간은 윤리적 인식에 좀 더 민감해지고, 좀 더 많이 고민하게 되는데, 이것이 윤리적 실천의 출발점이라 할 수 있다.

⊨ 연습문제

01. 직업의 개념상의 차이는 무엇인가?

02. 직업의식의 차이는 무엇인가?

03. 직업윤리의식에 대해 설명하라.

04. 내부고발에 대해서 간단히 설명하라.

- KAIST문술미래전략대학원, KCERN(2017), 대한민국의 4차 산업혁명.
- 강진수, 정대현(2021), 고객충성도 제고를 위한 정보공유와 CSV 활동, 경영과 정보연구, 40(3), 59-78.
- 김동양, 황유식(2022), ESG 사용설명서, 마인드빌딩.
- 김병윤, 김만술, 김철희, 박철수, 조현상, 진용삼, 최충호(2017), 변화 속의 경영학원론 6판, 명경사.
- 김세중, 박의범(2012), 한국기업 CSR 활동의 공유가치창출에 관한 실증연구, 로고스경영연구, 10(4), 1-28.
- 김재명(2015), 경영학원론, 박영사.
- 나석권(2021), ESG 경영의 과거, 현재, 미래, 사회적가치연구원.
- 나종연, 김학균, 김학진, 이유리, 이진명(2014), 공유가치창출(CSV) 시대의 소비자 연구 제안, 소비자학연구, 25(3), 141-162.
- 미래창조과학부, 한국과학기술기획평가원(2016), 이슈분석: 4차 산업혁명과 일자리의 미래, 한국과학기술기획평가원.
- 박병진, 김도희(2013). 공유가치창출(CSV) 관점에서 본 CJ 제일제당의 동반성장 추진 사례, Korea Business Review, 17(2), 73-99.
- 박상록, 박현숙(2013), 기업의 사회적 책임활동을 통한 이미지 형성이 기업성과에 미치는 영향에 관한 연구, 대한경영학회지, 26(4), 961-985.
- 변선영, 김진욱(2011), 한·일 기업의 전략적 CSR 활동과 기업성과, 국제경영연구, 22(1), 83-110.
- 서여주(2020), Built for Growth: 직업능력 2판, 백산출판사.
- 서여주(2021), 365 Global Manners 3판, 백산출판사.
- 서여주(2021), 소비와 프로모션 2판, 백산출판사.
- 서여주(2023), 소비자행동과 심리 3판, 백산출판사.
- 손광표, 황원경(2021), 소비자가 본 ESG와 친환경 소비행동, KB경영연구소.

- 유승권, 박병진(2017), 파타고니아, 비즈니스 가치사슬과 CSR의 결합사례, 기업경영연구, 24(4), 31-57.
- 경영학원론_뒷부속(참고문헌,약력,판권).indd 346 2024-03-04 오후 2:05:05
- 참고문헌 347
- 윤각, 이은주(2014), 기업의 사회적 책임(CSR)과 공유가치창출(CSV)의 효과에 관한 연구: 자기효능감과 관여도를 중심으로, 광고학연구, 25(2), 53-72.
- 이관춘(2005), 한국사회의 경쟁력 제고를 위한 가치병립현상 연구-EHW 모델을 중심으로, 사회연구,6(1), 9-42.
- 이민화(2016), 지속가능한 혁신의 리더십 기업가정신, 창조경제연구회.
- 이영일, 김영신(2015), 사회적 경제와 소비자 관점의 공유가치창출(CSV) 연구, 유통과학연구, 13(12), 53-63.
- 이현(2016.09.29.), CSR의 본질은 조직이 만들어 내는 영향을 관리하는 것, 월간인재경영.
- 장정우, 채서일(2007), 기업의 사회적 책임이 성과에 미치는 영향: 시장지향성과 경영자의 지원이 미치는 영향, 한국경영학회 융합학술대회, 1-16.
- 지호준, 이재범, 김대완(2021), 알기 쉽게 배우는 21세기 경영학, 집현재.
- 최진남, 성선영(2023), 스마트 경영학, 생능.

- Asch, S. E. (1956). Studies of independence and conformity: I. A minority of one against a unanimous majority. Psychological monographs: General and applied, 70(9), 1.
- Bandura, A. (1977). Self-efficacy: toward a unifying theory of behavioral change. Psychological review, 84(2), 191.
- Barnard, C. I. (1968). The functions of the executive (Vol. 11). Harvard university press.
- Barney, J. (1991). Firm resources and sustained competitive advantage. Journal of management, 17(1), 99-120.
- Barney, J. B. (1995). Looking inside for competitive advantage. Academy of Management Perspectives, 9(4), 49-61.
- Bartlett, C. A. (1986). Building and managing the transnational: The new organizational challenge.
- Competition in global industries, 1114146.

- Bass, B. M. (1985). Leadership and performance beyond expectations. Free Press google schola, 2, 637–647.

- Bowen, H. R. (2013). Social responsibilities of the businessman. University of Iowa Press.

- C. A. Schriesheim and B. J. Bird, "Contributions of the Ohio State Studies to the Field of Leadership," Journal of Management, Vol. 5. 1979, pp. 135~145.

- Carroll, A. B. (1979). A three-dimensional conceptual model of corporate performance. Academy of management review, 4(4), 497–505.

- Carroll, A. B. (1991). The pyramid of corporate social responsibility: Toward the moral management of organizational stakeholders. Business horizons, 34(4), 39–48.

- Deci, E. L., Ryan, R. M., Deci, E. L., & Ryan, R. M. (1985). Conceptualizations of intrinsic motivation and self-determination. Intrinsic motivation and self-determination in human behavior, 11–40.

- Densereau, F., Graen, G. B., & Haga, W. (1975). A vertical dyad linkage approach to leadership in formal organizations. Organizational Behavior and Human Performance, 13(1), 46–78.

- Don Hellriegel & John W. Slocum, Jr., Management, International Thomso Company, 1996, pp. 450~459.

- Drucker, P. (2009). Management is doing things right: Leadership is doing the right things. In US Naval Institute Proceedings (Vol. 135, No. 4, p. 96).

- Freeman, R. E. (1984). Strategic management: A stakeholder theory. Journal of Management Studies, 39(1), 1–21.

- Friedman, M. (1970). A theoretical framework for monetary analysis. journal of Political Economy, 78(2), 193–238.

- Gartner, W. B. (1985). A conceptual framework for describing the phenomenon of new venture creation. Academy of management review, 10(4), 696–706.

- Hawkins, D. (2006). Corporate social responsibility: balancing tomorrow's sustainability and today's profitability. Springer.

- Hillman, A. J., & Keim, G. D. (2001). Shareholder value, stakeholder management, and social issues: what's the bottom line?. Strategic management journal, 22(2), 125–139.

- Hofstede, G. (1980). Culture and organizations. International studies of management & organization, 10(4), 15–41.

- House, R. J. (1971). A path goal theory of leader effectiveness. Administrative science quarterly, 321–339.

- Kirzner, I. (1973). Competition and entrepreneurship. Chicago. Univ.

- Knight, F. H. (1921). Cost of production and price over long and short periods. Journal of political economy, 29(4), 304–335.

- Lantos, G. P. (2001). The boundaries of strategic corporate social responsibility. Journal of consumer marketing, 18(7), 595–632.

- Locke, E. A. (1968). Toward a theory of task motivation and incentives. Organizational behavior and human performance, 3(2), 157–189.

- Low, M. B., & MacMillan, I. C. (1988). Entrepreneurship: Past research and future challenges. Journal of management, 14(2), 139–161.

- Maslow, A., & Lewis, K. J. (1987). Maslow's hierarchy of needs. Salenger Incorporated, 14(17), 987–990.

- McCrae, R. R., & Costa, P. T. (1987). Validation of the five-factor model of personality across instruments and observers. Journal of personality and social psychology, 52(1), 81.

- McWilliams, A., & Siegel, D. (2000). Corporate social responsibility and financial performance: correlation or misspecification?. Strategic management journal, 21(5), 603–609.

- Michael, B. (2003). Re-Engineering the Corporation: A Manifesto for Business Revolution.

- Milgram, S. (1963). Behavioral study of obedience. The Journal of abnormal and social psychology, 67(4), 371.

- Milgram, S. (1974). The dilemma of obedience. The Phi Delta Kappan, 55(9), 603–606.

- Moskowitz, M. J. (1977). Hugo Münsterberg: A study in the history of applied psychology. American Psychologist, 32(10), 824.

- Ouchi, W. (1981). Theory Z: How American business can meet the Japanese challenge. Business Horizons, 24(6), 82–83.

- Ouchi, W. G., & Jaeger, A. M. (1978). Type Z organization: Stability in the midst of mobility. Academy of management review, 3(2), 305–314.

- Ouchi, W. G., & Price, R. L. (1993). Hierarchies, clans, and theory Z: A new perspective on organization development. Organizational Dynamics, 21(4), 62–71.

- Pardee, R. L. (1990). Motivation Theories of Maslow, Herzberg, McGregor & McClelland. A Literature Review of Selected Theories Dealing with Job Satisfaction and Motivation.

- Pavlovich, K., & Corner, P. D. (2014). Conscious enterprise emergence: Shared value creation through expanded conscious awareness. Journal of business ethics, 121, 341–351.

- Peneder, M. (2005). Tracing empirical trails of Schumpeterian development. In Entrepreneurships, the New Economy and Public Policy (pp. 203–221). Springer Berlin Heidelberg.

- Perlmutter, H. V. (1969, August). Some Management Problems In Spaceship Earth: The Megafirm And The Global Industrial Estate. In Academy of Management Proceedings (Vol. 1969, No. 1, pp. 59–87). Briarcliff Manor, NY 10510: Academy of Management.

- Peters, T. J., & Waterman Jr, R. H. (1982). In Search of. Of Excellence, New York: Harper and Row.

- Peters, Thomas and Waterman, Robert, In Search of Excellence, New York, Harper & Row, 1982.

- Phillips, R., Freeman, R. E., & Wicks, A. C. (2003). What stakeholder theory is not. Business ethics quarterly, 13(4), 479–502.

- Porter, M. E., & Kramer, M. R. (2002). The competitive advantage of corporate philanthropy.

- Harvard business review, 80(12), 56–68.

- Rensis Likert, "From Production and Employee-Centeredness to System 1–4," Journal of Management, Vol. 5. 1979, pp. 147~156.

- Rohrer, J. H., Baron, S. H., Hoffman, E. L., & Swander, D. V. (1954). The stability of autokinetic judgments. The Journal of Abnormal and Social Psychology, 49(4p1), 595.

- Schmeichel, B. J., & Baumeister, R. F. (2004). Self-regulatory strength. Handbook of self-regulation: Research, theory, and applications, 84–98.

- Schumpeter, J. A. (1934). Change and the Entrepreneur. Essays of JA Schumpeter, 4(23), 45-91.

- Sherif, M. (1935). A study of some social factors in perception. Archives of Psychology (Columbia University).

- Simon, H. A. (1991). Bounded rationality and organizational learning. Organization science, 2(1), 125-134.

- Smith, J. H. (1987). Elton Mayo and the hidden Hawthorne. Work, Employment and Society, 1(1), 107-120.

- Stevenson, H. H., Roberts, M. J., & Grousbeck, H. I. (1985). New business and the entrepreneur. Homewood, Ill.: Irvin.

- Strategic and Competitive Analysis: Methods and Techniques for Analyzing Business Competition by Craig S. Fleisher, Babette Bensoussan

- Tangney, J. P., Baumeister, R. F., & Boone, A. L. (2004). Self-control scale. Current Psychology: A Journal for Diverse Perspectives on Diverse Psychological Issues.

Profile

서여주

- 이화여자대학교 대학원 경영학 석사
- 이화여자대학교 대학원 소비자학 박사

- 전) IDS & Associates Consulting 컨설턴트
    경기연구원 연구원
    한국직업능력개발원 연구원
    과학기술정책연구원 부연구위원

- 현) 알토스랩 대표
    가천대학교, 강남대학교, 단국대학교, 한양대학교 외래교수
    우송대학교, 한남대학교 겸임교수

서여주 박사는 소비자에 집중된 수많은 이슈에 관심을 가진 학자로서 시장 환경의 변화에 민감하게 반응하며, 학계와 실무 양쪽에서 모두 선도적인 문제 제기를 통해 새로운 관점과 해결책을 제시하고 있다. 기업의 성장을 촉진하고 올바른 방향을 제시하는 데 중점을 두면서, 소비자 중심의 시장 환경에서 소비자의 변화를 민첩하게 감지하고 이에 대응하는 전략을 개발하는 것을 핵심 임무로 삼고 있다. 2016년, 2018년, 2021년 학회에서 우수논문상을 수상하고 다수의 기업과 조직에서 컨설팅을 수행하였다. 대학에서는 기업과 소비자에 대한 명확한 이해를 바탕으로 강의를 진행하면서, 소비자 만족과 효용을 극대화하는 가교역할을 담당하고 있다.

지속적인 학습과 현장 경험을 통해 시장 동향과 소비자 행태의 세밀한 분석 능력을 갖추고 있으며, 이를 통해 기업이 변화하는 시장 환경 속에서 경쟁 우위를 확보하고 지속적인 성장을 달성할 수 있도록 돕고 있다. 소비자와 기업 모두에게 가치를 제공하는 것을 최우선 목표로 삼고, 이를 달성하기 위해 끊임없이 노력하고 있다.

대표 저서로는 《고객서비스 능력 향상을 위한 고객응대실무》, 《마케팅원론》, 《소비자행동과 심리》, 《소셜미디어와 마케팅》, 《스마트 프레젠테이션》, 《ESG를 생각하는 소비와 소비자》, 《소비와 시장》, 《소비와 프로모션》, 《인간관계 심리 메커니즘》, 《인간심리: 개인, 상황, 관계 중심》, 《365 글로벌 매너: 당신의 결정적 차이를 만들어 줄 법칙》 등이 있다.

저자와의
합의하에
인지첩부
생략

경영학원론

2024년 3월 15일 초 판 1쇄 인쇄
2024년 8월 31일 제2판 1쇄 발행

지은이 서여주
펴낸이 진욱상
펴낸곳 (주)백산출판사
교 정 박시내
본문디자인 신화정
표지디자인 오정은

등 록 2017년 5월 29일 제406-2017-000058호
주 소 경기도 파주시 회동길 370(백산빌딩 3층)
전 화 02-914-1621(代)
팩 스 031-955-9911
이메일 edit@ibaeksan.kr
홈페이지 www.ibaeksan.kr

ISBN 979-11-6567-908-8 93320
값 30,000원